रेमिडियल वास्तु-शास्त्र

वास्तु वस्तुतः पृथ्वी, जल, आकाश, वायु और अग्नि इन पांच तत्त्वों के समानुपातिक सम्मिश्रण का नाम है। इसके सही सम्मिश्रण से 'बायो इलैक्ट्रिक मैग्नेटिक एनर्जी' की उत्पत्ति होती है जिससे मनुष्य को उत्तम स्वास्थ्य, धन एवं ऐश्वर्य की प्राप्ति होती है।

रेमिडियल वास्तु-शास्त्र

(बिना तोड़-फोड़ के वास्तु)

डॉ. भोजराज द्विवेदी

एम.ए. संस्कृत (दर्शन), पी.एच.डी. (ज्योतिष)

डायमंड बुक्स

प्रकाशक : **डायमंड पॉकेट बुक्स (प्रा.) लि.**
X-30 ओखला इंडस्ट्रियल एरिया, फेज-II
नई दिल्ली-110020
फोन : 011-40712200
ई-मेल : wecare@diamondbooks.in
वेबसाइट : www.diamondbooks.in
संस्करण : 2025
मुद्रक : रेप्रो (इंडिया)

REMEDIAL VASTUSHASTRA
by : Dr. Bhojraj Dwivedi

अनुक्रमणिका

1. पुस्तक की महत्ता 9
2. वास्तुशास्त्र एवं पंचतत्त्व 11
3. भूपरीक्षा 17
4. भूखण्ड की आकृति 19
5. भूखंड के न्यूनाधिक चतुष्कोणों का फल 27
6. अन्य भूखंडों का विश्लेषण 23
7. समुद्र के किनारे पर बहुमंजिलीय होटल 25
8. व्यापारिक प्रतिष्ठानों एवं दूकानों में वास्तुदोप-शम्न के उपाय 30
9. त्याज्य भूखण्ड 34
10. शुभ भवन की आकृति 35
11. विभिन्न कमरों की आकृति 35
12. ईशान कटा हुआ भूखण्ड 37
13. ईशान कटा हुआ भूखण्ड 38
14. घर या फैक्ट्री में ईशान खाली रखें 38
15. आधुनिक आर्किटेक्ट का उदाहरण 39
16. कॉमर्शियल भूखण्ड 40
17. दो बड़े भूखण्ड के मध्य छोटा भूखण्ड न लें 40
18. पश्चिममुखी भूखण्ड का समाधान 40
19. हमेशा भूखण्ड के पूर्व व उत्तर में ज़्यादा जगह छोड़ें 41
20. दक्षिणमुखी भूखण्ड का समाधान 41
21. भवन का नैऋत्य सदैव भारी होना चाहिए 42
22. नैऋत्य हमेशा भारी होना चाहिए 42
23. भूखण्ड टेढ़ा-बांका हो तो क्या करें ? 43
24. भूखण्ड को लाभदायक बनाना 43
25. व्यावसायिक भूखण्ड की अनिवार्य शर्तें 43
26. कॉमर्शियल कॉम्पलेक्स 44
27. भवन-निर्माण 45

28. औद्योगिक गृहाणि 50
29. पेट कटा हुआ प्लॉट 53
30. पूर्व कटा हुआ ब्लॉक 54
31. पेट कटी हुई फैक्ट्री 57
32. मत्स्याकार ब्लॉक 58
33. दक्षिण नैऋत्य बढ़ा हुआ खेत-फार्म हाऊस 59
34. ब्रह्मस्थान में सीढ़ियाँ एवं ईशान में गैरेज का होना गलत 60
35. कोने कटे हुए फ्लैट 62
36. पाजामा कट प्लॉट 65
37. दूपित ब्रह्मस्थान का अनुपम उदाहरण 66
38. कोन सही होने चाहिए 69
39. एच. आई. जी. के आदर्श फ्लैट का उदाहरण 72
40. दो बड़े हॉल व रसोई वाला छोटा फ्लैट 72
41. वास्तुकला का अनुपम सौन्दर्य : राजस्थान विधानसभा भवन 74
42. भवन-निर्माण के सूत्र 75
43. भारतीय वास्तुशास्त्र के अनुसार भवन-निर्माण 75
44. डूम हाउस (Doom-House) 77
45. कृत्यापरिहरणम् (कामण दूर करने का मन्त्र) 79
46. शत्रुनाशक हवन मन्त्र 81
47. राजेश खन्ना का अपशकुनी बंगला 84
48. ज्योतिप और वास्तु-सिद्धान्त 86
49. जन्मकुण्डली एवं वास्तुस्थान 88
50. घर में ग्रहों का प्रभाव 89
51. विना पुत्र-सन्ततिवाला मकान 90
52. सन्तान रहित मकान का उदाहरण 91
53. गृह-रचना एवं दिशा-दोप 92
54. राशि चरणों के अनुसार बास्तुनिनार 108
55. वास्तु पुरुप की उत्पत्ति एवं अवधारणा 119
56. वास्तु पुरुप की सही आकृति 120
57. वास्तु पुरुप के शरीर व अंगों की रचना 123
58. वास्तुपुरुप के अनुसार द्वार-योजना 133
59. वास्तुशास्त्र एवं धर्म 136

60. भू-खनन एवं नींव मुहूर्त	139
61. देव-प्रतिष्ठा विचार	144
62. बिना तोड़-फोड़ के वास्तु-दोष निवारण	149
63. नौ व्यावहारिक उपाय	157
64. वास्तु के सन्दर्भ में विभिन्न गणपतियों पर अचूक प्रयोग	179
65. विभिन्न टोटके	187
66. दैवज्ञ परिचय	191
67. विभिन्न गतिविधियां	197

पुस्तक की महत्ता

वास्तव में वास्तु शास्त्र की यह अमूल्य भेंट मनुष्य को हमारे प्राचीन ऋषि-मुनियों ने विश्वकर्मा इत्यादि (वास्तुविज्ञान के रचयिता) ने दी है। इनके माध्यम को उपयोग में लाकर विश्व के कई देशों ने फायदा उठाया है, और हम अपने ही प्राचीन शास्त्र (वास्तुविज्ञान) पर विश्वास नहीं करते, उसका फायदा नहीं उठाते, उसके बारे में शंकित रहते हैं। वस्तुतः वास्तुविज्ञान में जो सूत्र दिये हुए हैं, उन्हें केवल हम प्रत्यक्ष रूप से ऊपर-ही-ऊपर देखते हैं। उसमें गर्भित छिपे हुए विविध सारयुक्त तत्त्वों को जानने की हम कोशिश नहीं करते। आज के आधुनिक युग में वास्तु विज्ञान के तत्त्व के आधार पर प्लॉट लेना, भवन निर्माण करना, दूकान या फैक्ट्री बनाना वास्तव में पूर्णतः शक्य नहीं है। लेकिन जो भी निर्माण कार्य हो चुका है, या होनेवाला है, उसमें बगैर तोड़े-फोड़े वास्तु शास्त्र के सूक्ष्म वास्तु सिद्धान्त का उपयोग करके, केवल चल वस्तुओं या फर्नीचर को योग्य स्थान अगर हम देते हैं तो निश्चित रूप से हमें फायदा हो सकता है।

बिना तोड़-फोड़ के वास्तुदोष-शमन पर विश्व-इतिहास की यह पहली पुस्तक है।

आज जितने भी वास्तु शास्त्री हैं उन्होंने केवल वास्तु सिद्धान्तों का ऊपर-ही-ऊपर ज्ञान प्राप्त किया है। मैं दावे के साथ कह सकता हूं, बगैर कोई वास्तु को नुकसान पहुंचाए वास्तु की पॉजिटिव एनर्जी बढ़ाकर भवन में रहनेवालों को निश्चित रूप से समृद्धि, संपत्ति और मानसिक शांति मिल सकती है।

अनेकों व्यक्ति भवन-निर्माण करते समय शुभ-अशुभ का ध्यान रखे बिना, वास्तु शास्त्र के अनुसार भवन का निर्माण नहीं करते। फलस्वरूप अशुभ फल, आर्थिक हानि, दुःख तथा कष्ट में जीवन व्यतीत करना पड़ता है तब उन्हें भवन-निर्माण की त्रुटियों का आभास होता है।

रेमिडियल वास्तु प्राचीन वास्तु कला व इस विषय में विश्व की नवीनतम शोधों का अनुपम सम्मिश्रण है। इसमें भवनस्थापत्य कला पर विस्तृत चिन्तन के अतिरिक्त समस्त वास्तु दोष-निवारण पर अधिकतम प्रकाश डाला गया है।

ज्योतिष शास्त्र के अनुसार भवन निर्माणकर्ता की जन्मकुंडली एवं राशि के अनुसार कब भवन की नींव, वास्तु-प्रतिष्ठा, देव-प्रतिष्ठा एवं गृह-प्रवेश करना चाहिए, इसका विवरण प्रामाणिक तौर पर दिया गया है।

इस पुस्तक में भवनस्थापत्य कला, वास्तु तथा धर्म का सम्बन्ध तथा वास्तु पुरुष के अनुरूप भवन संरचना का चित्रात्मक अद्भुत वर्णन है।

पहली बार बिना तोड़-फोड़ के वास्तुदोष शमन पर अनेक ग्रन्थों से लिये अनुभूत व चमत्कारी उपाय जन साधारण के हितार्थ दिये गए हैं, प्रबुद्ध पाठकों के लिए भवनदोष-निवारण हेतु विभिन्न प्रश्नोत्तरों द्वारा व्यावहारिक निदान सुन्दर ढंग से संवारा-संजोया गया है। वास्तुदोष-शमन व निवारण के विभिन्न पहलुओं पर अन्तर्राष्ट्रीय ख्याति प्राप्त विद्वान लेखक, वास्तु सम्राट डॉ. भोजराज द्विवेदी की यह पुस्तक भवन निर्माताओं, आर्किटेक्ट व वास्तुविदों के लिए भी बहुत ही लाभकारी सिद्ध होगी।

हमें पूर्ण विश्वास है कि वास्तुदोष शमन निवारण के विभिन्न पहलुओं पर अन्तर्राष्ट्रीय ख्याति प्राप्त, पुस्तकों के विद्वान लेखक, वास्तु सम्राट डॉ. भोजराज द्विवेदी के गहन अध्ययन-मनन द्वारा रचित यह अनमोल ग्रन्थ भवन निर्माणकर्ताओं, आर्किटेक्ट, भवन के मानचित्र बनानेवालों तथा बिल्डर्स के लिए बहुत लाभकारी सिद्ध होगा।

कई जिज्ञासु सज्जन यह सवाल बार-बार पूछते हैं कि पूजन-कक्ष, रसोई, टॉयलेट, बाथरूम गलत बने हैं तो क्या बिना तोड़-फोड़ के घर, फैक्ट्री, उद्योग व दूकान का वास्तु ठीक हो सकता है। इस सन्दर्भ में मेरा यह कहना है कि जो ज़्यादा तोड़-फोड़ कराते हैं वे वस्तुतः नौसिखिये एवं अनाड़ी वास्तुशास्त्री होते हैं। शिमला, बम्बई, मद्रास, कलकत्ता आदि शहरों में मैंने देखा, लोग वस्तुतः एक कमरे में ही रहते हैं। उसी कमरे में उनका शयन-कक्ष, पूजा-कक्ष, बाथरूम, टॉयलेट, रसोई वगैरह सब कुछ है। ऐसी स्थिति में जबकि स्वतन्त्र निर्माण के लिए, जमीन अधिक न हो, व्यक्ति फ्लैट में रहता हो जहां अधिक परिवर्तन एवं तोड़-फोड़ की गुंजाइश नहीं हो, तो वास्तु-सिद्धान्तों के अनुरूप अपने कक्ष में अग्नि-स्थान, जल-स्थान, पूजा-स्थल, तिजोरी, शयन-कक्ष को सही दिशा में करा देना चाहिए। फिर भी भवन में , कक्ष में अनेक प्रकार के दोष रह जाते हैं जिनके निराकरण हेतु हमने सोलह प्रकार के गणपतियों का निर्माण किया। वास्तुकृत्यानाशकयन्त्र, वास्तुदोष-शमनयन्त्रम्, सर्वमंगल वास्तुयन्त्रम्, वरुणयन्त्र, श्रीयन्त्र, कालीयन्त्र, बगुलायन्त्र, मारुतियन्त्र, सिद्धबीसायन्त्र, इन्द्राणी यन्त्र, व्यापार-वृद्धि यन्त्र इत्यादि से वास्तुदोष शांति हेतु अचूक प्रयोग हुए और अनेक जिज्ञासु लोगों को इससे लाभ हुआ है। अतः ज़्यादा तोड़-फोड़ ज़रूरी नहीं है, ज़रूरत है, अनुभवी वास्तुशास्त्री की सही सलाह की।

अन्त में करुणामयी मां सरस्वती एवं मंगलदाता गणपति महाराज से यही कामना है कि इस पुस्तक का लाभ उठाकर निर्माण या वास्तु-दोष निवारण किये गए आवासीय भवन, दूकान, कार्यालय, उद्योग आदि सुखदायक हों तथा उनमें रहनेवालों को आरोग्य, यश-वृद्धि, धर्म, अर्थ, काम और मोक्ष की प्राप्ति हो।

—प्रकाशक

वास्तुशास्त्र एवं पंचतत्त्व

आदिकाल से हिन्दू धर्मग्रन्थों में चुम्बकीय प्रवाहों, दिशाओं, वायु-प्रभाव, गुरुत्वाकर्षण के नियमों को ध्यान में रखते हुए वास्तुशास्त्र की रचना की गई तथा यह बताया गया कि इन नियमों के पालन से मनुष्य के जीवन में सुख-शान्ति आती है और धन-धान्य में भी वृद्धि होती है।

वास्तु वस्तुतः पृथ्वी, जल, आकाश, वायु और अग्नि इन पांच तत्त्वों के समानुपातिक सम्मिश्रण का नाम है। इसके सही सम्मिश्रण से 'बायो-इलैक्ट्रिक मैगनेटिक एनर्जी' की उत्पत्ति होती है जिससे मनुष्य को उत्तम स्वास्थ्य, धन एवं ऐश्वर्य की प्राप्ति होती है।

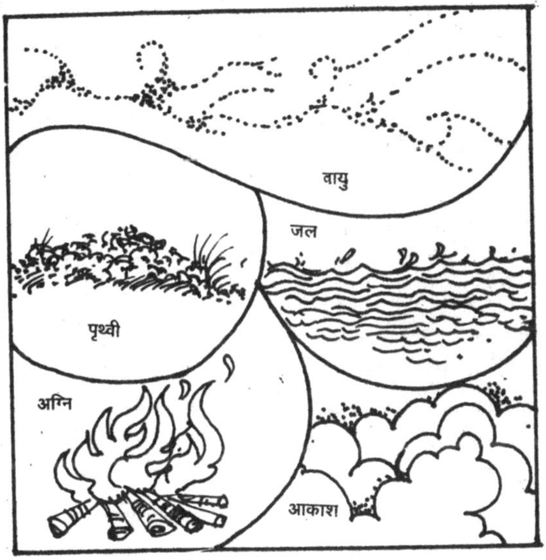

मानव शरीर देवताओं को भी दुलर्भ है क्योंकि मानव शरीर पंचतत्त्वों से निर्मित होता है, और अन्ततः पंचतत्त्वों में विलीन हो जाता है। जिन पाँच तत्त्वों पर शरीर का समीकरण निर्मित और ध्वस्त होता है वह निम्नानुसार है।

आकाश + अग्नि + वायु + जल + पृथ्वी = निर्माण क्रिया

देह या शरीर—वायु—जल—अग्नि—पृथ्वी—आकाश = (ध्वंस प्रक्रिया)

मस्तिष्क में—आकाश, **कन्धों में**—अग्नि, **नाभि में**—वायु, **घुटनों में**—पृथ्वी, **पादान्त में**—जल आदि तत्त्वों का निवास होता है और आत्मा परमात्मा है, क्योंकि दोनों ही निराकार हैं। दोनों को ही महसूस किया जा सकता है। इसीलिए स्वर महाविज्ञान में प्राणवायु आत्मा मानी गयी है और यही प्राणवायु जिसके शरीर (देह) से निकलकर सूर्य में विलीन हो जाती है तब शरीर निष्प्राण हो जाता है। इसीलिए सूर्य ही भूलोक में समस्त जीवों, पेड़-पौधों का जीवन आधार है। अर्थात् सूर्य सभी प्राणियों के प्राणों का स्रोत है। यही सूर्य जब उदय होता है तब सम्पूर्ण संसार में

प्राणाग्नि का संचार आरम्भ होता है। क्योंकि सूर्य की रश्मियों में सभी रोगों को नष्ट करने की शक्ति मौजूद है। सूर्य पूर्व दिशा में उगता हुआ पश्चिमं में अस्त होता है। इसीलिए भवन-निर्माण में ओरिएण्टेशन का स्थान प्रमुख है। भवन-निर्माण में सूर्य-ऊर्जा, वायु-ऊर्जा, चन्द्र-ऊर्जा आदि का पृथ्वी पर प्रभाव प्रमुख माना जाता है।

यदि मनुष्य मकान को इस प्रकार से बनावे जो प्राकृतिक व्यवस्था के अनुरूप हों तो प्राकृतिक प्रदूषण की समस्या काफी हद तक दूर हो सकती है जिससे मनुष्य प्राकृतिक ऊर्जा-स्त्रोतों को भवन के माध्यम से अपने कल्याण के लिए इस्तेमाल कर सके। पूर्व में उदित होनेवाले सूर्य की किरणों का भवन के प्रत्येक भाग में प्रवेश हो सके और मनुष्य ऊर्जा को प्राप्त कर सके क्योंकि सूर्य की प्रात:कालीन किरणों में विटामिन डी का बहुमूल्य स्त्रोत होता है जिसका प्रभाव हमारे शरीर पर रक्त के माध्यम से सीधा पड़ता है। इसी तरह मध्याह्न के पश्चात् सूर्य की किरणें रेडियो-धर्मिता से ग्रस्त होने के कारण शरीर पर विपरीत (खराब) प्रभाव डालती हैं। इसीलिए भवन-निर्माण करते समय भवन का ओरिएन्टेशन इस प्रकार से रखा जाना चाहिए जिससे मध्यान्त सूर्य की किरणों का प्रभाव शरीर एवं मकान पर कम-से-कम पड़े। दक्षिण-पश्चिम भाग के अनुपात में भवन-निर्माण करते समय पूर्व एवं उत्तर के अनुपात की सतह को इसलिए नीचा रखा जाता है क्योंकि इसका मुख्य उद्देश्य सूर्य की किरणों में प्रात:काल के समय विटामिन डी, एफ एवं विटामिन ए रहता है। विटामिन डी रक्त-कोशिकाओं के माध्यम से हमारा शरीर आवश्यकतानुसार ग्रहण करता रहे। यदि पूर्व का क्षेत्र पश्चिम के क्षेत्र से नीचा होगा और अधिक दरवाजे , खिड़कियाँ आदि होने के कारण प्रात:कालीन सूर्य की किरणों का लाभ पूरे भवन को प्राप्त होता रहेगा। पूर्व एवं उत्तर क्षेत्र अधिक खुला होने से वायु भवन में बिना रुकावट के प्रवेश करती रहे और चुम्बकीय किरणें जो उत्तर से दक्षिण दिशा को चलती हैं उनमें कोई रुकावट न हो और दक्षिण-पश्चिम की छोटी-छोटी खिड़कियों से धीरे-धीरे वायु निकलती रहे, इससे वायु मंडल का प्रदूषण दूर होता रहेगा।

दक्षिण-पश्चिम भाग में भवन को अधिक ऊँचा बनाने (का प्रमुख कारण) तथा मोटी दीवार बनाने का तथा सीढ़ियों आदि का भार भी दिशा में रखना, भारी मशीनरी, भारी सामान का स्टोर आदि भी बनाने का प्रमुख कारण यह है कि जब पृथ्वी सूर्य की परिक्रमा दक्षिणी दिशा में करती है तो वह एक विशेष कोणीय स्थिति में होती है। अत: इस क्षेत्र में अधिक भार रखने से संतुलन आ जाता है तथा सूर्य की गर्मी इस भाग में होने के कारण सूर्य की गर्मी से इस प्रकार बचा भी जा सकता है। गर्मी में इस क्षेत्र में ठंडक तथा सर्दियों में गर्मी का अनुभव भी किया जा सकता है। दक्षिण-पश्चिम में कम और छोटी-छोटी खिड़कियाँ रखने का प्रमुख कारण गर्मियों में ठंडक महसूस हो सके क्योंकि भूखंड क्षेत्र की दक्षिण-पश्चिम में खुली हवा की वायु तापयुक्त होकर सर्दियों में विशेष दबाव से कमरे में पहुंचकर कमरों को गर्म करती है। यह हवा रोशनदान एवं छोटी खिड़कियों से भवन में गर्मियों में कम ताप से युक्त अधिक मोलीक्यूबल दबाव के कारण भवन को ठंडा रखती है और साथ-ही-साथ वातावरण को शुद्ध करने में सहायता पहुंचाती रहती है।

आग्नेय (दक्षिण-पूर्वी) कोण में रसोई बनाने का प्रमुख कारण यह है, क्योंकि सुबह पूर्व में से सूर्य की किरणें विटामिन युक्त होकर दक्षिण क्षेत्र की वायु के साथ प्रवेश करती हैं क्योंकि पृथ्वी सूर्य की परिक्रमा दक्षिणायन की ओर करती है अत: आग्नेयकों की स्थिति में इस भाग को अधिक सूर्य की किरणें विटामिन 'एफ' एवं 'डी' से युक्त अधिक समय तक मिलती रहे तो रसोईघर में रखे खाद्य पदार्थ शुद्ध होते रहेंगे और इसके साथ-साथ सूर्य की गर्मी से पश्चिमी दीवार की नमी के कारण विद्यमान हानिकारक कीटाणु नष्ट होते रहते हैं। उत्तरी-पूर्वी भाग ईशान कोण में आराधना-स्थल या पूजा-स्थल रखने का प्रमुख कारण यह है कि पूजा करते समय मनुष्य के शरीर

पर अधिक वस्त्र न रहने के कारण प्रातःकालीन सूर्य-किरणों के माध्यम से शरीर में विटामिन 'डी' नैसर्गिक अवस्था में प्राप्त हो जाती है और उत्तरी क्षेत्र से पृथ्वी की चुम्बकीय ऊर्जा का अनुकूल प्रभाव भी पवित्र माना जाता है। क्योंकि अंतरिक्ष से हमें कुछ अलौकिक शक्ति मिलती रहे इसीलिए इस क्षेत्र को अधिक खुला रखा जाता है।

उत्तर-पूर्व में आनेवाले पानी के स्रोत का प्रमुख आधार यह है कि पानी में प्रदूषण जल्दी लगता है और पूर्व से ही सूर्य उदय होने के कारण सूर्य की किरणें जल पर पड़ती हैं जिसके कारण इलेक्ट्रो-मैगनेटिक सिद्धान्त के द्वारा जल को सूर्य से ताप प्राप्त होता है उसी के कारण जल शुद्ध रहता है। दक्षिण दिशा में सिर रखने का प्रमुख कारण पृथ्वी के चुम्बकीय क्षेत्र का मानव पर पड़ने वाला प्रभाव ही है। चुम्बकीय किरणें उत्तरी ध्रुव से दक्षिणी ध्रुव की तरफ चलती हैं। उसी प्रकार मनुष्य के शरीर में जो चुम्बकीय क्षेत्र हैं वह भी सिर से पैर की तरफ होता है। इसीलिए मानव के सिर को उत्तरायण एवं पैर को दक्षिणायन माना जाता है। यदि सिर को उत्तर की ओर रखें तो चुम्बकीय प्रभाव नहीं होगा क्योंकि पृथ्वी के क्षेत्र का उत्तरी ध्रुव मानव के उत्तरी पोल ध्रुव से रिपल्सन करेगा और चुम्बकीय प्रभाव अस्वीकार करेगा जिससे शरीर के रक्त-संचार के लिए उचित और अनुकूल चुम्बकीय क्षेत्र का लाभ नहीं मिल सकेगा जिससे मस्तिष्क में तनाव होगा और शरीर को शान्तिमय (पूर्वक) निद्रा के अनुकूल अवस्था नहीं प्राप्त होगी। सिर दक्षिण दिशा में रखने से चुम्बकीय सर्किट पूरा होगा और पैर उत्तर की तरफ करने से दूसरी तरफ भी सर्किट पूरा होने के कारण चुम्बकीय तरंगों के प्रभाव में रुकावट न होने के कारण नींद अच्छी प्रकार से आयेगी।

चुम्बकीय तरंगें उत्तर से दक्षिण दिशा को जाती हैं। अगर किसी भी मनुष्य से व्यापारिक चर्चा करनी हो तो उत्तर की ओर मुंह करके ही चर्चा करे। इसका प्रमुख कारण यह है कि उत्तरी क्षेत्र से चुम्बकीय ऊर्जा प्राप्त होने के कारण मस्तिष्क की कोशिकायें तुरन्त सक्रिय होने के कारण जो शुद्ध ऑक्सीजन प्राप्त होती है उससे मस्तिष्क के सेल्स (Cells) के माध्यम से याददाश्त बढ़ जाती है। मस्तिष्क की कोशिकाएं नैसर्गिक ऊर्जा शक्ति के साथ परामर्श देनेवाली मस्तिष्क की ग्रन्थियाँ अधिक सक्षम बन जाती हैं। इसीलिए इस दिशा में व्यापारिक चर्चाएँ अधिक महत्त्व रखती हैं।

मनुष्य को चाहिए, यदि उत्तर में मुंह करके बैठे तो उसके दाहिने तरफ चैक बुक आदि रखे। यदि मनुष्य मकान बनाये तो मकान के चारों ओर खुला स्थान अवश्य रखे। खुला स्थान पूर्व एवं उत्तर दिशा में अधिक (यानि सबसे अधिक पूर्व) में फिर उससे कम उत्तर में तथा उत्तर दिशा से भी कम दक्षिण दिशा में (और दक्षिण दिशा से भी कम) सबसे कम पश्चिम दिशा में रखे। इससे सभी दिशाओं से वायु का प्रवेश होता रहे। वायु का निष्कासन होने के कारण शुद्ध वायुमंडल रहता है। इससे गर्मी में भवन ठंडा एवं सर्दियों में भवन गर्म रहता है, क्योंकि वायुमंडल में अन्य गैसों के अनुपात में ऑक्सीजन की कम मात्रा होती है। यदि भवन के चारों ओर खुला स्थान है तो मनुष्य को हमेशा आवश्यकतानुसार प्राण वायु (ऑक्सीजन) एवं चुंम्बकीय ऊर्जा का लाभ मिलता रहेगा।

इसके अलावा वायुमंडल में ब्रह्माण्ड में काफी मात्रा में अदृश्य शक्तियाँ एव ऐसी ही ऊर्जाएँ हैं जिनको हम न देख सकते हैं और न ही महसूस कर सकते हैं तथा जिनका प्रभाव दीर्घकाल में ही अनुभव होता है। इसी को प्राकृतिक ओज (ओरा) कहते हैं क्योंकि जीवित मनुष्य के अन्दर और उसके चारों ओर हर समय एक विशेष चुम्बकीय क्षेत्र होता है। इसी विशेष चुम्बकीय क्षेत्र को हम **'बायो इलेक्ट्रिक चुम्बकीय क्षेत्र'** भी कहते हैं। इसीलिए दक्षिण-

पश्चिम का भाग ऊंचा तथा पूर्व-उत्तर का भाग नीचे रखने से 'बायो मैगनेटिक फील्ड' के कारण मनुष्य के चुम्बकीय क्षेत्र में कोई रुकावट नहीं आयेगी। ये **'बायो इलेक्ट्रो-मैगनेटिक फील्ड'** वायुमंडल में वैसे तो बीस प्रकार को होता है परन्तु मानव शरीर के लिए चार प्रकार का ही (बी.ई.एम.स.) अधिक उपयोगी माना गया है। इसीलिए वास्तुशास्त्र में इन पाँच भूतों—पृथ्वी, जल, अग्नि, आकाश एवं वायु—का विशेष स्थान है। मनुष्य को वास्तुशास्त्र के एक सौ पचास नियम बहुत ही बारीकी से अध्ययन करके अपनाने चाहिए क्योंकि भूखण्ड की स्थिति किस-किस विशेष परिस्थिति एवं कोण की स्थिति जानने के बाद वास्तु शास्त्र के सभी पहलुओं को जानने के बाद (सुचारु रूप से अध्ययन करके) ही भवन-निर्माण, औद्योगिक भवन, व्यापारिक संस्थान आदि की स्थापना करे तभी लाभ मिलेगा।

आवासीय तथा व्यावसायिक भवन-निर्माण करते समय यदि इन पांच तत्त्वों को समझकर इनका यथोचित ध्यान रखा जाये, तो ब्रह्माण्ड की अत्यन्त शक्तियों का उद्भूत उपहार हमारे समस्त जीवन को सुखी एवं सम्पन्न बनाने में सहायक होंगे। इन पांच तत्त्वों का अलग से विवेचन इस प्रकार है।

1. आकाश (अवकाश)

अर्थात् आसमान एक मौलिक तत्त्व है जिससे 'शब्द' की प्राप्ति होती है। आकाश में शून्य होने के कारण तथा पर्यावरण और हवा के माध्यम से (शब्द से) ध्वनि उत्पन्न होती है। आकाश (अवकाश) अर्थात् आसमान अनन्त है, असीम है और दुर्बोध (अगम्य) है। आकाश में स्थित ऊर्जा की तीव्रता, प्रकाश, लौकिक किरणें, विद्युत-चुम्बकीय बल, गुरुत्त्वाकर्षण शक्ति पृथ्वी तथा अन्य ग्रहों पर भिन्न-भिन्न पाई जाती है। पृथ्वी सौरमंडल का एक महत्त्वपूर्ण ग्रह है, और सूर्य पर हर पल घटित घटनाओं का प्रभाव जाने-अनजाने पृथ्वी पर होता है। प्रत्येक 10-11 वर्ष के पश्चात् सूर्य पर छोटे या बड़े विस्फोट होते रहते हैं। केवल उस समय में पृथ्वी पर इसके अच्छे या बुरे परिणाम दृष्टिगोचर होते हैं। ब्रह्माण्ड में तारागणों की अनेक आकाशगंगाएं (तारकपुञ्ज) विद्यमान हैं, जहाँ हमारे (पृथ्वी के) सूर्य से बड़े सूर्य हैं। प्रत्येक ग्रह अपनी कालगति द्वारा निश्चित अपने ही कक्ष में भ्रमण करता है। इसका कुछ-न-कुछ गणितीय अर्थ अवश्य होगा? ब्रह्माण्ड स्थिर है, अतः सभी दिशाएं भी स्थिर हैं। आकाश द्वारा प्रदत्त ध्वनि के उपहार ने हमारे जीवन को समृद्ध बना दिया। दीवार की ऊंचाई से हमें मकान में यथेष्ट आकाश की प्राप्ति होती है। मन्दिर-गुरुद्वारे के गुम्बज एवं मस्जिद की मेहराब आकाश शक्ति की विपुलता के प्रतीक हैं। मकान की दीवारें छोटी होंगी तो व्यक्ति को घुटन महसूस होगी, उसके शरीर में भी आकाश तत्त्व का विकास रुक जायेगा। इसलिए आकाश (Space) का मकान में यथेष्ट ध्यान रखना चाहिए।

2. वायु (हवा)

सज्जीव पदार्थ (प्राणी) वायु से जीवन प्राप्त करते हैं जिससे पौरुषत्व एवं प्राणशक्ति (चेतनता) जागृत होती है। पृथ्वी पर एक वायुमण्डल है, इसीलिए इससे निसृग सृष्टि की उत्पत्ति हुई। पृथ्वी के वातावरण में सर्वाधिक अंश नाइट्रोजन वायु का (78 प्रतिशत) है। नाइट्रोजन वायु सभी वनस्पतियों की वृद्धि के लिए आवश्यक है। वनस्पतियाँ नाइट्रोजन को प्रत्यक्ष रूप में ग्रहण नहीं करती, उनकी जड़ों पर पाये जानेवाले बैक्टीरिया (सूक्ष्म जीवाणु) के माध्यम से ये वनस्पतियाँ

अपनी उन जड़ों से नाइट्रोजन चूसती रहती हैं। वायुमण्डल में ऑक्सीजन (प्राण वायु) की मात्रा 21 प्रतिशत है, जो लगभग 1/5 भाग है, उपर्युक्त पंचभूतों का एक भाग ऑक्सीजन (प्राण वायु) है। यह ऑक्सीजन सजीव प्राणियों (के जीवन) का मुख्य स्रोत है।

यह ऑक्सीजन जल में भी विद्यमान है, जिसका समीकरण–H_2O अर्थात् H = हाइड्रोजन तथा O = ऑक्सीजन। (चूंकि) अन्य ग्रहों पर ऑक्सीजन नहीं है अत: वहाँ जीवन भी नहीं है। वायुमण्डल में कार्बन बहुत अल्प मात्रा में (0.03 प्रतिशत) है। कार्बन मोनोक्साइड (CO) तथा डायऑक्साइड (CO_2) इन दो स्वरूपों में मिलता है। अधिकतर वनस्पतियाँ दिन के समय वातावरण में व्याप्त कार्बनडायऑक्साइड का शोषण करती हैं तथा ऑक्सीजन बाहर निकालती हैं। किन्तु, रात्रि के समय इसके सर्वथा विपरीत क्रिया होती है। जब वे ऑक्सीजन को शोषती (चूसती) हैं तथा कार्बनडॉयआक्साइड को बाहर छोड़ती हैं। कार्बनडायऑक्साइड हमारे शरीर के लिए हानिप्रद है, अत: रात को पेड़ों के नीचे सोना नहीं चाहिए।

वास्तु या भवन के ईशान कोने में अत्यन्त मंगलदायी (शुभ) अल्ट्रा वायलेट किरणें आती रहती हैं। यदि इस कोने में गंदगी रहेगी तो (उससे निकलनेवाली) कार्बनडायऑक्साइड, नाइट्रोजन तथा अन्य आवश्यक गैसें उन शुभ लौकिक किरणों को दूषित कर देंगी। भवन के समीप श्मशान नहीं होना चाहिए, चूंकि मृतक शरीर की दाहक्रिया से (निकलनेवाली) कार्बन तथा अन्य निषिद्ध गैसें (मानव जीवन पर) बुरा प्रभाव डालती हैं, वातावरण में हीलियम, हाइड्रोजन तथा अन्य गैसों के साथ-साथ आर्द्रता, वाष्प तथा धूलिकण आदि भी मिलते हैं। 'शब्द' और 'स्पर्श' वायु महातत्त्व के दो विशेष गुण हैं। स्पर्श से संवेदना, संवेदना से चेतना (स्पर्शज्ञान) और चेतना से प्रतिक्रिया उत्पन्न होती है। प्रतिक्रिया से इसको एक अर्थ (अभिप्राय) मिलता है और वह शुभ-अशुभ फल प्रदान करता है। इनका परिणाम होता है, संस्कार उत्पन्न करना जो जीवन को एक दिशा (आचार-विचार) प्रदान करते हैं। इन्हीं आचार-विचारों के कारण मानव का मस्तिष्क (बुद्धि) और मन कार्य करते हैं। वस्तुत: मानवता को अनन्त-शक्तियों से वायुरूप में (मिलनेवाला) एक अमूल्य उपहार है। मकान में वायु का प्रवेश, द्वार एवं खिड़कियों से होता है। अत: इनका विशेष ध्यान रखना चाहिए। भारत में हवा के लिए उत्तर दिशा खुली होनी चाहिए। घर में रोशनदान व खिड़कियों द्वारा Cross Ventilation की व्यवस्था होनी चाहिए। स्वच्छ (Centre Point of House) खुला होना चाहिए।

3. अग्नितेज

सूर्य ऊर्जा का प्रमुख स्रोत है। सूर्य से उष्णता प्राप्त होती है। उष्णता अग्नि का एक स्वरूप है। पर्यावरण में व्याप्त वायु, धूलिकण और बादल अपनी चुम्बकीय शक्ति द्वारा परस्पर एक-दूसरे की ओर आकर्षित होते हैं। इसीलिए आकुंचन (सिमटने की) क्रिया घटित होती है। आकुंचन के कारण हवा का दबाव बनता है। इस दबाव के कारण ऊर्जा उत्पन्न होती है जो अग्नि के रूप में प्रकट होती है। आकाश में चमकनेवाली बिजली इसका एक उदाहरण है। इसीलिए आधारभूत तत्त्व अग्नि का विशेष महत्त्व है। चूंकि, अग्नि के कारण शब्द और स्पर्श के अतिरिक्त रूप यह एक नया तत्त्व प्राप्त होता है। हमारे दैनिक जीवन में अग्नि का विशेष महत्त्व है। अग्नि से भोजन पकता है। अग्नि से प्रकाश उत्पन्न होता है। प्रकाश के कारण ही हम देख सकते हैं। शुभकार्यों में अग्नि का पवित्र स्थान होता है। अग्नि की तरंगों के कारण ही हम ब्रह्माण्ड स्थित परमपिता परमात्मा को अपनी प्रार्थनाएं भेज पाते हैं (समर्पित करते हैं)। अग्नि इतनी सामर्थ्यशाली है। परमात्मा की

आरती में भी यही गूढ़ अर्थ समाविष्ट है। अग्नि में तेजस् (तेज) रूपी विशेष गुण है। इसीलिए अग्नि जीवन का अन्तिम एवं चिरंतन सत्य है। सत्य अग्नि की उपलब्धि है। सत्य अविनाशी है।

अग्नि की ऊर्जा हमें घर में आनेवाले सूर्य के स्वच्छन्द प्रकाश से भी प्राप्त होती है। घर में खिड़कियों की ऐसी व्यवस्था हो कि प्रात:कालीन सूर्य की शुद्ध एवं स्वच्छ रश्मियां हमारे घर को अवश्य प्राप्त होनी चाहिए। इसके लिए घर में खुला आंगन एवं ब्रह्मस्थान चाहिए।

'अति सर्वत्र वर्जयेत्' सूत्र के अनुसार सूर्य के तेज व तीक्ष्ण रश्मियां ज़्यादा समय के लिए घर पर नहीं पड़नी चाहिए। पहाड़ी क्षेत्र में हमने देखा कि पूर्वाभिमुख मकान घर में रहनेवालों को परेशान कर देता है क्योंकि दोपहर तक तपते हुए सूर्य के कारण सारा घर गर्म हो जाता है। अत: आवासीय घर में अग्नितत्त्व का सुखद आनुपातिक सम्मिश्रण होना चाहिए।

4. जल

पृथ्वी पर जल एक महत्त्वपूर्ण तत्त्व है। जल से ही जीवन है। प्राणी हो या वनस्पतियाँ—जल के बिना जीवित नहीं रह सकते। पर्यावरण की गर्म वायु ठण्डी होकर तरल रूप में परिणत हो जाती है और निस्सन्देह उसी से बादल बनते हैं और इन बादलों से जल मिलता है (वर्षा होती है), जिससे नदियों, झीलों तथा समुद्र में जल संचित होता है। जल में (भी) एक अंश ऑक्सीजन (प्राण वायु) का होता है। जल ठण्डा होकर ठोस रूप लेता है और बर्फ बनती है। जल का गर्म (तेजस्) रूप वाष्प बनती है जो गैस (वायु) का रूप ले लेती है। यद्यपि अग्नि तथा जल दो परस्पर विरोधी तत्त्व हैं, तथापि जल उबालने पर (अग्नि का संयोग पाकर) शुद्ध हो जाता है। शुद्ध जल के कई सात्त्विक गुण हैं। कोई भी संकल्प करते समय जल और अग्नि को साक्षी (गवाह) बनाते हैं। जल हमारे जीवन में नवचैतन्य का संचार करता है। 'शब्द, स्पर्श और रूप' के अतिरिक्त जल में रस (स्वाद) रूपी तत्त्व है। यह (रस) एक महत्त्वपूर्ण लक्षण है। पृथ्वी का जल और भूमि के रूप में उचित विभाजन हुआ है। जिस दिन यह समीकरण परिवर्तित होगा अर्थात् पानी की मात्रा बढ़ जायेगी, सम्पूर्ण भूमि जल-मग्न हो जायेगी और विश्व का विनाश हो जायेगा। सहस्त्रों वर्षों के पश्चात् सूर्य पर उपद्रव (टकराव) घटित होते हैं। (उस कारण) प्रचण्ड गर्मी पड़ती है। सभी बर्फाच्छादित पर्वत पिघल जाते हैं और घनघोर वर्षा होती है। भयंकर बाढ़ से सर्वस्व नष्ट हो जाता है। इसी महाजल की पुन: वाष्प बनती है और पृथ्वी पुन: दृष्टिगोचर होती है और पुन: नयी जीव-सृष्टि निर्मित होती है।

घर में जलस्थान शुद्ध दिशा में होना चाहिए। पानी का नल जलसंग्रह एवं छत की टंकी सही होनी चाहिए। सेप्टिक टैंक एवं प्राकृतिक वर्षाजल का निष्कासन सही होना चाहिए।

5. पृथ्वी (भूमि)

लाखों वर्ष पूर्व सूर्य के वर्तुलाकार (घूमते हुए) कक्ष से कुछ ग्रह बाहर निकल गये थे। इनसे नवग्रहों तथा अन्य उपग्रहों का निर्माण हुआ। ये सभी ग्रह और उपग्रह आपसी आकर्षण के कारण सूर्य के चारों ओर अपने-अपने विशेष ग्रहपथों में भ्रमण करने लगे। कुछ समय पश्चात् सूर्य से तृतीय स्थान पर स्थित पृथ्वी ज्योंही सूर्य से दूर हटी वह ठण्डी पड़ने लगी। उससे प्रस्फुटित (निकलनेवाले) ज्वालामुखी से पर्वत और घाटियों का निर्माण हुआ। पृथ्वी के गर्भ में निश्चित

(स्थान पर) दक्षिण-उत्तर में स्थिर चुम्बक तथा पृथ्वी की गुरुत्वाकर्षण शक्ति भी पृथ्वी के सभी सजीव और निर्जीव पदार्थों पर अपना प्रभाव रखती है। अतः पृथ्वी का विशेष महत्त्व है। पृथ्वी तथा अन्य तत्त्वों से जीवनक्रम आरम्भ हुआ। इसीलिए पृथ्वी को माता कहते हैं। भवन-निर्माण करते समय 'भूमि-पूजन' का वास्तविक उद्देश्य यही है। पर्यावरण तथा वायुमण्डल से बाहर की अनन्त शक्तियों से पृथ्वी का घनिष्ठ सम्बन्ध है। सम्पूर्ण सौरमण्डल में पृथ्वी ग्रह पर जीवन है। सम्भव है कि ब्रह्माण्ड के अन्य सौरमण्डलों में पृथ्वी जैसे कुछ ग्रहों पर (हमारी) पृथ्वी से भी अधिक शक्तिशाली तथा अधिक जागृत जीवन-रचना (जीवित रचना) हो! पृथ्वी में स्पर्श, शब्द (ध्वनि), रस, रूप के अतिरिक्त 'गन्ध' रूपी विशेष गुण विद्यमान है।

(उपर्युक्त) पाँच तत्त्वों को यथोचित मान और स्थान देते हुये मानव को आरोग्य, उन्नति, समृद्धि तथा मन की शांति हेतु चेष्टा करनी चाहिए। सम्पूर्ण विश्व के वास्तुशास्त्र का पंचमहाभूतों से घनिष्ठ सम्बन्ध है। (अतः) हमें इन पाँच तत्त्वों से प्राप्य स्वर्गीय आनन्द को प्राप्त करने में कमी नहीं छोड़नी चाहिए।

निवासयोग्य भूमि की पहले परीक्षा करनी चाहिए। शास्त्रों में भूपरीक्षा के अनेक विधान दिये गये हैं। रस-रंग-गन्ध एवं गुणों के कारण भूमि को चार श्रेणी में विभाजित किया गया है, जो इस प्रकार है।

भूपरीक्षा
(Examining the Land)

सुगन्धा ब्राह्मणी भूमी रक्तगन्धा तु क्षत्रिया।
मधुगन्धा भवेद्वैश्या मद्यगन्धा च शूद्रिका॥

—कल्पद्रुम

सुगन्ध युक्त भूमि ब्राह्मणी, रक्त की गन्धवाली भूमि क्षत्रिया, धान्य की सुगन्धवाली वैश्या एवं मद्यगन्ध युक्त भूमि शूद्रा कहलाती है।

ब्राह्मणी, क्षत्रिया, वैश्या एवं शुद्रा ये चार भूमि के मुख्य प्रकार हैं।

ब्राह्मणी भूमि : सुगन्धयुक्त, सफेद रंग की मिट्टीवाली मधुर रसयुक्त—कुश घास से युक्त
क्षत्रिया भूमि : रक्तगन्धा, लालरंग की मिट्टीवाली, कषायरस युक्त, मुंज घास से युक्त
वैश्या : सस्यगन्धा (धान्य), हरे रंग की मिट्टीवाली, आम्लरसयुक्त (खट्टा), कुश-काशयुक्त
शूद्रा भूमि : मद्यगन्ध, काले रंग की मिट्टीवाली, कटु रसवाली, सब प्रकार के घास से युक्त

*

शस्तौषधिद्रुमलता मधुरा सुगंधा
स्निग्धा समा न सुषिरा च मही नराणाम्।
अप्यध्वनिश्रमविनोदमुपागतानां
धत्ते श्रियं किमुत शाश्वतमन्दिरेषु॥

—बृहत्संहिता

श्वेतासृक् पीतकृष्णा हयगजनिनदा षड्रसा चैकवर्णा
गोधान्याम्भोजगन्धोपलतुषरहितावाकप्रतीच्युन्नता या।
पूर्वो दग्वारिसारा वरसुरभिसमा शूलहीनास्थिवर्ज्या
सा भूमिः सर्वयोग्या कणदररहिता सम्मताद्यैर्मुनीन्द्रैः॥

—मयमतम् 201

सफेद, (लहू की तरह) लाल, पीली, घोड़ों की हिनहिनाइट एवं हाथियों की चिंग्घाड़ से भरी हुई, छः प्रकार के रसों से सम्पन्न, एक ही वर्णवाली, गाय-बैल आदि पशु, धान्य एवं कमल की सुगंध से युक्त, कंकड़ और छिलकों से रहित दक्षिण या पश्चिम दिशा की ओर उठी (उभर कर आई) हुई, उत्तर या पूर्व में नदी की सीमा से बंधी हुई, उत्तम सुरभि के समान, पैने पदार्थ एवं अस्थियों से रहित, जहाँ बीज आदि सूख नहीं जाते ऐसी भूमि सबके निवास के लिए योग्य है— ऐसा प्राचीन श्रेष्ठ मुनियों का कहना है।

*

यदा सोन्नता पूर्वशम्भवग्निकोणे भवेन्नीचगावारुणे दिग्विभागे।
भवेच्छ्रीसुतानां पशूनां च हानिर्यदा दैत्यपृष्ठे निवासं करोति॥

यदा भूर्भवेदैन्द्र प्राग्भिन्न दीर्घा तथा चोन्नतिः सौम्य याम्य क्रमेण।
तदा नागपृष्ठामिधा मृत्युदा सा, कलत्रादिहा शत्रुसंवर्धिनी च॥

'ब्रह्मयामल' ग्रन्थ एवं 'नरपतिजयचर्यास्वरोदय' ग्रन्थ में भूमि के अयन, गोल, मास, पक्ष, तिथि, वार, नक्षत्र योग, सूर्य, चन्द्रादि ग्रहों की गणना के आधार पर भूमि के निम्नदर्शित प्रकार दर्शाये गए हैं।

(1) ओड्रभूमि
(2) जालंधरी
(3) पूर्णाभूमि
(4) कामारव्याभूमि
(5) कोलापुरी
(6) एकबीरा
(7) सिलिंध्रा
(8) महागारी
(9) क्षेत्रपाली
(10) वंशखा
(11) रुद्र भू
(12) कालानली भूमि
(13) निरामया भूमि
(14) जयलक्ष्मी भूमि
(15) महालक्ष्मी भूमि
(16) जया भूमि
(17) विजया भूमि
(18) भैरवी भूमि
(19) बाला भूमि
(20) योगीश्वरी भूमि
(21) चंडी भूमि
(22) याम भूमि
(23) भुंभुका भूमि
(24) कर्तरी भूमि
(25) शार्दली भूमि
(26) सिंहली भूमि
(27) तन्वी भूमि
(28) महामाया भूमि
(29) माहेश्वरी भूमि
(30) देवकोटी भूमि
(31) शिवा भूमि
(32) शक्ति भूमि

(33) धूम्रा भूमि
(34) माना भूमि
(35) वराटिका भूमि
(36) त्रिमुंडा भूमि
(37) मत्सरी भूमि
(38) धर्मा भूमि
(39) मृता भूमि
(40) सृष्टि भूमि
(41) क्षमाक्षया भू.
(42) दुर्भति भूमि
(43) प्रहरा भूमि
(44) गौरी काली भूमि
(45) नारहरी भूमि
(46) बला भूमि
(47) भूरी खेचरी भूमि
(48) गृह्मा भूमिः
(49) द्रादशी भूमि
(50) विष्टिभूमिः
(51) केवला भूमि
(52) त्रैलोक्या विजया भूमि
(53) कालपाशा भूमि
(54) करालिका भूमि
(55) वडवाभू.
(56) बडदाद्वि भूमि
(57) अपराजिता भूमि
(58) रौद्री भूमि
(59) वामलोचना भूमि
(60) शिशु भू.
(61) मातंग भू.
(62) अमेद्या भूमि
(63) दहनी भूमि
(64) जिता भू.
(65) वायुव भू.
(66) वर्ग भू.
(67) कपालिका भू.
(68) अनलानीलाभू.
(69) चन्द्र-सूर्य भू.
(70) ग्रह भू.
(71) राशि भूमि
(72) लग्न भू.
(73) राहुकालानल भू.
(74) स्वर भू.
(75) त्रिकाल भू.
(76) ऋक्षराहु भू.

इन भूमियों का फल नाम के अनुसार परिलक्षित होता है। विस्तार के भय से यहां सिर्फ भूमि के प्रकार का नामोल्लेख ही किया गया है। जिज्ञासु सज्जन 'ब्रह्मयामल' ग्रन्थ से विशेष जानकारी प्राप्त कर सकते हैं।

भूखण्ड की आकृति

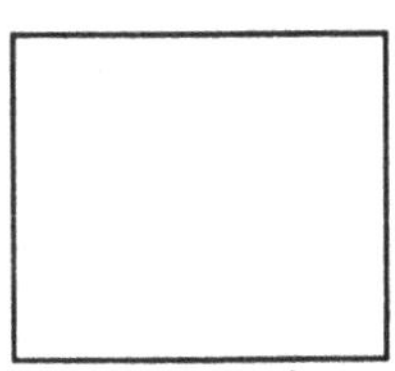

चतुष्कोण Square — चमचौरस — शुभ धनदायक एवं पुष्टिवर्धक

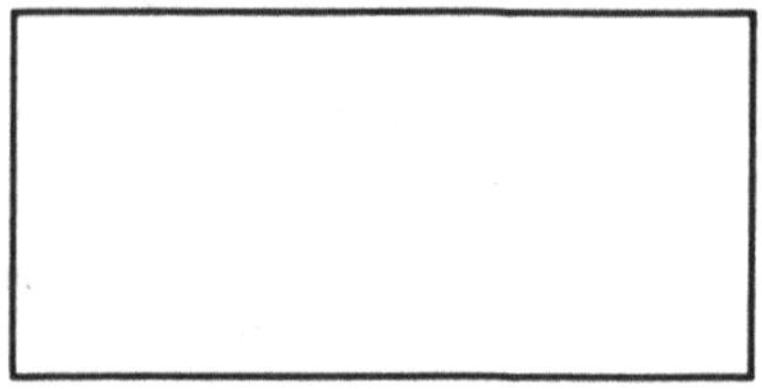

चतुष्कोण Rectangular	चमसाकार चौड़ा (समकोण)	धनदायक एवं पुष्टि वर्धक

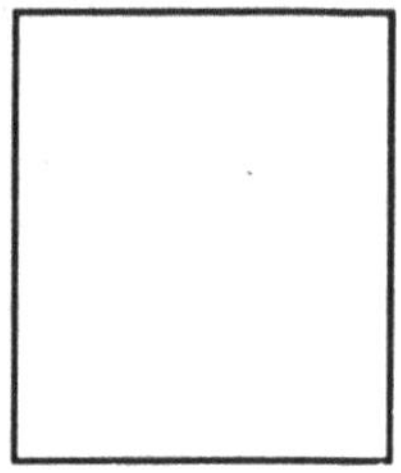

चतुष्कोण Rectangular	चमसाकार लम्बा समकोण	धनदायक, पुष्टिवर्धक एवं शुभ

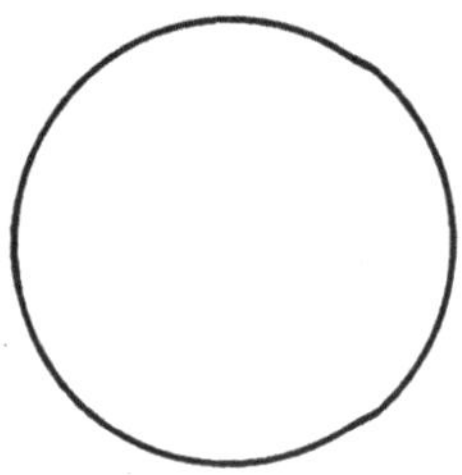

वर्तुल Circular	वर्तुल	शुभ

षट्कोण Hexagonal	षट्कोण	अरिष्टनाशक एवं शुभ

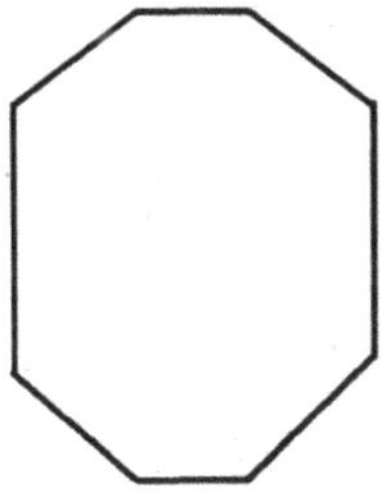

Wheel Shaped	**अष्टकोणात्मक वर्तुल**	**मुसीबतदायक**

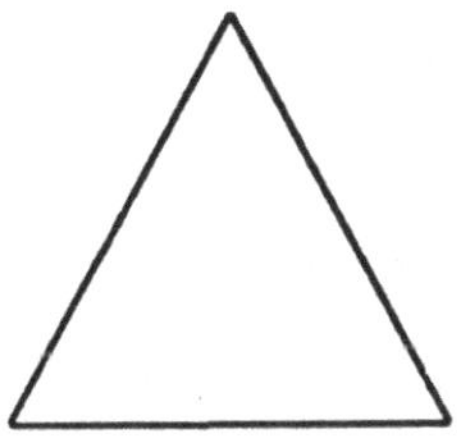

Triangular	**त्रिकोणात्मक**	**गृहस्वामी की तीन-तेरह करनेवाला, अशुभ**

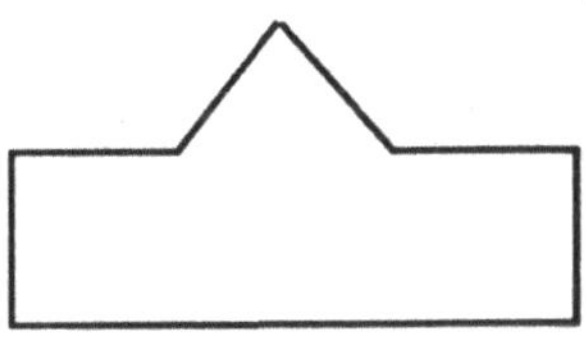

Cart Shape	**रथ के आकार**	**गृहस्वामी को आगे- पीछे दौड़ानेवाला अशुभ भूखण्ड**

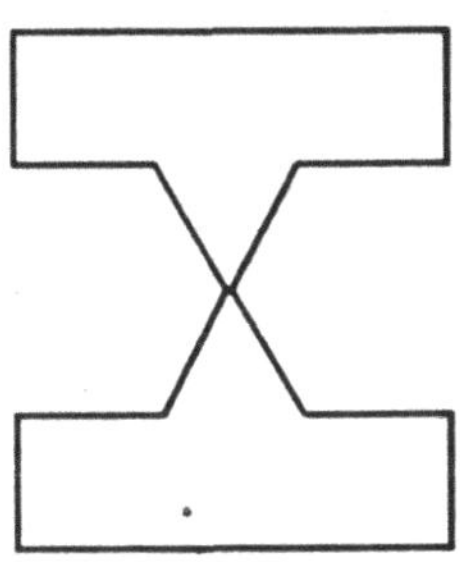

Double & reversed Cart Shape	**दो जुड़े हुए रथों की आकृति में**	**गृहस्वामी को आगे-पीछे दौड़ानेवाला, एक जगह स्थाई सुख न देनेवाला अशुभ भूखण्ड**

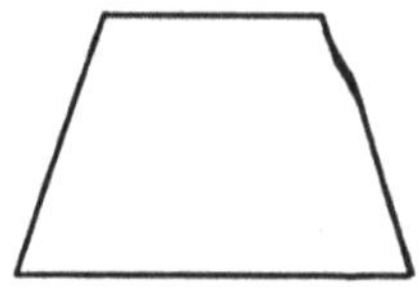

Trapezium छाजमुखी	छाजमुखी	घर की सुख-सम्पत्ति को नष्ट करनेवाला अशुभ भूखण्ड

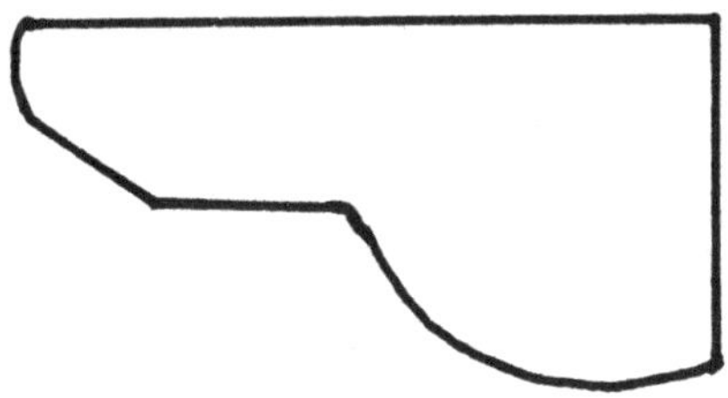

Hand fan shape पंखी	पंखीनुमा	गृहस्वामी को गरीब बनानेवाला भूखण्ड

Bow धनुपाकृति	धनुषाकृति	गृहस्वामी को गरीब बनानेवाला भूखण्ड

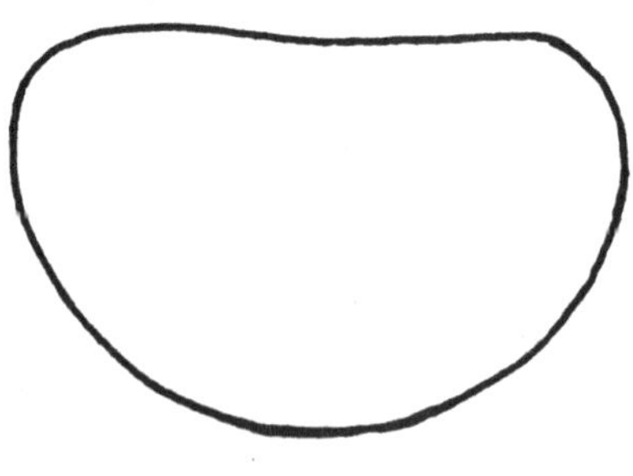

Semi circle अर्ध वर्तुल	अर्ध वर्तुल	गृहस्वामी को आधी-अधूरी हालत में रखने वाला अशुभ भूखण्ड

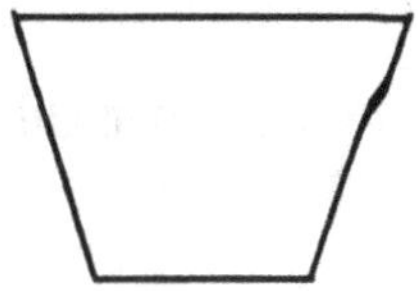

Tabla तबला	तबला	गृहस्वामी को तबले की तरह खाली रखनेवाला भूखण्ड

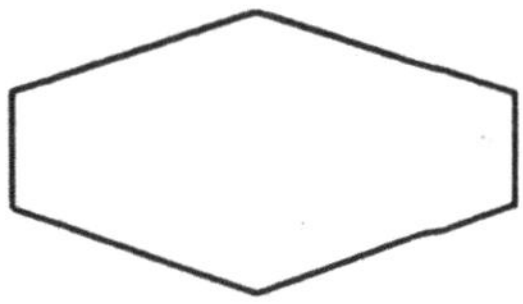

Mridanga तबला	मृदंग	गृहस्वामी को मृदंग की तरह खाली रखनेवाला भूखण्ड

अन्य भूखण्डों का विश्लेषण

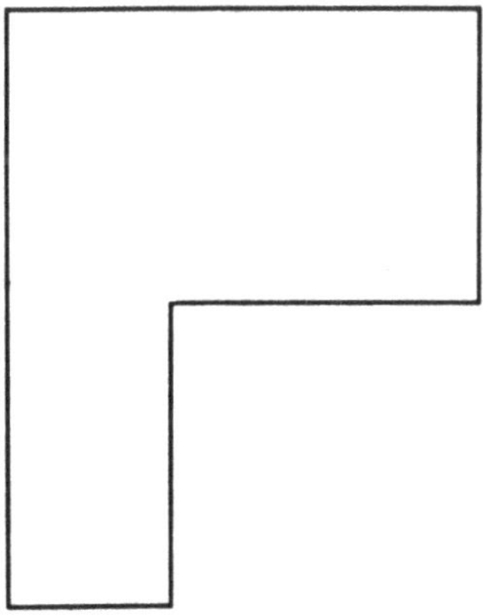

अंग्रेजी भाषा में F की आकृतिवाला भूभाग न तो अच्छे में गिना जाता है, न बुरे में। चीनी मान्यता से ऐसे आकार का अर्थ है अवनति। यदि भूस्वामी काले क्षेत्रफल की जगह में भवन बनाता है तो निश्चय ही पतन की ओर जायेगा।

अंग्रेजी में उलटा लटका हुआ T आकृतिवाले भूखण्ड पर काले रंग से चिह्नित क्षेत्र में यदि निर्माण कराया जाये तो व्यक्ति मालामाल हो जायेगा। क्योंकि चीनी भाषा में इस आकृति का अर्थ है—उन्नति, प्रगति एवं तरक्की।

चीनी विद्वान मानते हैं कि हमारा वर्तमान जीवन पूर्व निर्धारित कर्मों का फल है। इस जीवन में हमारा कुछ समय बहुत अच्छा होता है तथा कुछ समय बुरा होता है। हमारे बहुत अच्छे समय में प्रतिकूल वास्तु हमारा कुछ भी नहीं बिगाड़ पाता परन्तु हमारे बुरे समय में जरा-सा भी प्रतिकूल

वास्तु हमारी स्थिति बद से बदतर बना देता है। चीनी दार्शनिक, पांच वस्तु की शृंखला को मानते हैं कि व्यक्ति के जीवन का सबसे महत्त्वपूर्ण अविभाज्य अंग है–

1. भाग्य, 2. अवसर, 3. वास्तु, 4. गुण (योग्यता), और 5. शिक्षा (अध्ययन)

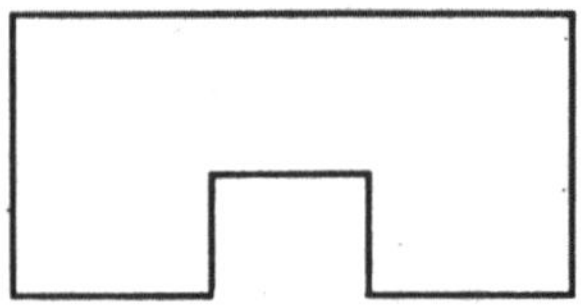

अंग्रेजी वर्णमाला के उलटे U की आकृतिवाला भवन, निवास व कॉमर्शियल कॉम्पलेक्स बनाने हेतु ठीक नहीं, क्योंकि वायु का दबाव भवन के मध्य भाग को प्रताड़ित करेगा, इससे बुरी आत्माएं शीघ्र ही गृहस्वामी को प्रभावित करेंगी।

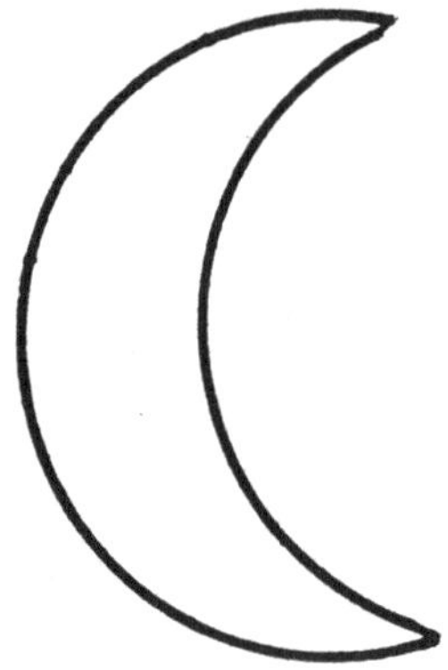

अंग्रेजी में 'C' व पंखे की आकृति वाला Half-Round कॉम्पलेक्स भी झगड़े का घर होता है। अत: ठीक नहीं।

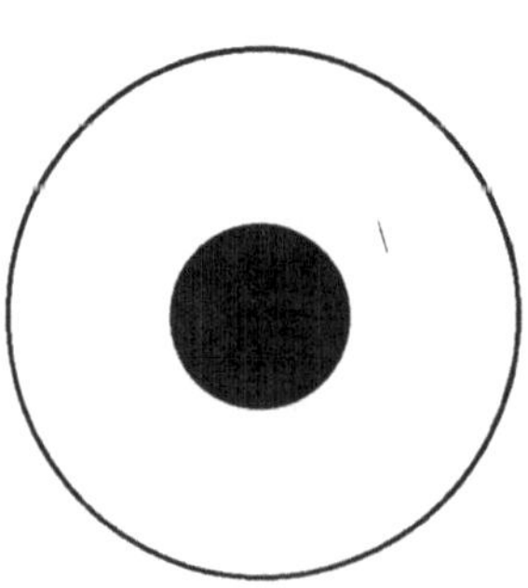

फेगंसुई के हिसाब में अंग्रेजी आकृति 'O' वाला पूरा गोला घेरा शुभ है। चूंकि यह जलतत्त्व का प्रतीक है इसीलिए समुद्र के किनारे अथवा समुद्र तटवर्तीय बसे हुए नगरों में ऐसे कॉम्पलेक्स Round होटल बहुत उत्तम रहते हैं। सूरत में ऐसे होटल हैं, जिनकी ऊपरी मंज़िल घूमती है। आजकल हाऊसिंग कॉलोनियों में पानी की टंकी ऐसे Shape में बनती है।

यह अष्टकोणीय (Trigrams) प्राचीन चीनी मत का एक सांकेतिक चिह्न है। अष्टकोणीय यह चिह्न भूखण्ड हेतु प्रायः अशुभ ही माना जाता है। ऐसी बिल्डिंग समुद्र के किनारे होटल के रूप में ही ठीक मानी गई है।

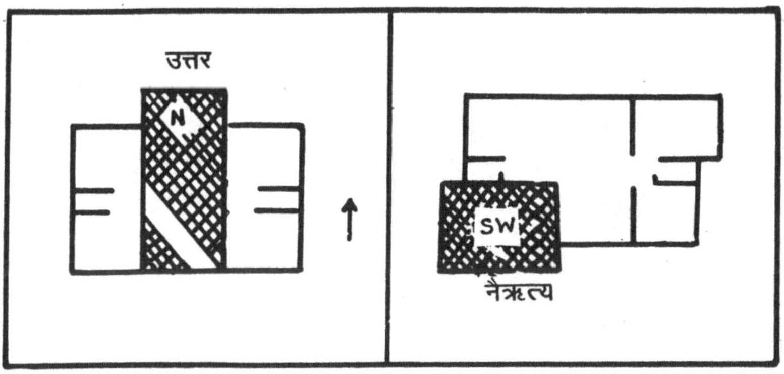

कॉमर्शियल कॉम्पलेक्स में कुल भूखण्ड का दो तिहाई भाग का निर्माण यदि पूर्व या उत्तर दिशा की ओर किया जाये तो व्यक्ति को अच्छा रुपया मिलता है और उसका भाग्य चमकता है। यदि ऐसा निर्माण ईशान या नैऋत्य की ओर किया जाये तो भाग्य नहीं चमकता।

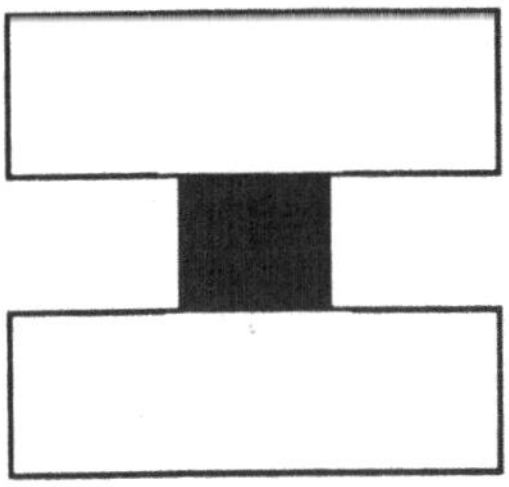

अंग्रेजी के 'I' के आकारवाले भूखण्ड के मध्य काले रंग से चिह्नित क्षेत्र में यदि बहुमंजिली भवन या दूकान बनाता है तो वह शीघ्र ही दिवालिया हो जायेगा।

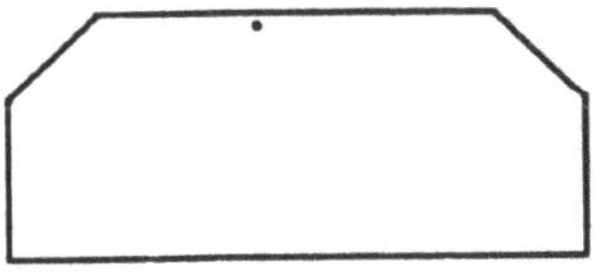

यह छः भुजाओंवाली आकृति न शुभ है, न अशुभ परन्तु ऐसे कमरों में ठीक से नींद नहीं आती।

समुद्र के किनारे पर बहुमंजिलीय होटल

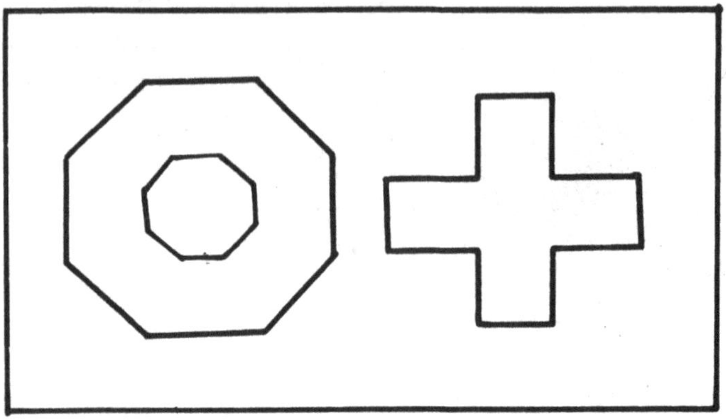

अष्टकोणीय गोल घेरा एवं उपर्युक्त क्रॉस या चौकड़ी का निशान चीनी भाषा जलतत्त्व का सूचक है। इस प्रकार की आकृतिवाली बहुमंजिलीय इमारतें या होटल आदि समुद्र, झील या तालाब के किनारे बनायी जाएं तो व्यक्ति करोड़पति से अरबपति बन जाता है। गुजरात राज्य के सूरत शहर में ऐसे राउण्ड होटल हैं जिसकी नित्यप्रति की आवक बहुत उत्तम है।

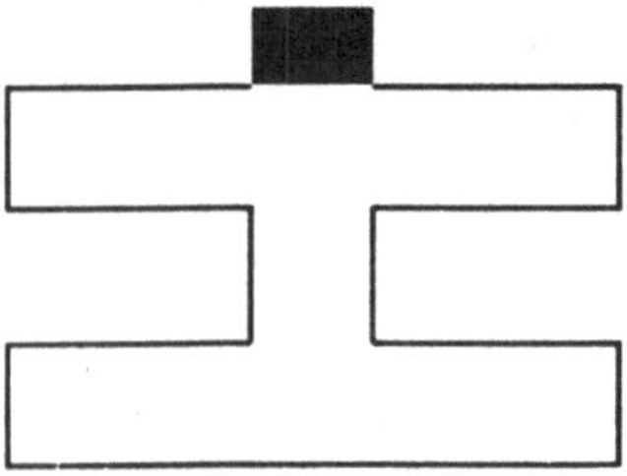

शिवलिंग की आकृतिवाला यह चिह्न चीनी भाषा में पृथ्वीतत्त्व का द्योतक है। ऐसी आकृतिवाले भूखण्ड पर काले क्षेत्र चिह्नित स्थल पर यदि बहुमंजिले होटल बनाये जाएं तो व्यक्ति शीघ्र ही धनाढ्य हो जायेगा।

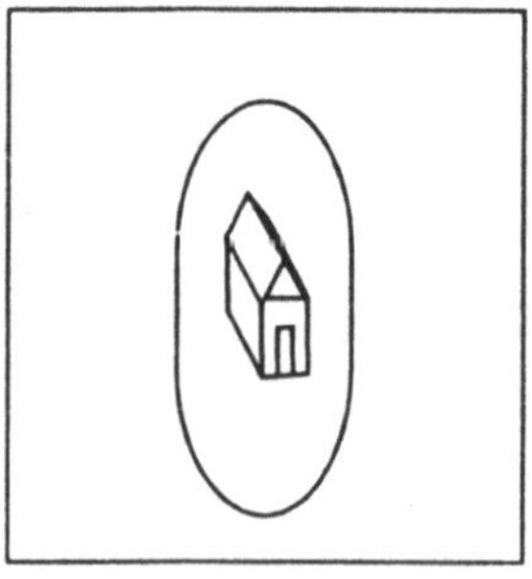

लम्बोत्तरा (Oval-Shape)
धार्मिक कार्यों के लिए शुभ

चमसाकार (Rectangular)

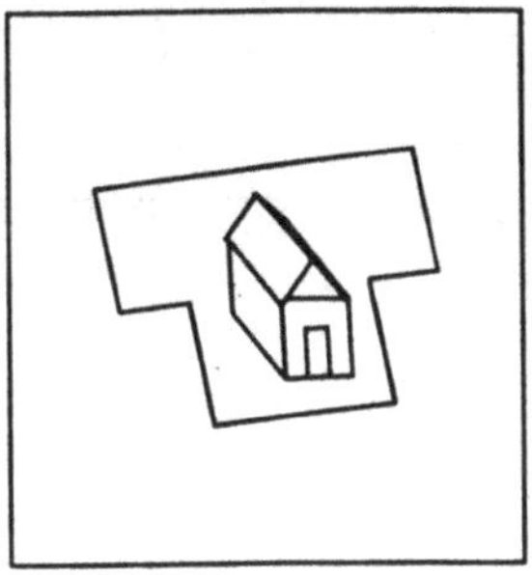

टी-शेप ('T' Shape)
कष्टकारक

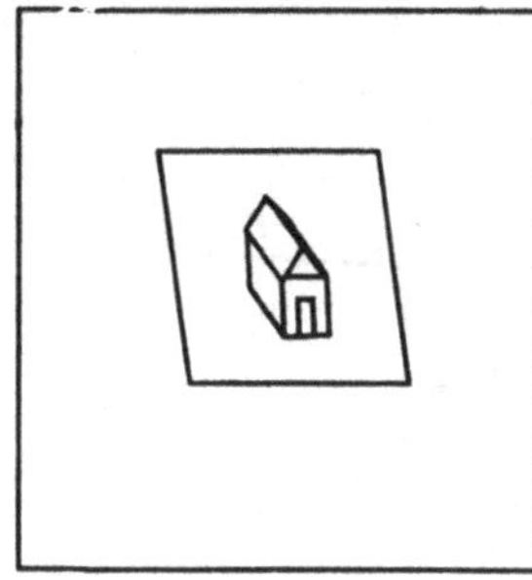

कोणात्मक (Angle Shape)
मिश्रित फलदायक

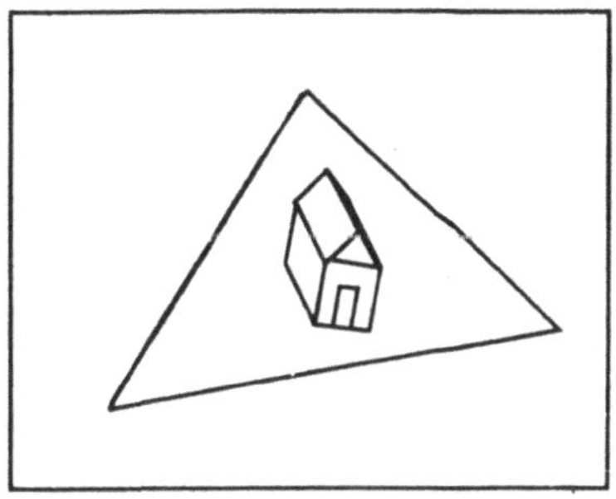

त्रिकोण अशुभ Triangular

काकमुखी मकान आगे से संकरा एवं पीछे से चौड़ा होता है। प्राय: छाज मुखी का उलटा होता है। इसमें रहनेवाला प्राणी सुखी व संपन्न होता है।

भूखंड के न्यूनाधिक चतुष्कोणों का फल

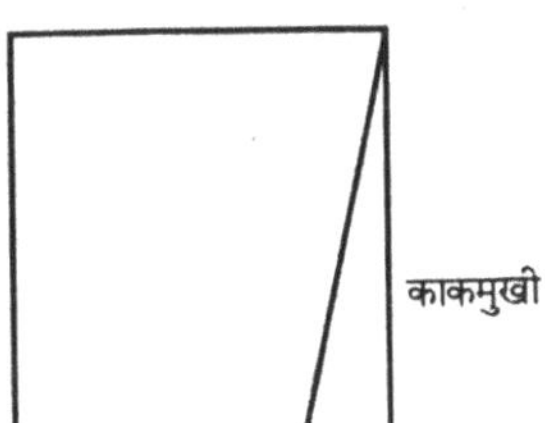

तायव्य कोण में बढ़ा हुआ भूखण्ड अशुभ होता है।

भूखंड के न्यूनाधिक चतुष्कोणों :

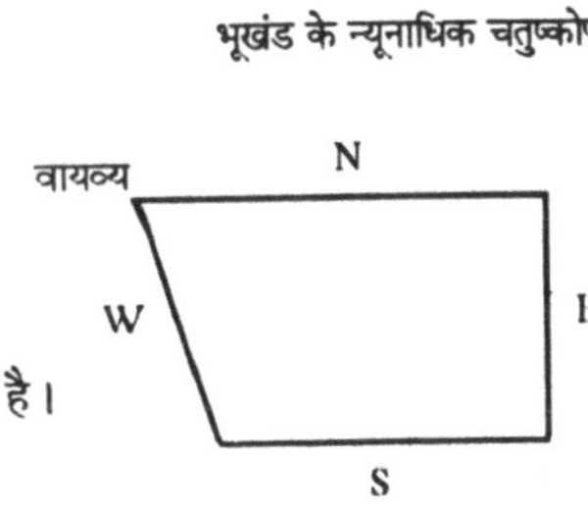

आग्नेय कोण में बढ़ा हुआ भूखण्ड अशुभ होता है।

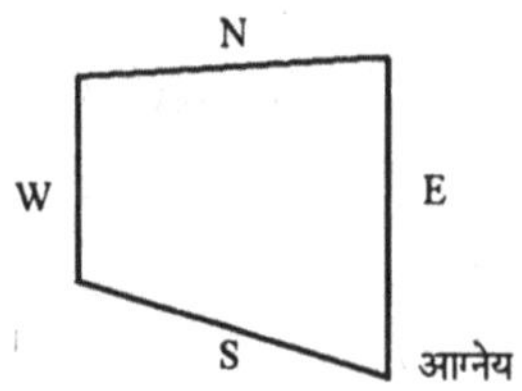

आग्नेय कोण में घटा हुआ भूखण्ड अशुभ होता है ।

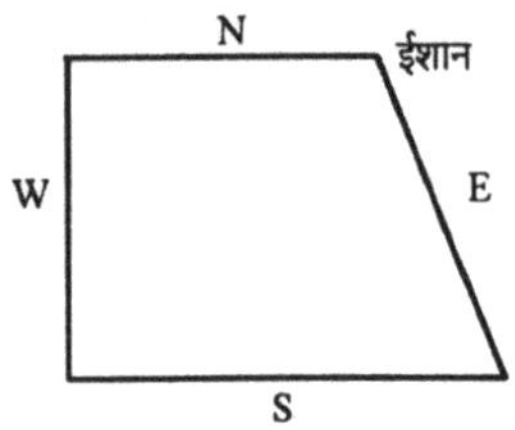

ईशान कोण में बढ़ा हुआ भूखण्ड शुभ है।

ईशान कोण में घटा हुआ भूखण्ड अशुभ है।

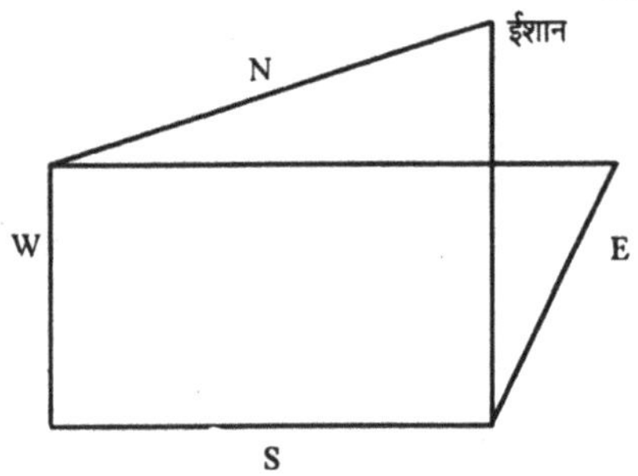

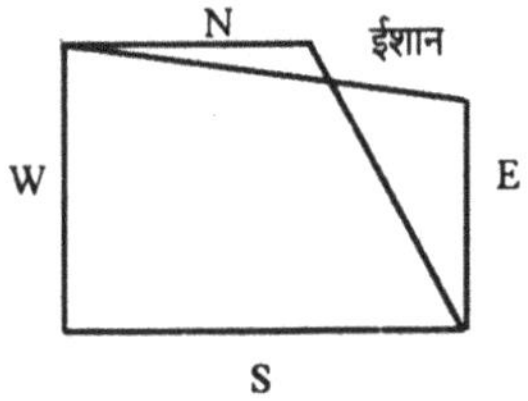

आग्नेय कोण में घटा हुआ भूखण्ड तथा वायव्य कोण में भी घटा हुआ भूखण्ड शुभ होता है।

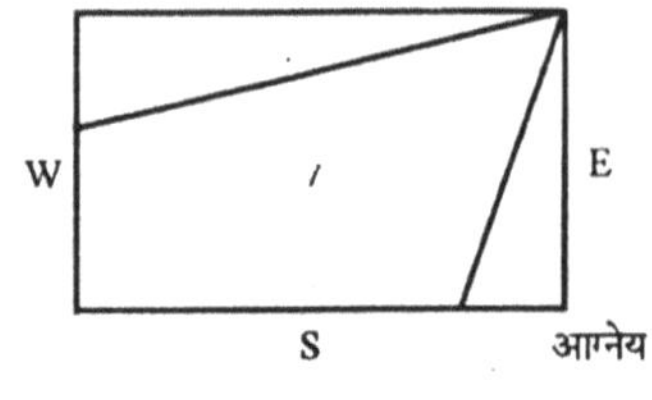

आग्नेय कोण में बढ़ा हुआ भूखण्ड तथा वायव्य कोण में बढ़ा हुआ भूखण्ड अशुभ होता है।

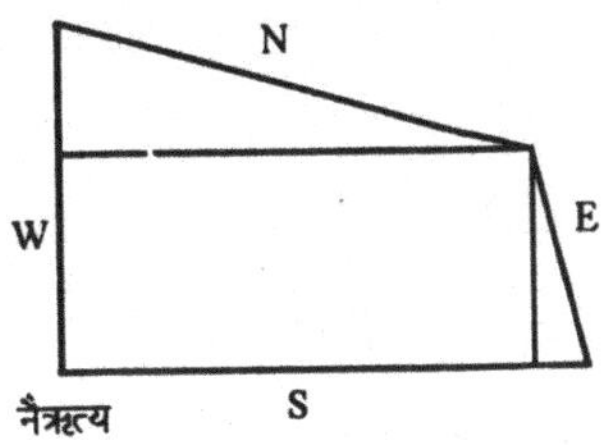

नैऋत्य कोण में घटा हुआ भूखण्ड अशुभ होता है।

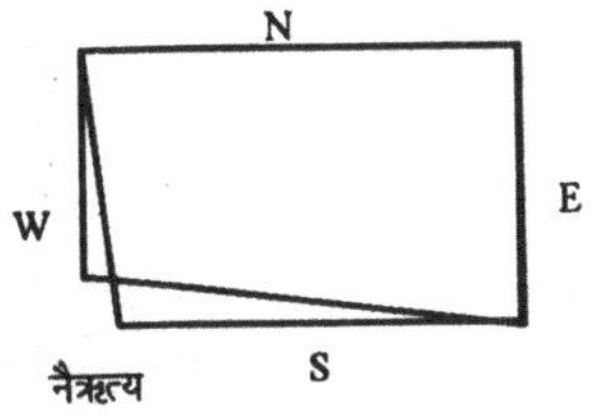

नैऋत्य कोण में बढ़ा हुआ भूखण्ड अशुभ होता है।

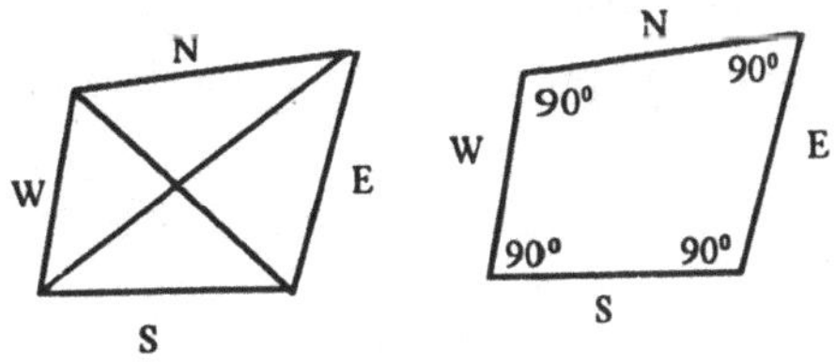

कर्णात्मक स्थितिवाले भूखण्ड जो 90 डिग्री के कोण में आते हों वे टेढ़े होते हुए भी शुभ फलदायक होते हैं।

व्यापारिक प्रतिष्ठानों एवं दूकानों में वास्तुदोष-शमन के उपाय

वास्तुशास्त्र गहन गम्भीर विषय है। इसका आम व्यक्ति के जीवन से घनिष्ठ सम्बन्ध है, न केवल आवासीय मकान, अपितु व्यवसाय-व्यापार से भी इसका गहरा रिश्ता है। व्यावसायिक उन्नति का मूल वास्तुविज्ञान है। अत: दूकान, ऑफिस, गद्दी, शोरूम, मिल, फैक्ट्री, उद्योग आदि की स्थापना से पूर्व वास्तुशास्त्र-विषयक ज्ञान भी लेना चाहिए। कभी-कभी छोटी-सी त्रुटि रहने पर परिश्रम का फल नहीं मिलता। श्रेष्ठ व्यवसायी भी हार जाता है। अत: वास्तु विषयक ज्ञान होना सभी के लिए आवश्यक है। चतुर व्यवसायी को व्यापार-स्थापना के मुख्य आधार दूकान, ऑफिस आदि के संदर्भ में भली-भांति विचार करना चाहिए। दूकान की स्थापना (मुहूर्त) करने से पूर्व, लाभ की इच्छा से वास्तुशास्त्र विषय की दृष्टि से दूकान के गुण-अवगुण की परीक्षा कर लेनी चाहिए।

यदि दूकान या ऑफिस पूर्वमुखी है तो व्यवसायिक दृष्टि से उत्तम लाभप्रद है। दूकान यदि पश्चिमाभिमुखी है तो व्यवसाय में कभी प्रारोह (तेजी) तो कभी अवरोह (मन्दी) होती रहती है। उत्तरामुखी दूकान, धन-धान्य की वृद्धि करती है, प्रतिष्ठान की प्रतिष्ठा बढ़ाती है और प्रतिष्ठान का नाम चमकता है। यदि दक्षिणाभिमुखी दूकान है तो दशाएं कमजोर होने पर बाधाएं आती हैं तथा मन्दगति से व्यापार चलता है। जहां तक सम्भव हो पूर्व अथवा उत्तराभिमुखी दूकान ही लेनी चाहिए। इसी में समझदारी है। कभी-कभी अपवाद भी देखने को मिलता है। व्यक्ति की जन्मपत्री में यदि राहु कारक हो तो दक्षिणाभिमुखी दूकान भी अतिलाभ देती है, खूब चलती है। यह सत्य है कि दूकानें एवं प्रतिष्ठानादि दक्षिणाभिमुखी हों तो कार्यालयों का स्थान अन्य दिशाओं में निर्धारित करना चाहिए।

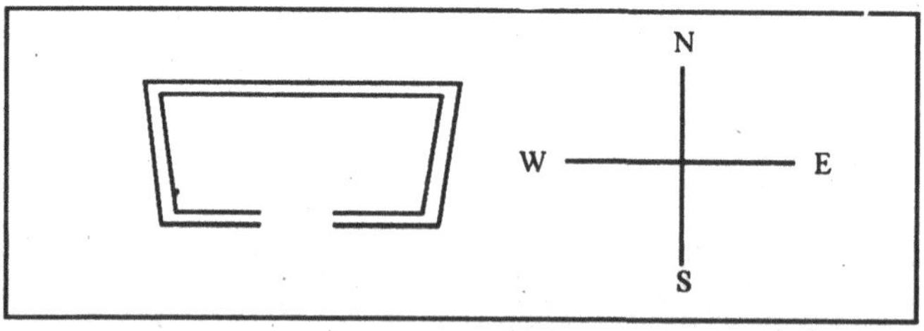

बड़े शहरों में दूकान या कार्यालय सर्वतोमुखी होते हैं, अत: दक्षिण दिशा का पूर्णत: परित्याग नहीं किया जा सकता। चारों दिशाओं में ही दूकानें होती हैं, बड़ी मंहगी कीमे व पगड़ी देने पर मुश्किल से व्यापार हेतु जगह मिलती है। बड़े शहरों-महानगरों में हमने देखा कि अधिकतर दूकानें दक्षिणमुखी होती हैं। ऐसे में अपनी गद्दी, कुर्सी व काउण्टर आदि का विचार करना चाहिए। अपने आसन (रिवाल्विंग चेयर) की स्थापना नियम पूर्वक करें। अर्थात् दक्षिणमुखी आसन नहीं होना चाहिए। निर्बल ग्रहदशा होने पर हानि निश्चित रूप से होती है।

व्यापारी या व्यवसायी को अपने प्रतिष्ठान (चाहे दूकान हो या ऑफिस) में उत्तराभिमुख बैठना चाहिए या पूर्वाभिमुख आसन पर बैठना चाहिए। इसके विपरीत स्थिति होने पर धनहानि की आशंका रहती है या कदम-कदम पर किसी-न-किसी प्रकार की बाधाएं, रुकावटें उपस्थित होती हैं। चहुंमुखी विकास में रुकावट आती रहती है। अतः दिशा को दृष्टिगत रखते हुए आसन गद्दी की स्थापना करें। राहु एवं शुक्र के रश्मिबल रहने से दक्षिणमुखी आसन भी शुभ पाया गया है। किन्तु अन्तिम परिणित शुभ नहीं पायी गई है।

अपवाद : यदि किसी भी जातक के जन्म के समय राहु या शुक्र ग्रह बलवान है तो वह दक्षिण दिशा में सफल होगा। दक्षिणाभिमुख आसन भी ऐसे जातक के लिए कारक सिद्ध हुआ।

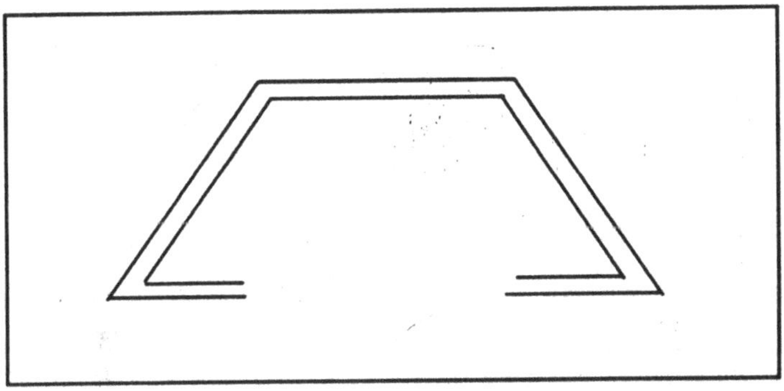

चतुरस दूकान

दीर्घायतन दूकान

दूकान अथवा कार्यालय की भूमि का सही ढंग से परीक्षण करना चाहिए। पुस्तक में निर्दिष्ट उपायों के माध्यम से भूमि-परीक्षण करने के बाद यह विचार करना चाहिए कि दूकान या कार्यालय की आकृति क्या है? यदि छाजमुखी है, अग्रभाग चौड़ा और पृष्ठ का भाग संकरा हो, तो ऐसी दूकान शुभ नहीं कही जाती है। इसे गौमुखी दूकान भी कहते हैं। सिंहमुखी दूकान लाभ की दृष्टि से श्रेष्ठ है। कुछ लोग इसे काकमुखी भी कहते हैं। यदि आयतन लम्बा है तो शुभ है, दूकानों के लिए चतुरस आयतन भी शुभ माना गया है।

दूकान या होटल तिकोना या आड़ा-टेढ़ा शुभ नहीं है। अर्थात् त्र्यस्त्र यानी तीन कटवाली व विकल नेष्ट कही गई है। इसी प्रकार दूकान अथवा कार्यालय के अग्रभाग में गर्त (गन्दगी या काबा) रहना शुभ नहीं कहा गया है। ऐसी स्थिति में यथासंभव उपायों के माध्यम से सुधार करना अपेक्षित है। गर्त से सड़क की नाली से अभिप्राय नहीं है। वैसे सड़क की नाली भी एक प्रकार से दूकान का वेध कहलाती है, जो कि आवक में रुकावट डालती है।

होटल, उद्योग या दूकान, कार्यालय, गद्दी अथवा व्यापरिक केन्द्र वास्तुशास्त्रीय दृष्टि से शुभ नहीं, या उसकी बनावट में विकृति है, टेढ़ी-मेढ़ी भुजाएं व असन्तुलित रचना है या अन्य किसी प्रकार की विकृति है तो दूकान के अण्डरग्राउण्ड (गर्भग्रह) व प्रतिष्ठान आदि में उचित स्थान पर, वास्तुविशेषज्ञ के परामर्श से विधि-विधानपूर्वक श्रीयन्त्र की स्थापना करनी चाहिए, ताकि किसी प्रकार के अनिष्ट की आशंका न रहे।

जहां तक सम्भव हो, दूकान के भीतर वक्रता (टेढ़ामेढ़ापन) नहीं होना चाहिए। ऐसा होने पर दूकान मालिक एवं व्यापारी को अशान्ति बनी रहती है, किसी-न-किसी प्रकार की बाधा उपस्थित होती रहती है तथा धन-वृद्धि आशा के अनुकूल नहीं होती है।

त्रिकोण या त्र्यस्त्र दूकान

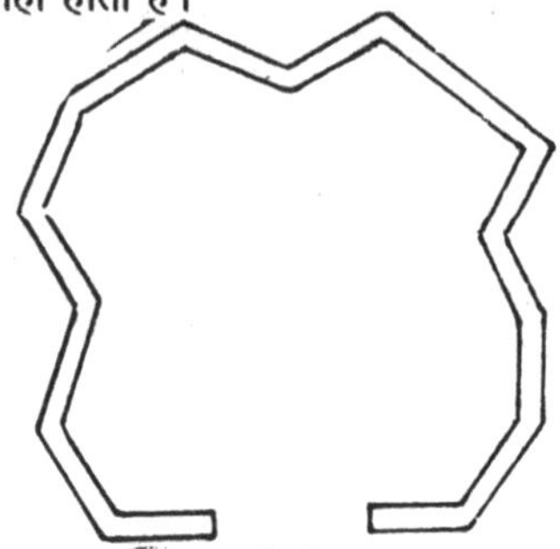

विकला या अनेक कोणोंवाली दूकान

ऑफिस या दूकान के द्वार पर, देहली, पाठ या ठोकर नहीं होनी चाहिए, किसी प्रकार का अवरोध नहीं रखना चाहिए। व्यावसायिक कार्यालय में इस पर विशेष ध्यान रखना चाहिए। यदि अवरोध (देहली आदि) है तो सम होना चाहिए। उसमें ढलान अथवा वक्रता न हो अन्यथा लक्ष्मी स्थिर नहीं रह सकती है और न ही धन की बरकत होगी।

होटल, दूकान, व्यावसायिक कार्यालय आदि का मुहूर्त श्रेष्ठ स्थिर लग्न में करना चाहिए। ज्योतिषाचार्य एवं वास्तुविज्ञ से श्रेष्ठ मुहूर्त निकलवाकर अपना चन्द्रमा व नक्षत्र आदि पर विचार कर कार्यारम्भ करना चाहिए। यदि शीघ्रता अथवा विशेष परिस्थिति हो तो अपने श्रेष्ठ चन्द्रमा, पुष्य नक्षत्र के दिन तुला या शुभ लग्न में मुहूर्त कर सकते हैं।

होटल, दूकान, व्यावसायिक कार्यालय़ आदि व्यापारिक केन्द्र का आंगन स्वच्छ, सुघड़ तथा आरामदायक होना चाहिए, अन्यथा धन-हानि की आशंका बनी रहती है। फर्श ऊबड़-खाबड़ या अधिक ढलानवाला नहीं होना चाहिए। अधिक ढलान से व्यापार में अवरोध आते रहते हैं।

यथा सम्भव शुभ मुहूर्त का समय सुनिश्चित कर होटल, दूकान, कार्यालय अथवा गद्दी पर व्यापारिक कार्य आरम्भ करना चाहिए। मुहूर्त प्रसन्नचित्त होकर सकुटुम्ब, इष्ट-मित्रों सहित ही करना चाहिए। दिन के पूर्वार्द्ध भाग में व्यापारिक मुहूर्त करना मंगलप्रद होता है। अपराह्न के बाद ढलते सूर्य में सायं अथवा रात्रि-समय में व्यापार-व्यवसाय का मुहूर्त नहीं करना चाहिए।

सबसे पहले मन, वाणी एवं कर्म से शुद्धचित्त होकर संकल्प पूर्वक अपने कुलदेवता स्थान व ग्राम-देवता को याद करके, सर्वप्रथम शुद्धि एवं पूजन करना चाहिए। श्रीगणेश की प्रतिमा, दूकान, कार्यालय या गद्दी व आसन आदि के दाहिनी ओर स्थापित करनी चाहिए। यदि स्थानाभाव अथवा अन्य कारण से असुविधा हो तो आसन (गद्दी) के शीर्ष (ऊपर) की ओर गणपति को लक्ष्मी के साथ स्थापित करना चाहिए।

नींव मुहूर्त के अवसर पर होटल, दूकान, कार्यालय व गद्दी आदि जहां से सुनिश्चित की है, उस भूमि को भी शोधित एवं जागृत कर पूजन करना चाहिए, जिससे अशुद्ध भूमि शुभस्वरूप हो सके। किसी भी कारण से वहां उपस्थित होनेवाली विपदाएं, बाधाएं दूर हो सकें और अशान्ति न रहने पाये, अन्यथा कठिन परिश्रम के बाद सफलता के साथ व्यवसाय करने पर भी मन शान्त नहीं रह पाता है, अतः भूमि-पूजन विधि-विधान के साथ वैदज्ञ विद्वान ब्राह्मण के सान्निध्य में करना चाहिए।

शुभ मुर्हूत के अवसर पर नया आसन, गद्दी, फर्नीचर, काउण्टर आदि लाना चाहिए। श्वेत एवं पीत वस्त्र का ही उपयोग करना चाहिए। चादर, मसनद के खोल आदि श्वेत वस्त्र के ही हों। लक्ष्मी शुक्र ग्रह की रश्मियों से आकृष्ट होती है, अतः शुभ्रता की ओर ध्यान दें, क्योंकि शुभ्रता में आकर्षण है।

मुहूर्त के अवसर पर नवीन बहीखाता खरीदकर लाना चाहिए। इसी प्रकार नयी लेखनी (कलम, डॉटपेन आदि), मसिपात्र (स्याही) आदि व्यापारिक सामग्री लानी चाहिए। इन सभी का श्रद्धा के साथ व्यापारी को पूजन करना चाहिए। व्यापारी के ये अनिवार्य यन्त्र कहें जाते हैं। यदि उपयोगिता हो तो तुला (तराजू) आदि का भी विधि-विधान से पूजन करना चाहिए।

होटल, दूकान एवं व्यापारिक प्रतिष्ठान को मुहूर्त के अवसर पर पत्रपुष्पादि की सजावट से सज्जित करना चाहिए। वस्त्रादिक के वितान बनाकर अथवा टेण्ट व तम्बू आदि लगाकर अलंकृत करना चाहिए। वाद्य-वृन्द आदि मंगल ध्वनि की व्यवस्था करनी चाहिए। अपने प्रतिष्ठान अथवा दूकान को सुसज्जित करना चाहिए।

द्वार के पास समुचित दिशा में बैठकर दूकान, कार्यालय आदि का विधि-विधान से पूजन करना चाहिए। गन्ध, पुष्प, पत्र, अक्षत आदि से स्वास्तिक के चिह्न अंकित करने चाहिए। यह स्वास्तिक चिह्न ऋद्धि (समृद्धि), सिद्धि (सफलता) का प्रतीक है। सिन्दूरी स्वास्तिक की अपेक्षा कुंकमादिसे सुन्दर कल्पना करनी चाहिए, जिससे व्यापार स्थायित्व एवं विकास की ओर अग्रसर हो। स्वास्तिक मंगल (कल्याण) के प्रतीक हैं तथा इनमें आकर्षण शाक्ति है। यह ध्यान रहे कि प्रतिलोम भुजाओंवाला स्वास्तिक न हो अन्यथा फल विपरीत होंगे। अतः स्वास्तिक में छिपे वैज्ञानिक रहस्य को समझना ज़रूरी है।

गोमुखी भूखण्ड

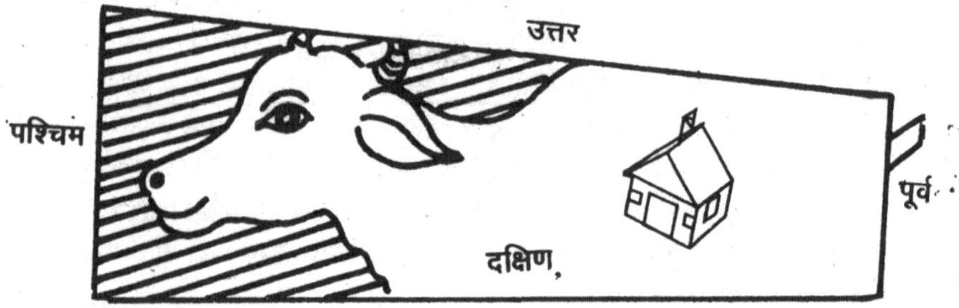

यदि प्रवेश संकरा है और अन्त में चौड़ा हो तो गोमुखी भूखण्ड कहलाता है। ऐसा भूखण्ड आवास के लिए श्रेष्ठ एवं दूकान के लिए भी श्रेष्ठ होता है।

यदि आपका भूखण्ड प्रवेश-द्वार से चौड़ा और अन्त में संकरा हो तो ऐसा भूखण्ड गृहस्थ व्यक्ति के रहने के लिए ठीक नहीं होता परन्तु दूकान के लिए चलता है।

त्याज्य भूखण्ड

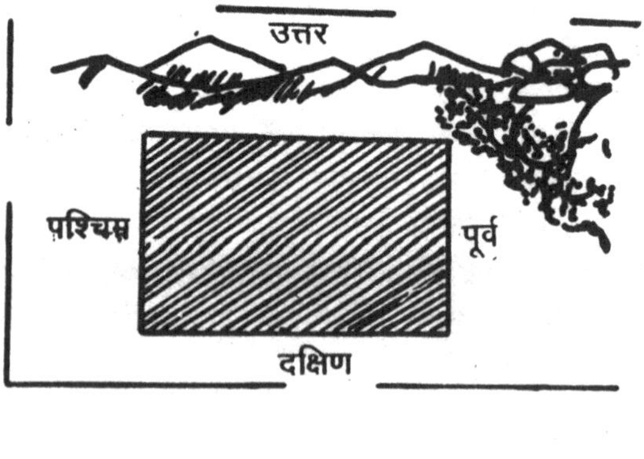

जिस भूखण्ड के पूर्व या उत्तर में पहाड़ हो, उसे त्याग दें।

अशुभ भवन की आकृति

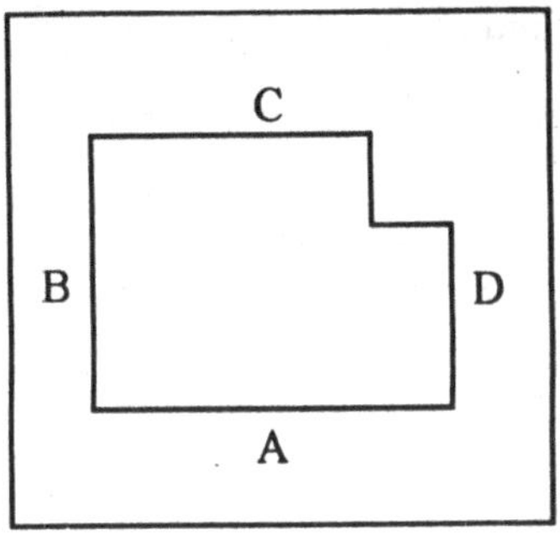

इस भूखण्ड का एक कोना गायब है। यह कमोबेश 'L' की आकृति है। यदि प्रवेश द्वार A की जगह है तो गृहस्वामी के विवाह-सुख में बाधा आयेगी। यदि द्वार B स्थान पर है तो धन की आवक में रुकावट रहेगी। और यदि द्वार D स्थान पर हो तो घर में उत्तराधिकारी की कमी रहेगी।

उपाय : प्लाट को वृक्ष की सहायता से चौकोर बनावें।

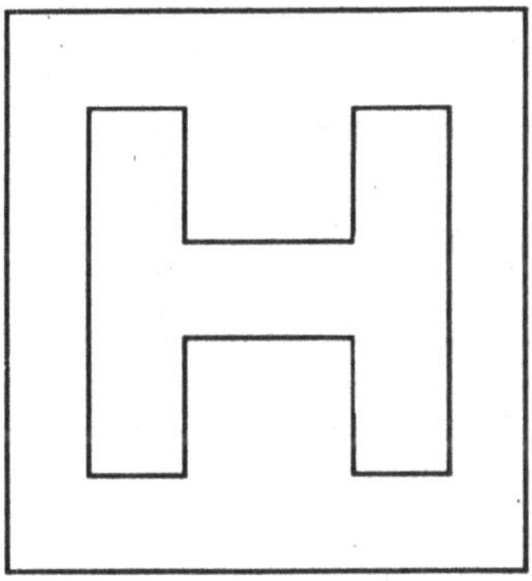

इसी तरह H-shapc का मकान भी अशुभ होता है। बीच की गहराई जितनी लम्बी होगी, दुर्भाग्य की छाया उतनी ही दु:खद होगी। यदि प्रवेश द्वार A या C की जगह पर है तो गृहस्वामी को कौटुम्बिक विवाद रहेगा। B या D की जगह हो तो गृहस्वामी का भविष्य चौपट हो जायेगा।

उपाय : वृक्षों-पौधों की सहायता से भूखण्ड को चौकोर बनावें।

विभिन्न कमरों की आकृति

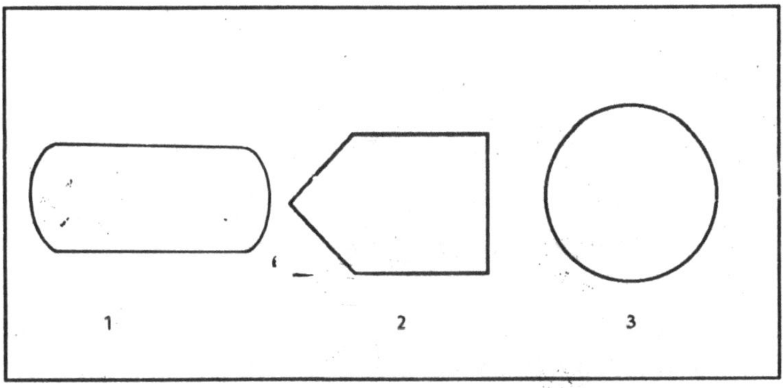

फेंगसुई के अनुसार ऊपर चित्रित 1 से 3 तक तीनों आकृतियां शुभ हैं। चित्र 2 का षट्कोण जापान में भाग्यशाली माना गया है। इसे सफेद, लाल, पीले, आसमानी, काले व हरे इन छः रंगों से सजाया जाता है जो कि भगवान बुद्ध के सच्चे उपदेश के नाम से जाने जाते हैं।

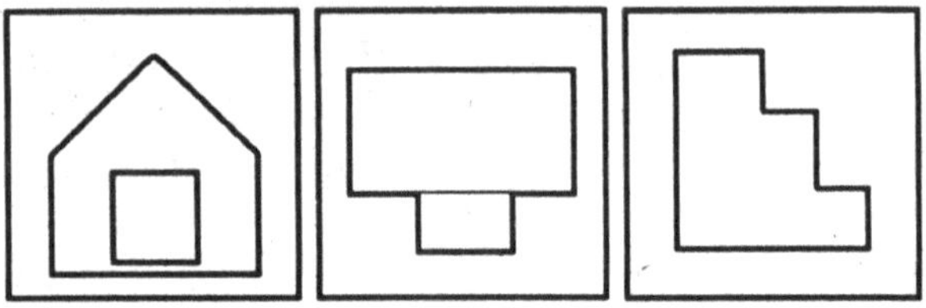

4 5 6

फेंगसुई के अनुसार नं० 4 से 6 तक कमरों की आकृतियां भी सही मानी गई हैं जो कि भारतीय वास्तुशास्त्र के हिसाब से गलत हैं। फेंगसुई के अनुसार चित्र 4 वाला पंचकोणीय कमरा हो तो पलंग पीछेवाली समकोणीय दीवार से चिपका होगा और सामनेवाले कोण के मिलन-बिन्दु पर क्रिस्टलबाल, लाइट का झुमका या लैम्प लगावें तो कमरे का वास्तु सही रहेगा।

कमरे की शुभ आकृतियां

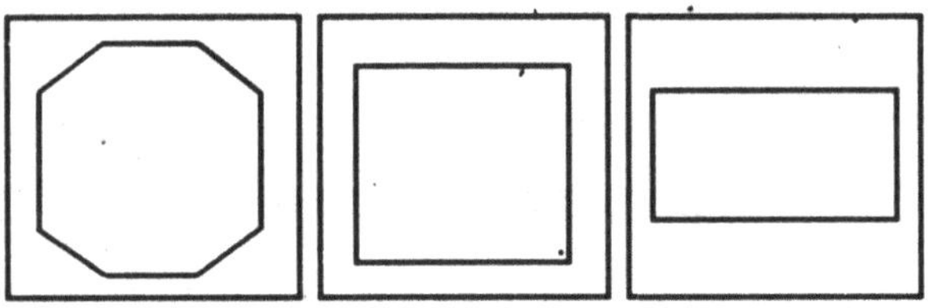

7 8 9

फेंगसुई के अनुसार ऊपर वर्णित चित्र 7 से 9 तक के कमरों की आकृति शुभ मानी गई है।

कमरे की अशुभ आकृतियां

कमरे की आकृति 13 से 15 वाली आकृतियां अशुभ मानी गई हैं। चित्र नं० 13 के त्रिकोण वाले कमरे के तीनों कोणों में गोल क्रिस्टल बाल या छोटे पौधे लगाने ज़रूरी हैं अन्यथा गृहस्वामी मुसीबत में फंस जायेगा। उसे ठीक से नींद नहीं आयेगी।

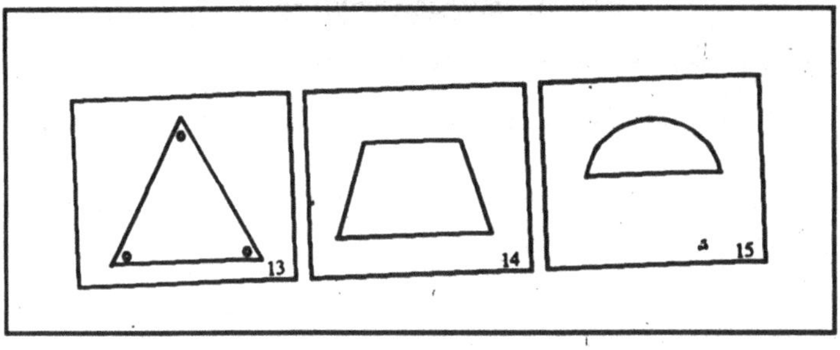

यदि कमरे की आकृति सूर्याकार चित्र नं. 14 के अनुसार हो तो गृहस्वामी को अदृष्ट मुसीबतों का सामना करना पड़ेगा।

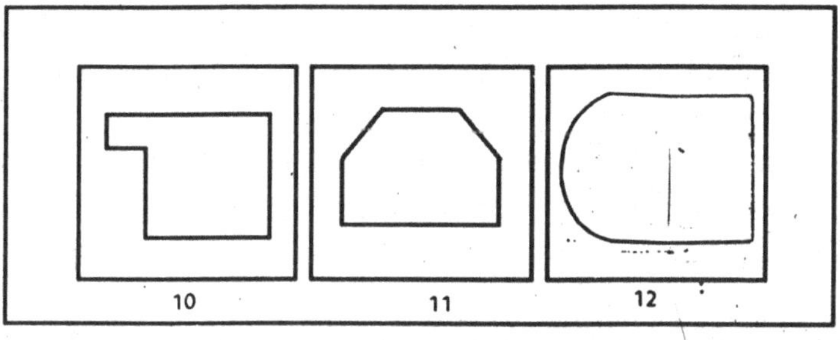

आकृति संख्या 10 से 12 तक की सभी कमरे की आकृतियां अशुभ हैं। आकृति 11 वाले कमरे का दरवाजा यदि A के साथ से है तो गृहस्वामी को धन एवं विवाह की तकलीफ रहेगी। यदि B के स्थान पर प्रवेश द्वार होगा तो धन व (शैक्षणिक) योग्यता की कमी रहेगी। यदि C के जगह प्रवेश-द्वार होगा तो शिक्षा एवं उत्तराधिकारी की कमी रहेगी और यदि D की जगह प्रवेश-द्वार होगा तो उत्तराधिकारी की कमी के साथ मातृ-पक्ष को तकलीफ रहेगी।

ईशान कटा हुआ भूखण्ड

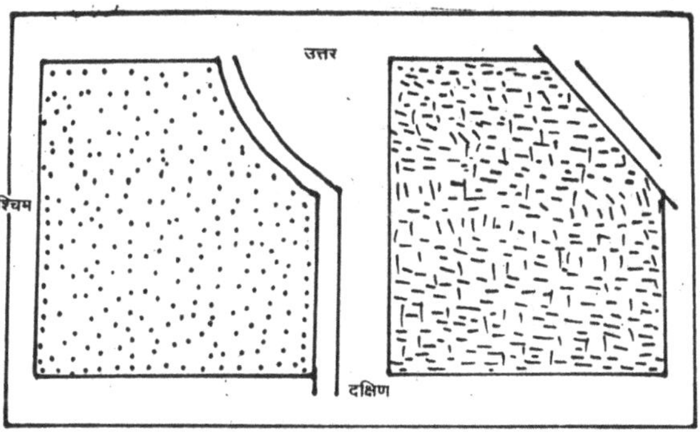

ऐसा भूखण्ड कभी न खरीदें जिसका ईशान कटा हुआ है।

ईशान कटा हुआ भूखण्ड

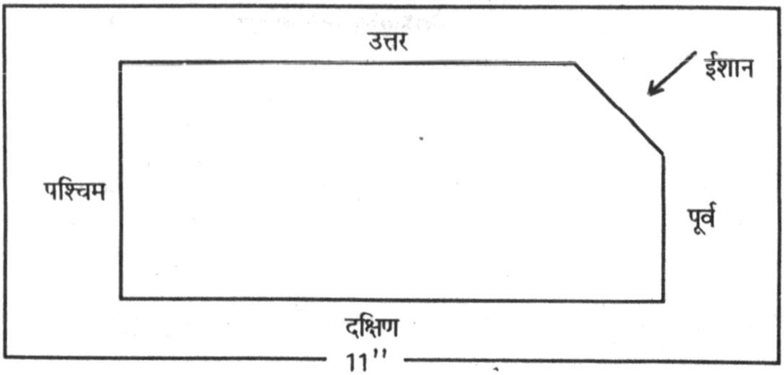

यदि फैक्ट्री का ईशान कटा हुआ है तो ऐसे में वहां पानी की समस्या रहेगी। क्योंकि ईशान दिशा में जल का वास है। जिस भूखण्ड का ईशान छोटा है। उसके स्वामी को कभी भी आध्यात्मिक सफलता नहीं मिलती।

यह भी ध्यान रखना चाहिए कि घर में ईशान दिशा ज़्यादा ऊंचाई पर नहीं हो। ईशान दिशा में फालतू का कचरा न हो, ईशान ज़्यादा भारी न हो। ईशान यदि नीचा हो तो सारे घर का पानी (ढलान) उधर ही होगा। पानी का ढलान ईशान की तरफ शुभ है।

घर या फैक्ट्री में ईशान खाली रखें

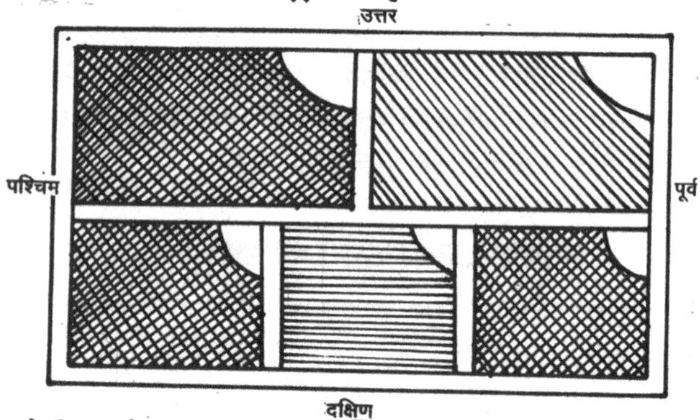

घर में ईशान कोण खाली रहना चाहिए। उसे स्वच्छ व साफ रखना चाहिए। आपके शयन कक्ष में भी ईशान खाली रखें एवं घर के प्रत्येक प्रकोष्ठ में ईशान का विशेष ध्यान रखना चाहिए।

आधुनिक आर्किटेक्ट का उदाहरण

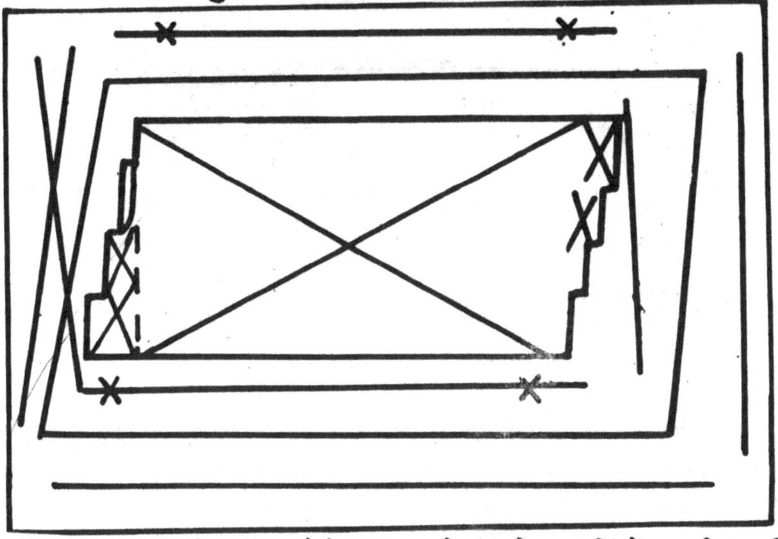

हम लोग दिल्ली के प्रसिद्ध औद्योगिक नगर नोयडा, सेक्टर 'सी' में एक बीमार यूनिट (Sick-unit) को देखने गये। जब से फैक्ट्री बनी, लगभग बन्द-सी है। 15 लाख की एक मशीन जब से फैक्ट्री में लगी शुरू ही नहीं हुई। बैंकों का ब्याज बढ़ता चला जा रहा है। फैक्ट्री पर करोड़ों का कर्जा फैक्ट्री को बन्द करने की स्थिति में ले गया। कई वास्तुशास्त्री फैक्ट्री में पूजा-अनुष्ठान कराकर चले गये। इन सबके पश्चात् हमें ऐसी फैक्ट्री को देखने का निमन्त्रण प्राप्त हुआ। अस्तु, हम लोग उस उद्योगपति के आग्रह को ठुकरा न सके एवं मेरे देहली में नये शिष्य वास्तु इंजीनियर पं. गोपाल शर्मा के साथ वहां गये।

वहां जाकर हमें सबसे पहला आश्चर्यजनक झटका यह लगा कि तथाकथित आधुनिक आर्किटेक्ट ने नवीन डिजाइन के चक्कर में फैक्ट्री के सारे कोने काट रखे थे। फैक्ट्री का ईशान (North-East) भी कटा हुआ था। जिसका ईशान कटा हुआ हो तो फैक्ट्री क्या तरक्की करेगी। विद्वान लोगों का कहा हुआ है कि चाहे घर हो या फैक्ट्री, हमें घर व फैक्ट्री के ईशान की यत्नपूर्वक रक्षा करनी चाहिए।

दूसरा दोष था भूमिगत जलसंग्रह (underground water tank) पर बायलर की स्थापना, जिससे फैक्ट्री के सभी लोग जबरदस्त मानसिक वेदना से गुजर रहे थे। हमने बायलर को वहां से हटाया। ईशान को ठीक करने में तोड़-फोड़ तो करनी पड़ी। और भी चार-पांच छोटे-छोटे दोष थे, जैसे—द्वार पर गणपति गलत लगे हुये थे। फैक्ट्री की सीढ़ियां ठीक नहीं थीं। कॉर्नर (Corner gate) का दोष था। गेट भी ठीक कराया। अन्य सुधार करके, फैक्ट्री में वांछित संशोधन किया। फैक्ट्री चल पड़ी। यह है वास्तुशास्त्र के दोष-शमन का प्रत्यक्ष चमत्कार। ऐसी सकारात्मक एवं प्रेक्टिकल साइंस आज उपेक्षित पड़ी है। मेरा सुझाव है कि आर्किटेक्ट, इंजीनियर्स को वास्तुशास्त्र के सिद्धान्तों का सही ज्ञान होना ज़रूरी है और आम व्यक्ति तक भी ये सिद्धान्त मूल रूप से पहुंचने चाहिए। इस सन्दर्भ में श्री हेमन्त गौड़ एवं वास्तु इंजिनियर पं० गोपाल शर्मा ने बीड़ा उठाया है, उसके लिए वे साधुवाद के पात्र हैं।

कॉमर्शियल भूखण्ड

यदि किसी कॉमर्शियल कॉम्पलेक्स, अस्पताल, स्कूल या बहुउद्देशीय भूखण्ड के ईशान किंवा पूर्व दिशा की ओर नहर, नदी या पानी का कुदरती स्रोत है तो वह जमीन सोना उगलेगी। यदि इस दिशा में बनावटी स्रोत नलकूप या कुआँ है तो भी श्रेष्ठ है। ऐसे अस्पताल में रहनेवाले रोगी तुरन्त ठीक होंगे, स्कूल है तो बच्चे विद्या के क्षेत्र में कामयाब होंगे। कॉमर्शियल बिल्डिंग है तो इसमें व्यापार करनेवाले सभी धनाढ्य होंगे।

दो बड़े भूखण्ड के मध्य छोटा भूखण्ड न लें

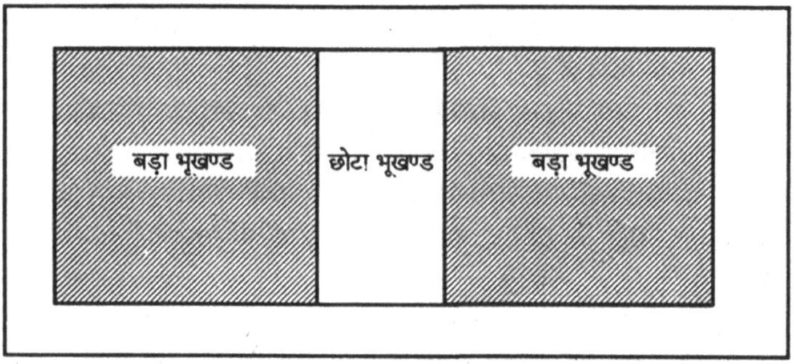

यदि आप कोई व्यवसायिक भूखण्ड खरीद रहे हैं और वह भूखण्ड दो बड़े भूखण्डों के मध्य छोटा भूखण्ड है। जमीन कीमती है फिर भी उसे न खरीदें क्योंकि ऐसा भूखण्ड जो दो समान उद्देश्यीय भूखण्ड के मध्य है, अच्छा नहीं कहलाता है। ऐसा भूखण्ड व्यापार में घाटा देगा एवं भूस्वामी को दरिद्र बना देगा।

पश्चिममुखी भूखण्ड का समाधान

यदि आपके मकान का द्वार पश्चिम की ओर हो, तथा आपने पूर्व व उत्तर दिशा की तरफ खाली जमीन छोड़ रखी है, ऐसे में पश्चिम की ओर जरा-सी भी खाली जमीन न छोड़ें। मुख्य द्वार

भूखण्ड के बीचों-बीच मध्य भाग में होना चाहिए। ऐसे भूभाग में दक्षिण एवं उत्तर की ओर तिरछापन या झुकाव बिलकुल नहीं होना चाहिए।

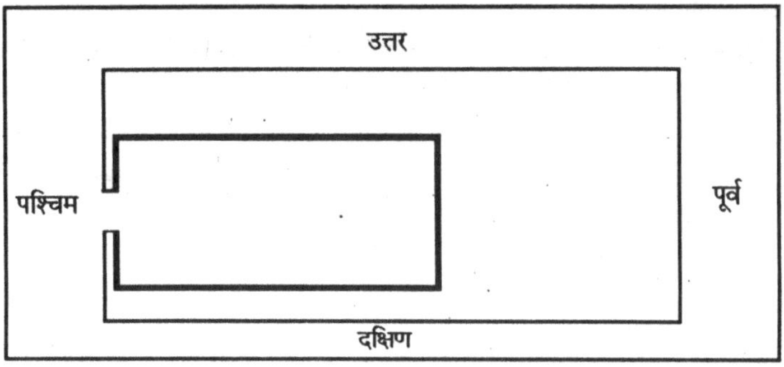

हमेशा भूखण्ड के पूर्व व उत्तर में ज़्यादा जगह छोड़ें

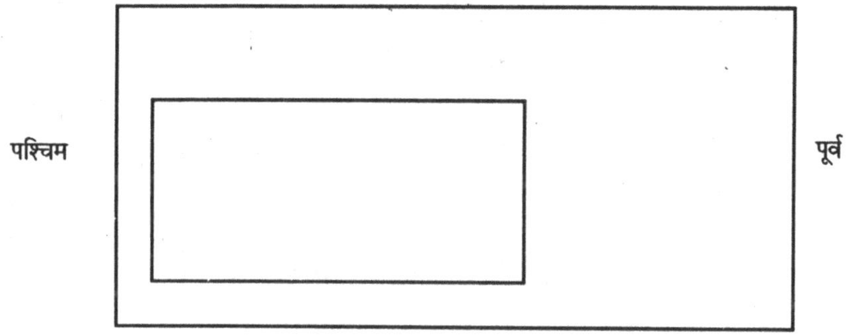

आप जब भी कोई भवन-निर्माण करें तो भूखण्ड के पूर्व एवं उत्तर में ज़्यादा खाली जगह छोड़ें, दक्षिण एवं पश्चिम की अपेक्षा अर्थात् भवन बनाते समय आपको भूखण्ड के नैऋत्य कोण का ज़्यादा-से-ज़्यादा उपयोग लेना चाहिए।

दक्षिणमुखी भूखण्ड का समाधान

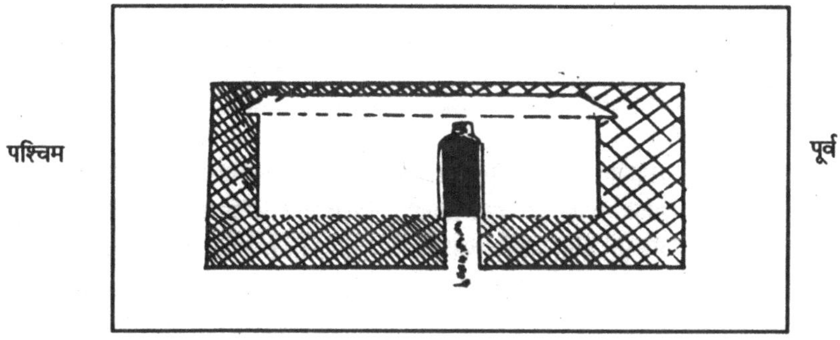

दक्षिणमुखी भूखण्ड में प्रवेश द्वार भूखण्ड के मध्य में होना चाहिए। इस दिशा में बराण्डा या बालकनी नहीं होनी चाहिए। इस प्रकार के मकान में पूर्व एवं उत्तर दिशा की ओर ज़्यादा खाली जगह छोड़नी चाहिए।

जिनके मकान दक्षिणमुखी हों, उन्हें शुभफल प्राप्त करने के लिए घर के मुख्य द्वार पर दक्षिण सूंड वाले ऋद्धि-सिद्धि दायक गणपति लगाने चाहिए।

भवन का नैऋत्य सदैव भारी होना चाहिए

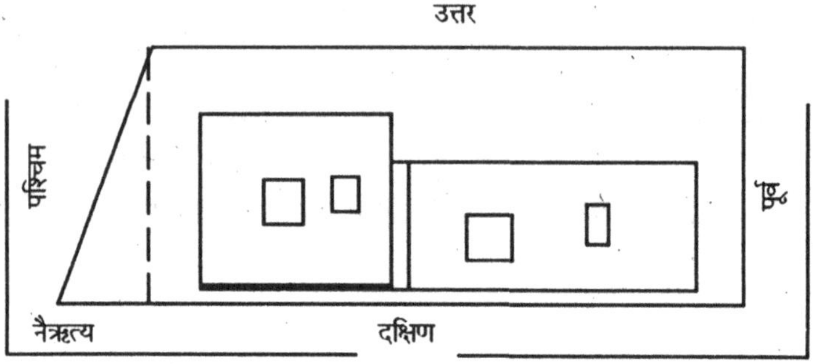

किसी भी भवन में नैऋत्य दिशा का कोण सही 90 डिग्री का ही होना चाहिए। यदि भूखण्ड बढ़ा हुआ है तो उसे कृपया सही करें। घर का नैऋत्य कोण सबसे भारी होना चाहिए। इस दिशा के प्रकोष्ठ का आंगन भी मोटा एवं कुछ ऊंचाई लिये हुए होना चाहिए।

नैऋत्य हमेशा भारी होना चाहिए

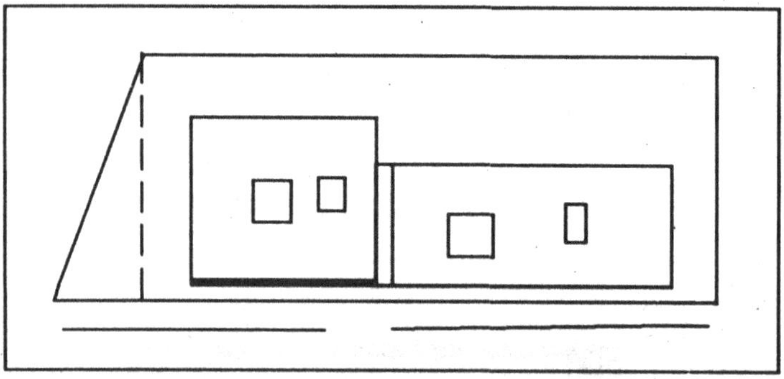

वास्तुशास्त्र के अनुसार ईशान दिशा का उठाव नैऋत्य दिशा से छोटा होना चाहिए। मकान के आंगन का ढलान भी ईशान्य की ओर होना चाहिए। नैऋत्य भारी होना चाहिए। नैऋत्य की ओर का आंगन भी मोटा व मजबूत होना चाहिए तथा ईशान की ओर दीवार थोड़ी पतली (तुलनात्मक) होनी चाहिए। जबकि पश्चिम की दीवार थोड़ी मोटी एवं पूर्व दिशा की दीवार से अपेक्षाकृत ऊंची होनी चाहिए।

भूखण्ड टेढ़ा-बांका हो तो क्या करें?

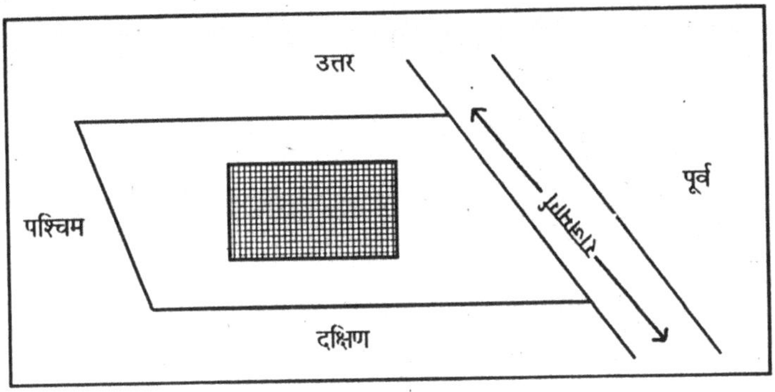

यदि आपका भूखण्ड (Plot) चारों दिशाओं के अनुपात में सही नहीं है तथा आपके भूखण्ड से जुड़ा हुआ राजमार्ग भी यदि तिरछा है। ऐसे में आप राजमार्ग के समानान्तर मकान का निर्माण न करें। आप कम्पास से दिशा-शोधन करके सही दिशा व कोण में चमचौरस या लम्बोत्तरा (चमसाकार) मकान का निर्माण करें, बाकी जमीन खाली छोड़ दें। ऐसी स्थिति में गृहस्वामी बढ़ेंगे। भूखण्ड के होनेवाले दुष्ट परिणामों से बच जाएंगे।

भूखण्ड को लाभदायक बनाना

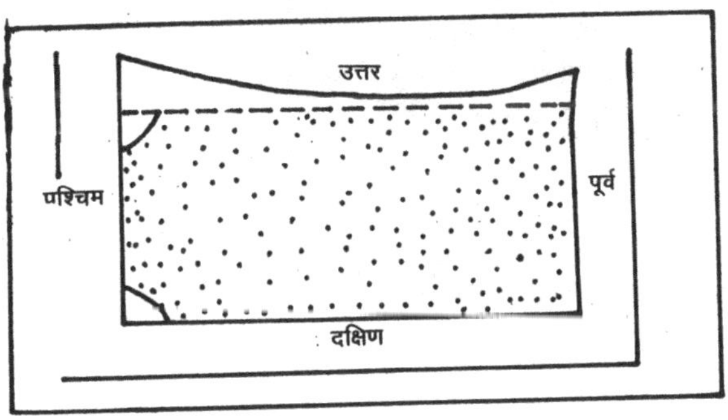

यदि आपका भूखण्ड चमसाकार नहीं है, देखें कि अग्निकोण (दक्षिण-पूर्व) एवं नैऋत्यकोण (दक्षिण-पश्चिम) कम-से-कम 90 डिग्री की स्थिति में हो तथा फालतू जमीन को छोड़कर भूखण्ड को चमसाकार लम्बोत्तरा बना दें। ऐसी स्थिति में भूखण्ड लाभदायक हो जायेगा।

व्यावसायिक भूखण्ड की अनिवार्य शर्तें

कॉमर्शियल भूखण्ड, जो किसी उद्योग या व्यवसाय, फैक्ट्री के लिए खरीदा जा रहा हो, वह चम चौरस (Square) अथवा लम्बोत्तरा (Rectangular) होना चाहिए। लम्बोत्तरा भूखण्ड यदि

अनुपात में 1:2 का हो तो ही उत्तम रहता है। व्यवसायिक भूखण्ड के पूर्व, दक्षिण एवं नैर्ऋत्य कोण सही 90 डिग्री के Angle में होना चाहिए। तभी वह भूखण्ड सब प्रकार समतल होना चाहिए। खड्डे-गड्ढे वाली भूमि एवं उबड़-खाबड़ भूमि जिस पर चलने से ठोकर लगे, धन नहीं देती।

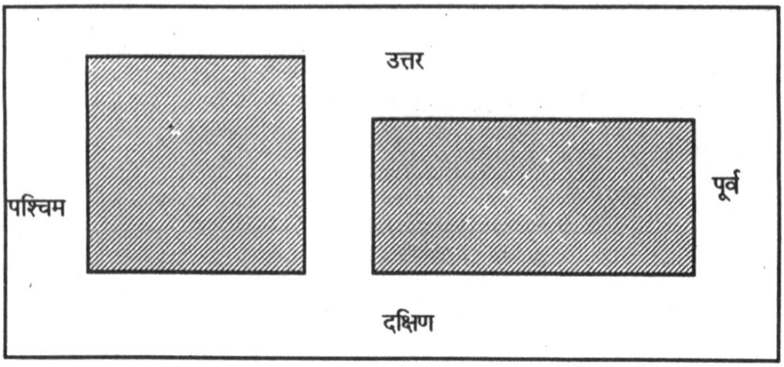

कॉमर्शियल कॉम्पलेक्स

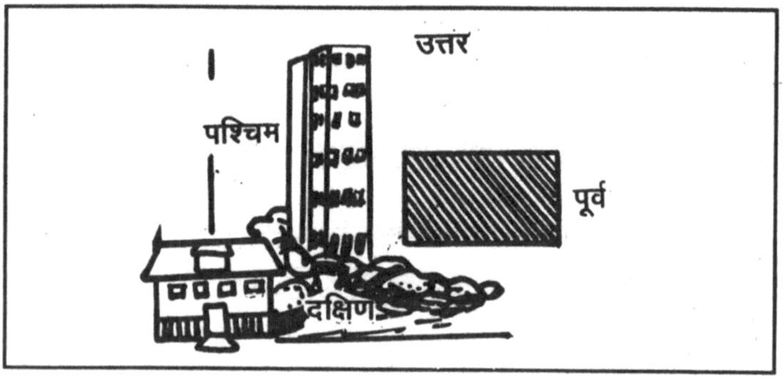

कोई भी ऐसा कॉमर्शियल भूखण्ड जो उत्तर एवं पूर्व दिशा में छोटा हो तथा जिसके पश्चिम व दक्षिण में पर्वत हो अथवा पश्चिम व दक्षिण दिशा में बिल्डिंग भारी हो तो ऐसा भूखण्ड अत्यन्त धनदायक व शुभ होता है।

भवन निर्माण
(Building Construction)

चारदीवारी में दक्षिण व पश्चिम की दीवारों की मोटाई व ऊँचाई-उत्तर व पूर्व की दीवारों की अपेक्षा अधिक होनी चाहिए जैसा कि निम्न चित्र में दर्शाया गया है–

Among the four walls, the thickness (breadth) and the height of the walls in the South and the West should be more than those of the walls in the North and the East, as indicated in the figures given below.

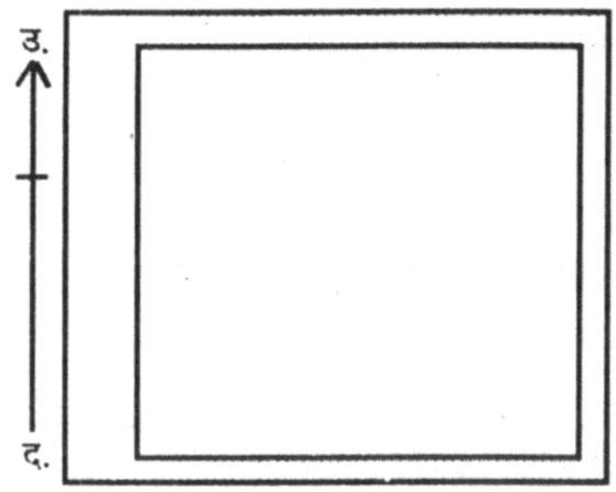

पूर्व व उत्तर की तरफ दीवार की मोटाई कम है। पश्चिम व दक्षिण की तरफ की मोटाई अधिक है।

The thickness of the walls in the East and the North is less than the thickness of the walls in the West and the South.

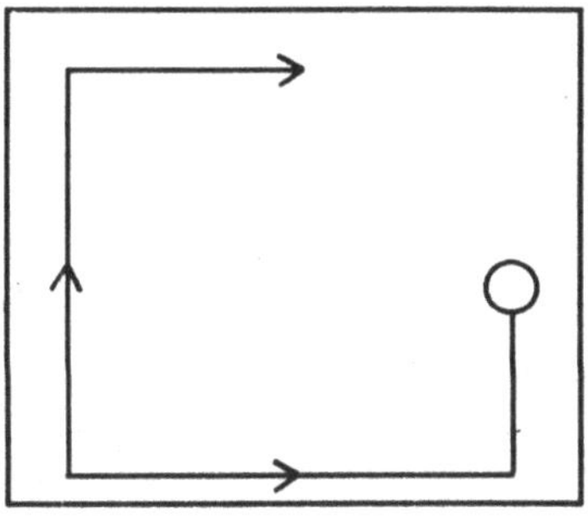

प्रथम निर्माण कार्य दक्षिण-पश्चिम कोने से शुरू करके दक्षिण-पूर्व की ओर तथा उत्तर-पश्चिम की ओर बढ़ाकर बाद में दक्षिण-पूर्व से उत्तर-पूर्व तथा उत्तर-पश्चिम से उत्तर-पूर्व की तरफ बढ़ाना चाहिए।

The construction work should be begun from the angle of the South-West, and then should be first extended towards the South-East and the North-West and later, should be extended from the South-East towards the North-East and from the North-West towards the North-East.

भूमिगत निर्माण-तहखाना-आदि
(Basement/Underground/Cellars)

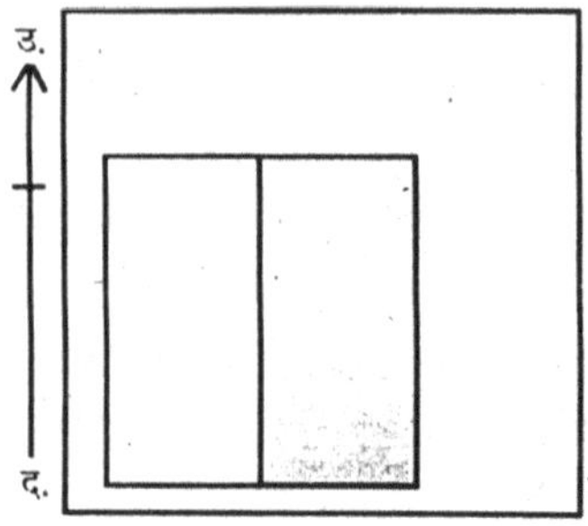

☐ चिह्नित पूर्वार्द्ध क्षेत्र भूमिगत निर्माण हेतु उपयुक्त स्थान

☐ The indicated Eastern-half field. A suitable Place for underground construction.

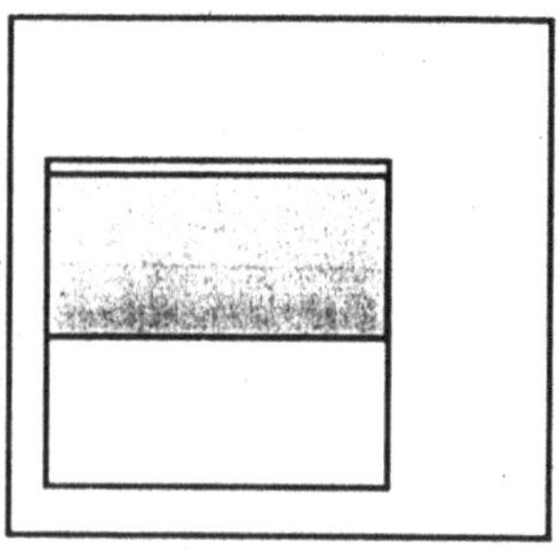

■ चिह्नित उत्तरार्द्ध क्षेत्र भूमिगत निर्माण हेतु उपयुक्त स्थान

■ The indicated Northen-half field. A Suitable place for underground construction.

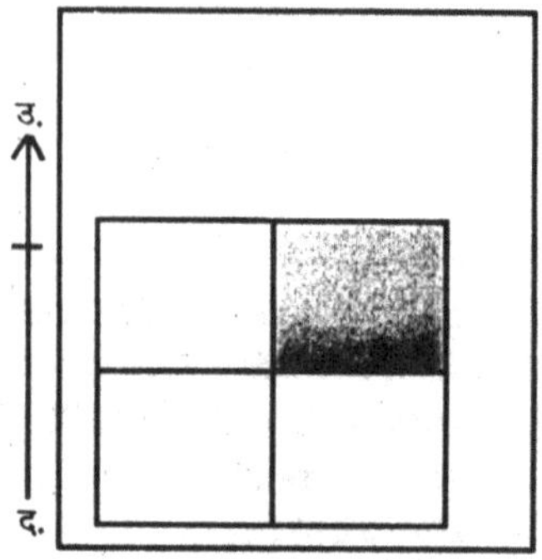

■ चिह्नित उत्तर-पूर्व क्षेत्र भूमिगत निर्माण हेतु उपयुक्त स्थान

■ The indicated N.E. field. A Suitable place for underground construction.

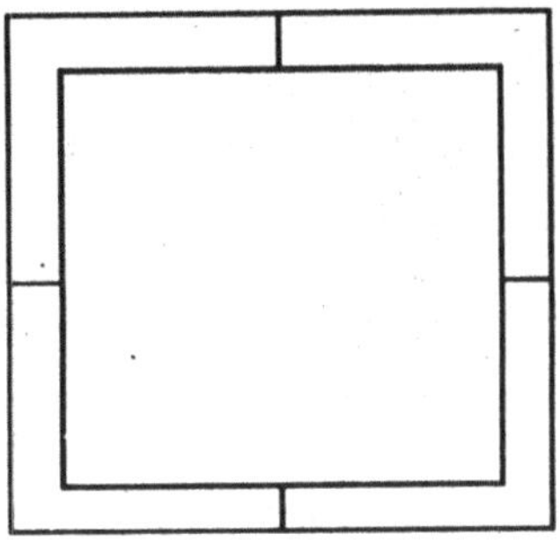

चारों तरफ समान खाली भूमि छोड़ते हुए मध्य में निर्माण करना उपयुक्त

It is suitable to construct in the middle, by leaving equal vacant land on all the four sides.

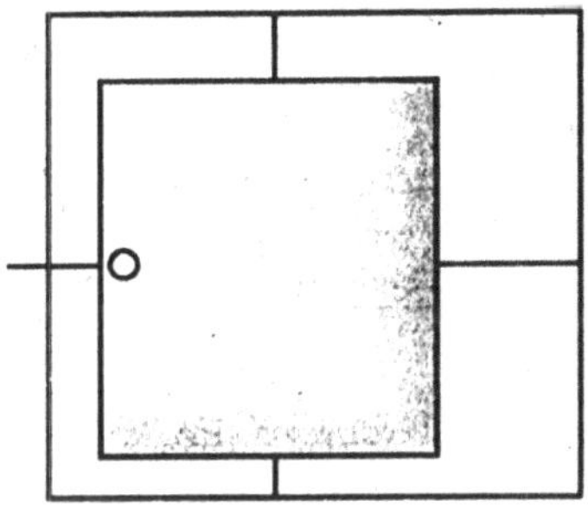

उत्तर व पूर्व दिशा में अधिक खाली भूमि छोड़ी गई है तथा दक्षिण व पश्चिम दिशा में कम खाली भूमि छोड़ी गई है। निर्माण हेतु उपयुक्त ग्राह्य स्थिति।

A greater vacant place is left in the North and the East than in the South and the West: An acceptable situation for construction.

हिरण्य त्रिशाल वास्तु (प्रशस्त)

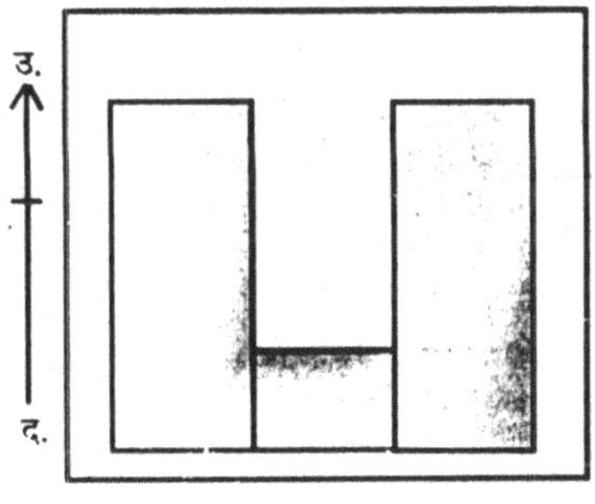

A "Hiranya" construction of three internal parts (Suitable).

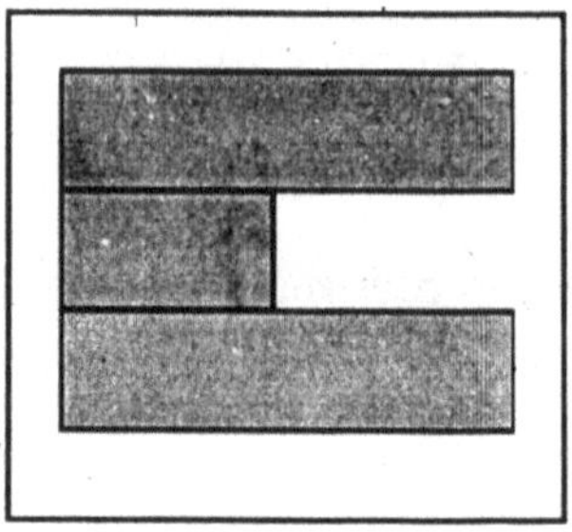

सुक्षेत्र वास्तु
(धन-पुत्र वृद्धिदायक)

A Suitable constuction of three internal parts.
(Bestowing the prosperity in the wealth and in the number of male issue)

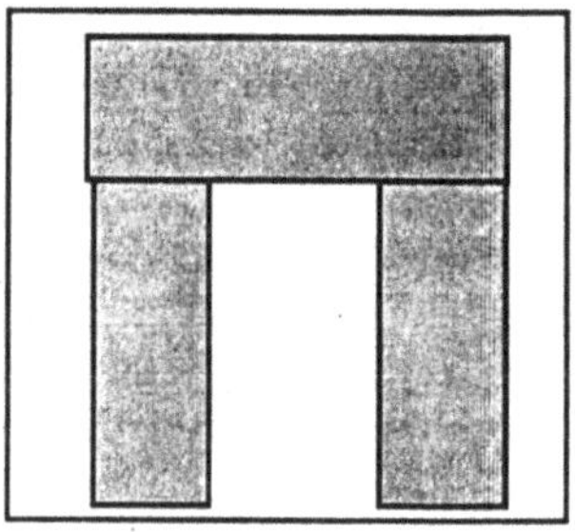

चुल्ली त्रिशाल वास्तु (धन नाशक)

A "Chulli" construction of the three internal parts.
(Destructive of wealth)

पक्षध्न त्रिशाल वास्तु (पुत्रनाश व बैर)

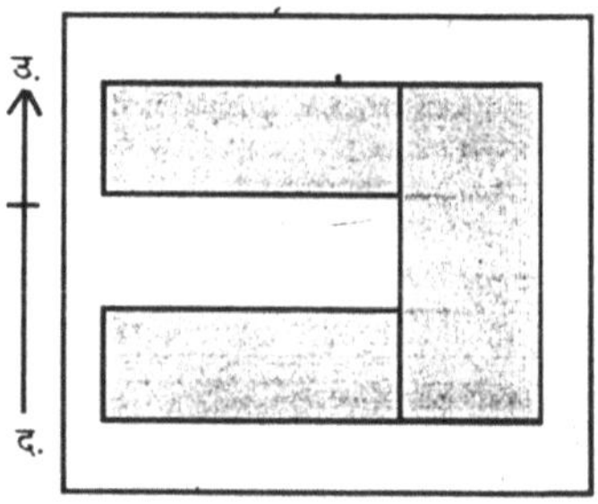

A "Pakshaghna" construction of three internal parts (Destructive of the male-issues and encouraging enmity)

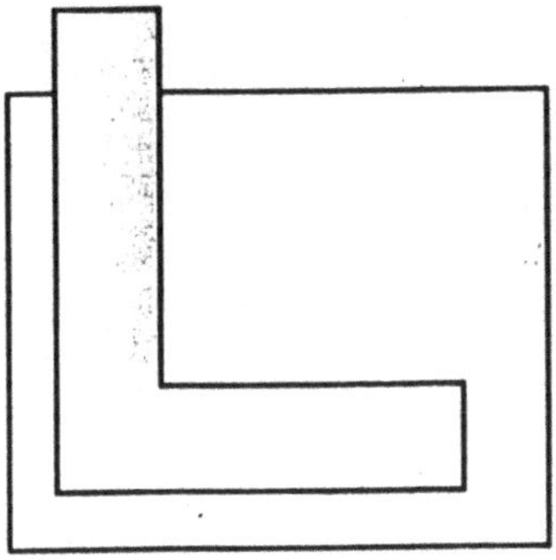

सिद्धार्थ द्विशाल वास्तु (धन-प्राप्ति)

A "Siddhartha Construction of two internal parts. (Gaining Wealth).

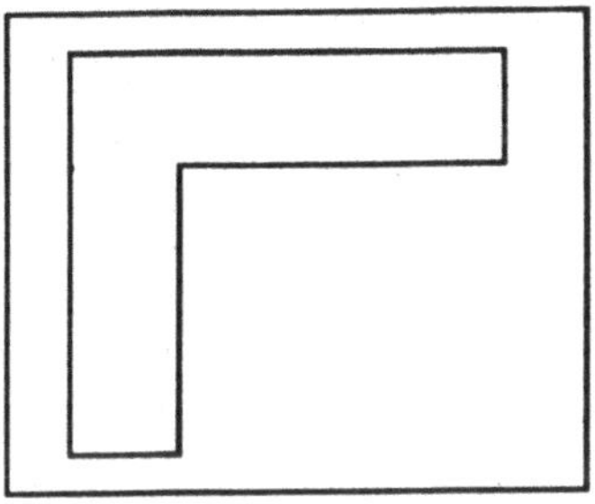

यमसूर्यद्विशाल वास्तु (गृहस्वामी मृत्यु)

A "Yamasurya" construction of two internal parts.
(Death of the house-owner)

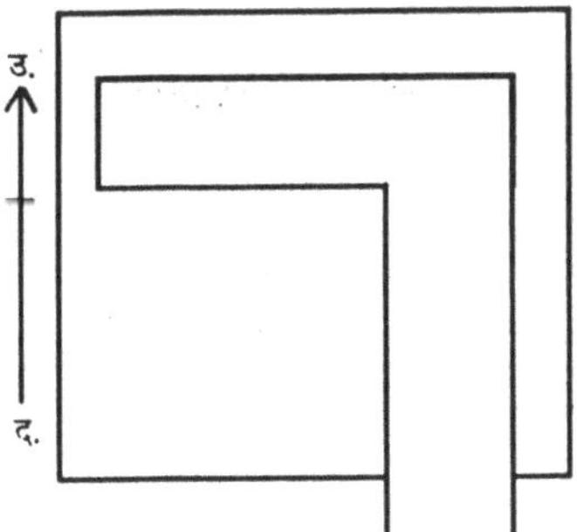

दण्डद्विशाल वास्तु
(दण्ड या वध)

A "Danda" construction of two internal parts.
(Punishment or assassination).

औद्योगिक गृहाणि
(Industry)

मुख्य मशीनरी की स्थापना
(Main Plant & Machinery)

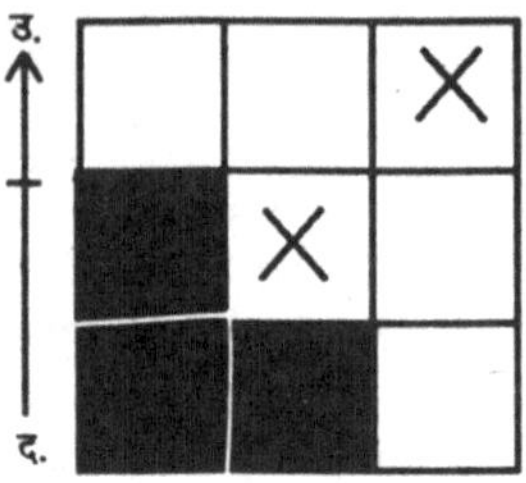

■—मशीनरी की स्थापना हेतु उपयुक्त क्षेत्र

×—मशीनरी की स्थापना हेतु अनुपयुक्त क्षेत्र

■—The useful field for setting up machinery.

×—The improper field for setting up machinery.

पूजा-स्थल या स्वागत-कक्ष
(Pooja-Place or Reception)

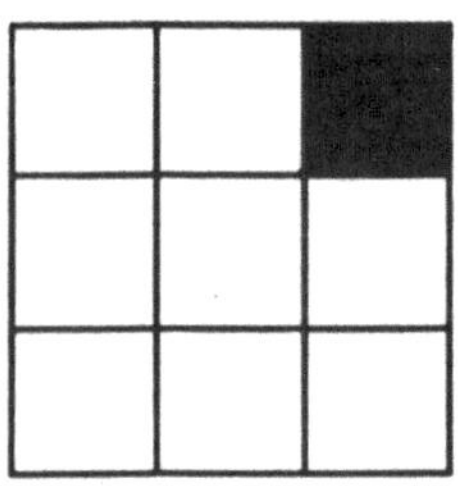

■—चिह्नित स्थान केवल पूजा-गृह अथवा आगन्तुक स्वागत-कक्ष हेतु ही उपयुक्त, अन्यथा खाली छोड़ना ही श्रेष्ठ।

■—The indicated place is proper for the Pooja-Place or the Reception Room for the visitors. It is better to disregard this place for other purposes.

विद्युत अथवा ऊर्जा-स्रोत तथा बॉयलर, भट्ठी, हीटर इत्यादि की स्थापना
(Electricity, Energy, Fire, Power, Boiler, Oven, Furnace, Heater etc.)

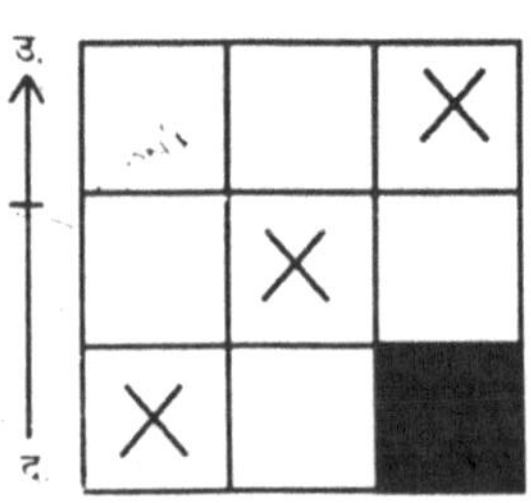

■—चिह्नित स्थान औद्योगिक ईकाई में काम आनेवाले ईंधन/विद्युत/ऊर्जा-स्रोत आदि हेतु श्रेष्ठ

×—चिह्नित स्थान अनुपयुक्त

■—The indicated place is proper for such items as Fuel, Electricity, the sources of Energy etc. Which help in running an Industry.

×—The indicated places are improper.

कच्चा माल भण्डारण
(Raw material storage)

■—चिह्नित स्थान कच्चे माल के भण्डारण हेतु उपयुक्त

✕—चिह्नित स्थान कच्चे माल के भण्डारण हेतु अनुपयुक्त

■—The indicated place is proper for the storage of Raw material.

✕—The indicated place is improper for the storage of Raw material.

तैयार माल भण्डारण
(Finished goods storage)

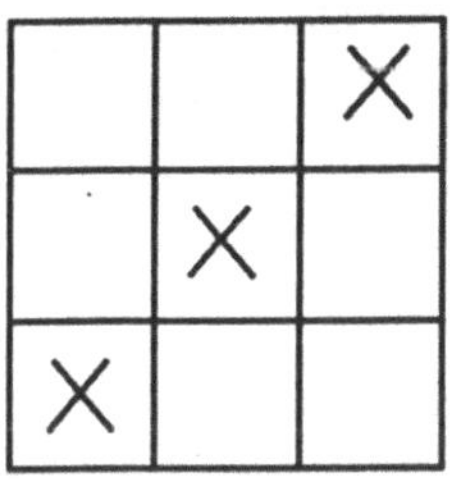

■—चिह्नित क्षेत्र तैयार माल (बिक्री हेतु) के भण्डारण के लिए श्रेष्ठ

✕—चिह्नित क्षेत्र तैयार माल (बिक्री हेतु) के भण्डारण हेतु अनुपयुक्त

■—The indicated place is proper for the storage of the goods for the sale.

✕—The indicated place is improper for the storage of the goods for the sale.

प्रशासनिक कार्यालय
(Plant office or Admn. Block.)

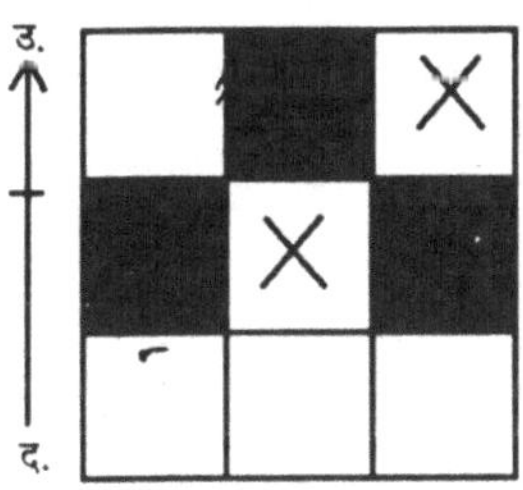

■—चिह्नित क्षेत्र ईकाई के प्रशासकीय कार्यालय आदि हेतु उपयुक्त

✕—चिह्नित क्षेत्र ईकाई के प्रशासनिक कार्यालय आदि हेतु अनुपयुक्त

■—The indicated place is proper for the Administrative office of an Industry.

✕—The indicated place is improper for the Administrative office of an Industry.

कर्मचारी आवास / चौकीदार कक्ष
Staff quarters or Chowkider room

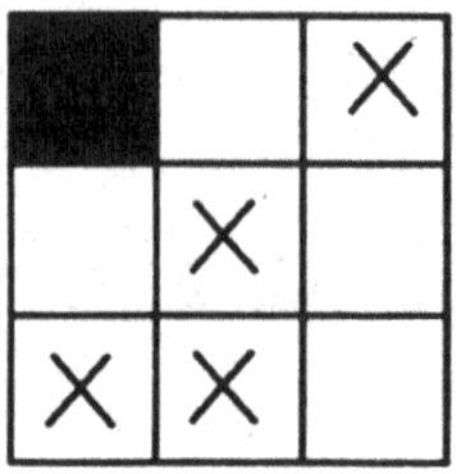

■—चिह्नित स्थान कर्मचारियों के अस्थाई आवास या ईकाई के चौकीदार आदि अथवा विक्रय विभाग आदि में कार्यरत बाहरी कार्य के कर्मचारियों आदि के लिए उपयुक्त

×—उपर्युक्त हेतु अनुपयुक्त क्षेत्र

■—The indicated place is proper for the chowkidars of a temporarily built industry or for the outdoor working staff engaged in the field of the sales etc.

×—The indicated place is improper for the above-mentioned purposes.

पेट कटा हुआ प्लॉट

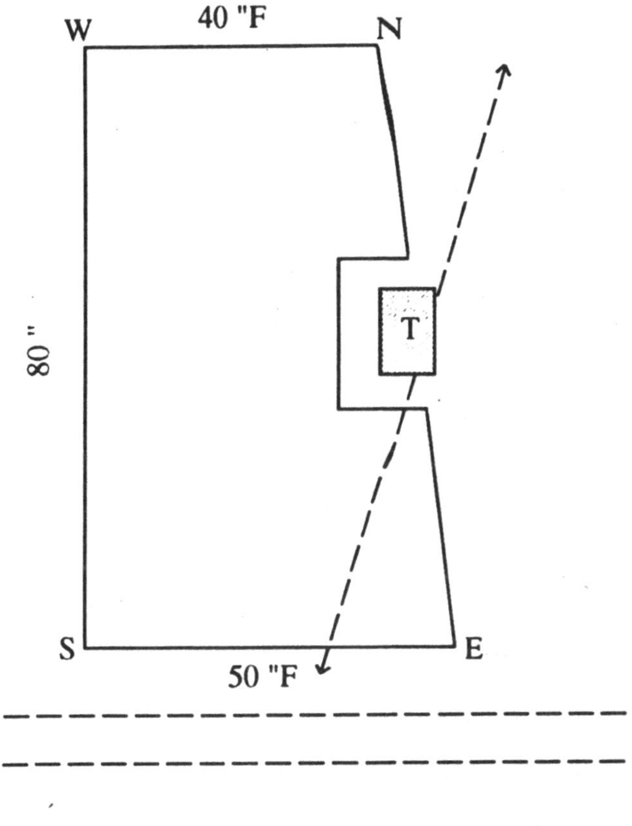

चौपासनी हाउसिंग बोर्ड, जोधपुर द्वारा उपर्युक्त यह नारमुखी प्लॉट एक व्यापारी को राजकीय बोली में Allot हुआ। इस प्लाट का पेट कटा हुआ है। बीच में T की जगह बिजलीघर का ट्रांसफार्मर रखा हुआ है। प्लॉट के पूर्वी (East) कॉर्नर में बिजली के तारों की छाया का वेध है। जब से भूस्वामी (व्यापारी) ने यह प्लॉट खरीदा उसका धंधा बंद हो गया। पेट भराई, रोजी-रोजगार के फांके पड़ने लगे। इसीलिए ध्यान रहे, पेट कटा हुआ प्लॉट भी कभी नहीं खरीदना चाहिए।

पूर्व कटा हुआ ब्लॉक

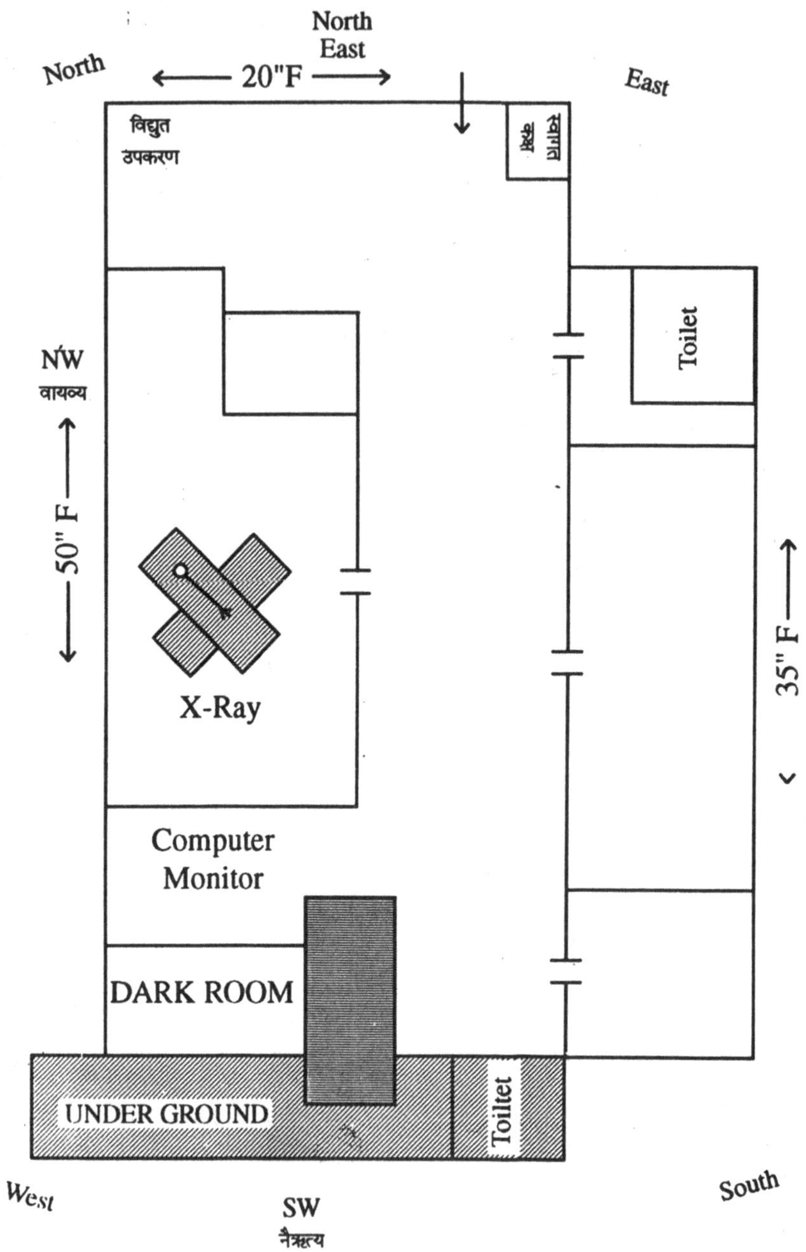
North
North East
20"F
East
विद्युत उपकरण
स्वागत कक्ष
NW वायव्य
50" F
Toilet
X-Ray
35" F
Computer Monitor
DARK ROOM
UNDER GROUND
Toiltet
West
SW नैऋत्य
South

पूर्व कटा हुआ ब्लॉक : ज़ोधपुर, जलजोग चौराहा के पास स्थित यह एक 'कॉमर्शियल ब्लॉक' है। जोधपुर के एक प्रसिद्ध फिजीशयन ने यहां 'सिटी स्केन' सोनोग्राफी एवं सभी प्रकार के आधुनिक टेस्टिंग का प्लाण्ट लगाया। अकेली एक मशीन एक करोड़ की थी। सरकारी लोन से यह प्लाण्ट लगाया गया। फलतः ब्याज का मीटर इस प्लाण्ट पर तेज़ गति से घूम रहा था।

प्लाण्ट के पूर्वी कॉर्नर में एक दूकान थी जोकि इस प्लाण्ट के स्वामी के पास न थी। बाहर से व अन्दर से पूरा भूखण्ड चौकोर (Square) लग रहा था जबकि वास्तविकता बिलकुल अलग थी।

प्लाण्ट सफल न हुआ। ब्याज का मीटर तेज़ गति से दौड़ रहा था। स्टाफ का वेतन भी नहीं निकल पा रहा था। छः माह, साल भर की अवधि में सभी परेशान हो गये। प्लाण्ट के डायरेक्टर, भागीदार सभी असमंज में पड़ गये। मुझे 'वास्तु-कंसल्टेंसी' हेतु आमन्त्रित किया गया तो मेरा पहला कार्य भूखण्ड की आकृति की सही स्थिति को समझना था। नक्शा बनाया गया तो पूर्व कटा हुआ मिला। पूर्व कटा हुआ व्यक्ति कभी नहीं पनप सकता। जिस व्यावसायिक भूखण्ड में पूर्व कटा हुआ है वह फ्लोरिश (उन्नत) होना तो दूर गृहस्वामी को आमूलचूल आर्थिक दृष्टि से नष्ट कर डालता है। यहां यही सब कुछ व्यावहारिक रूप में घटित हो रहा था। पूर्वी कोण में एक टॉयलेट भी गलत थी। अब एक ही विकल्प रह गया था, या तो पूर्वी कॉर्नर वाली दूकान भी खरीदी जाये ताकि प्लॉट चमचौरस हो सके।

दूकान मालिक किसी भी कीमत पर दूकान देने को तैयार न था। फलतः यह पूरा प्लाण्ट ओने-पौने दामों में बेचना पड़ा। इसके पहले भी एक अन्य व्यावसायिक प्लाण्ट यहां लगाया गया था। उसे भी धन्धा छोड़कर भागना पड़ा। अतः बुद्धिमान व्यापारी सदैव इस बात का ध्यान रखें कि पूर्व या ईशान कटा हुआ व्यावसायिक भूखण्ड कभी भी न लें।

प्रदीप लाइम इण्डस्ट्रीज, कोरबा (म.प्र.)

स्थापना— 7.4.1993

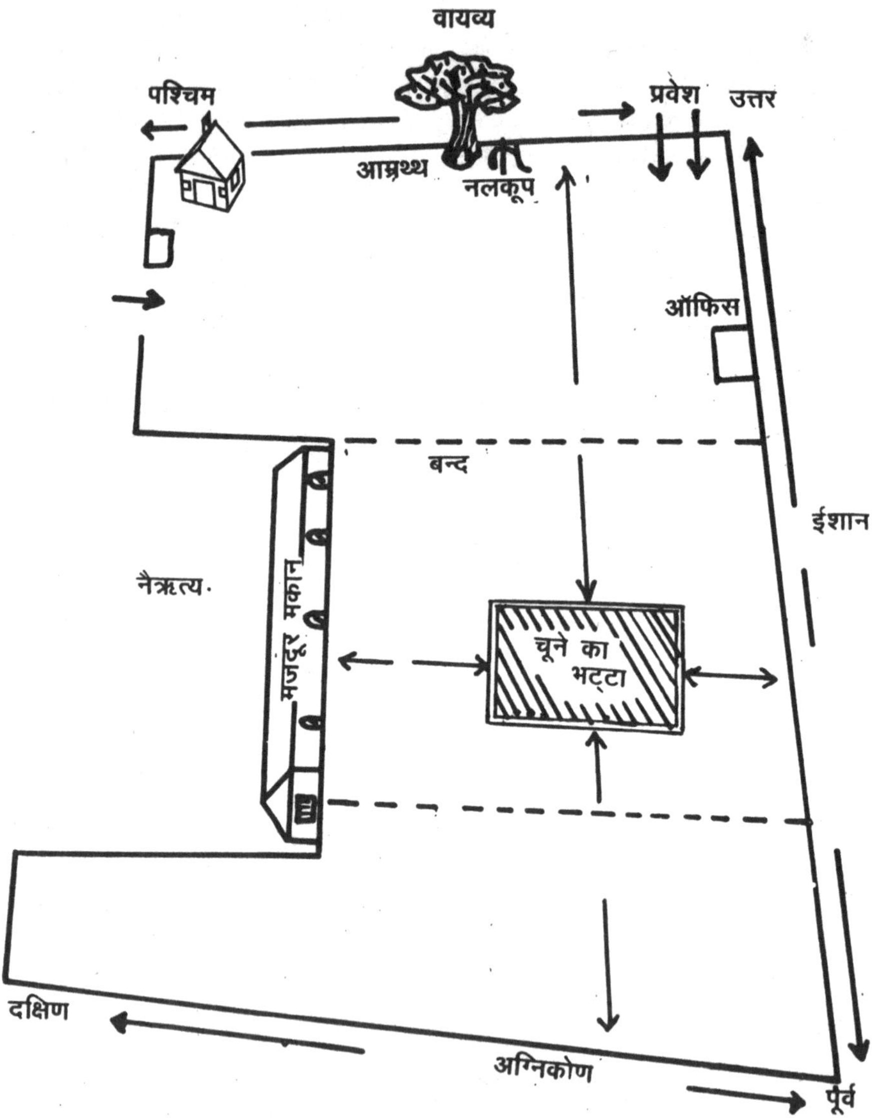

पेट कटी हुई फैक्ट्री

वास्तु विजिट के दौरान मध्यप्रदेश के कोरबा कस्बे में मुझे एक विचित्र फैक्ट्री देखने को मिली जिसका मध्यस्थल (पेट) कटा हुआ था। उस फैक्ट्री के बारे में मेरे सुझाव इस प्रकार के थे–

1. यह प्लॉट दक्षिण की तरफ बढ़ा हुआ है तथा इसका नैऋत्य दिशा में पेट कटा हुआ है। वास्तु की दृष्टि से प्लॉट अधम है। पेट कटा हुआ प्लॉट, भूस्वामी का पेट नहीं भरता।
2. चूने की भट्ठी प्लॉट के मध्य ब्रह्मस्थान में न होकर "अग्निकोण" की तरफ होनी चाहिए थी।
3. फैक्ट्री में प्रवेश उत्तर से पूर्व की ओर ठीक है।
4. ऑफिस का स्थान भी सही है।
5. लेबर क्वाटर भी सही हैं। मज़दूर सही काम करेगा।
6. वायव्य में नलकूप ठीक नहीं।
7. यह फैक्ट्री खर्च अधिक करायेगी एवं मानसिक तनाव पैदा करेगी।
8. फैक्ट्री बन्द कर दें या बेच दें।
9. यदि चालू रखकर कमाना चाहते हैं, तो फैक्ट्री को तीन हिस्सों में चिह्नित रेखा के अनुसार विभाजित करो।
10. तैयार माल को आम्रवृक्ष, नलकूपवाली जगह पर रखो।
11. दक्षिण में पूर्व की ओर जानेवाली दीवार को मज़बूत करें। फैक्ट्री चल पड़ेगी।
12. आफिस में दरवाजे के आगे-पीछे वास्तुदोष-नाशक गणपति लगाएं।
13. कोयला अग्निकोण में रखें।
14. शुभ मुहूर्त में मारुति यन्त्र ज़मीन में गाड़ दें।

मत्स्याकार ब्लॉक

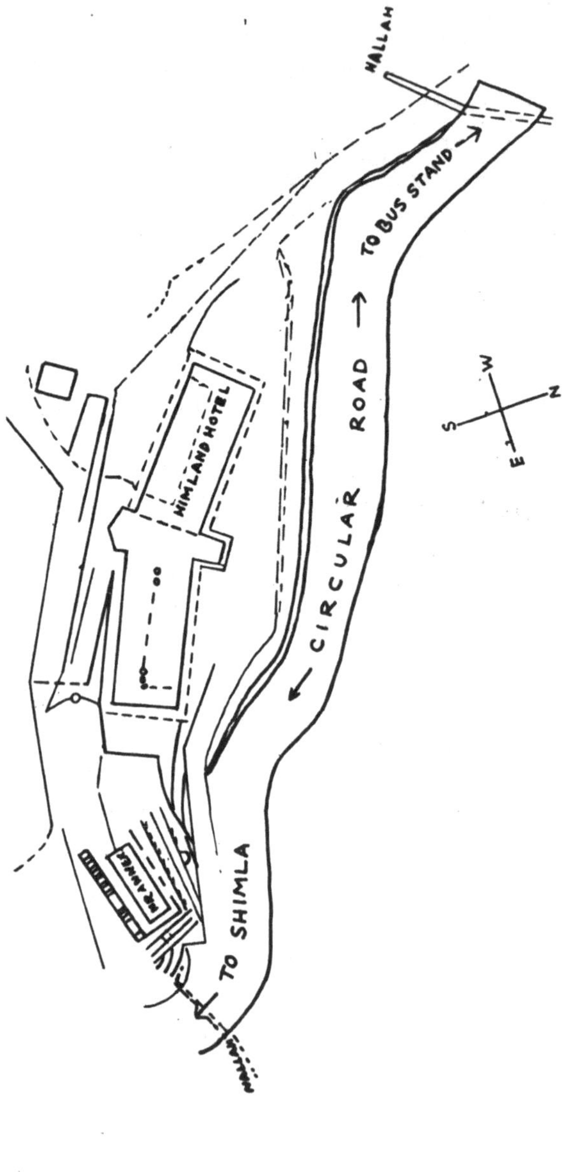

मत्स्याकार ब्लॉक शुभ नहीं होता।

दक्षिण नैऋत्य में बढ़ा हुआ खेत-फार्म हाउस

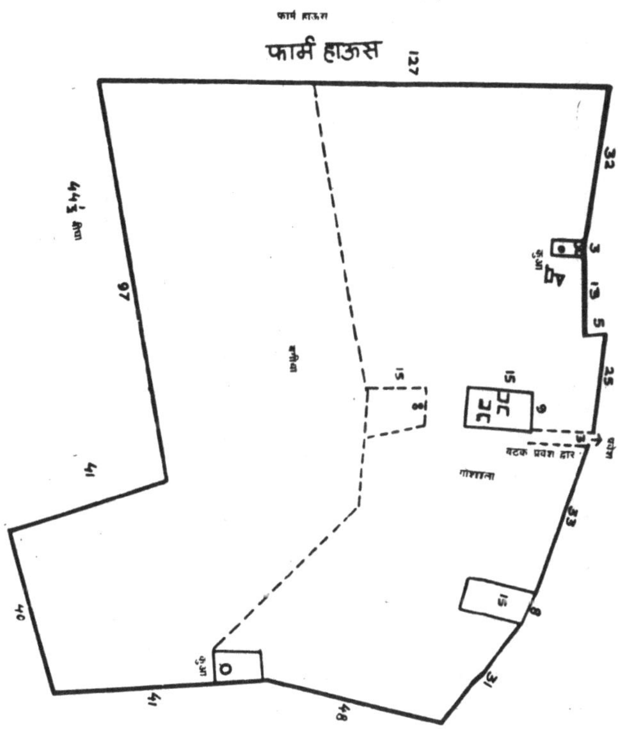

दक्षिण-नैऋत्य में बढ़ा हुआ खेत या प्लॉट अकारण शत्रु पैदा करता है।

ब्रह्मस्थान में सीढ़ियाँ एवं ईशान में गैरेज का होना गलत

पश्चिम

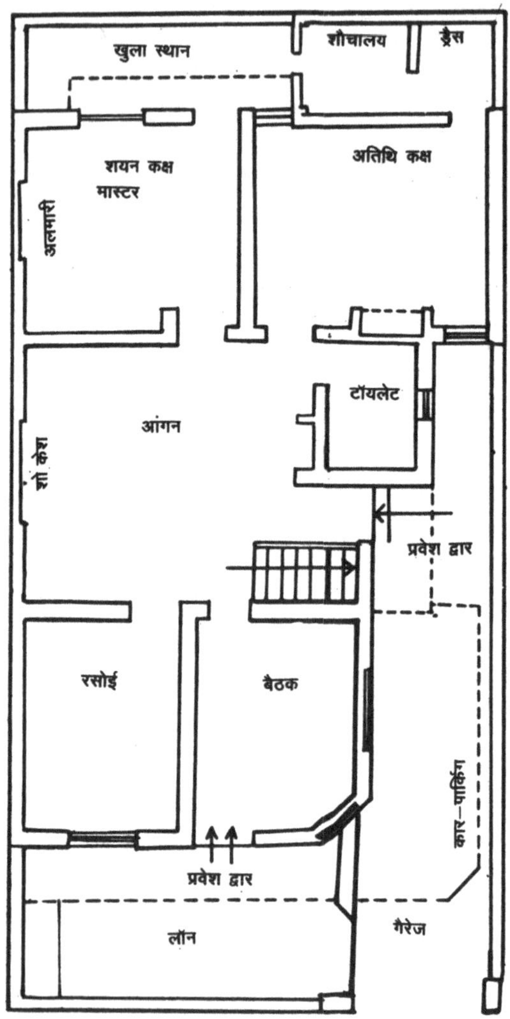

दक्षिण

उत्तर

भूतल का नक्शा

पूर्व

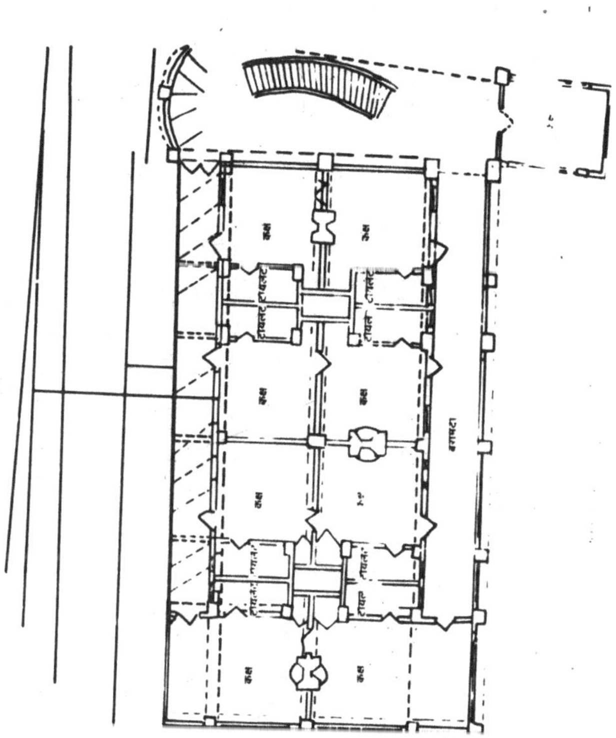

यह सीढ़ी ईशान कोण में है जिससे व्यक्ति के घर के दो टुकड़े हो गये। व्यक्ति पिता का इकलौता पुत्र है पर सीढ़ी के दूसरे हिस्से में बहन ने कानूनी रूप से कब्जा कर लिया।

कोने कटे हुए फ्लैट

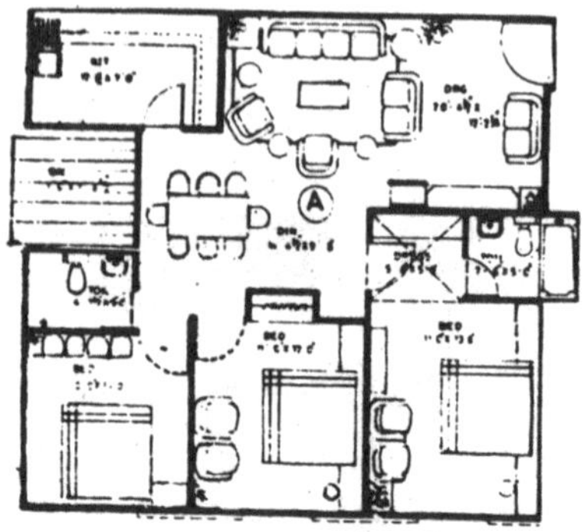

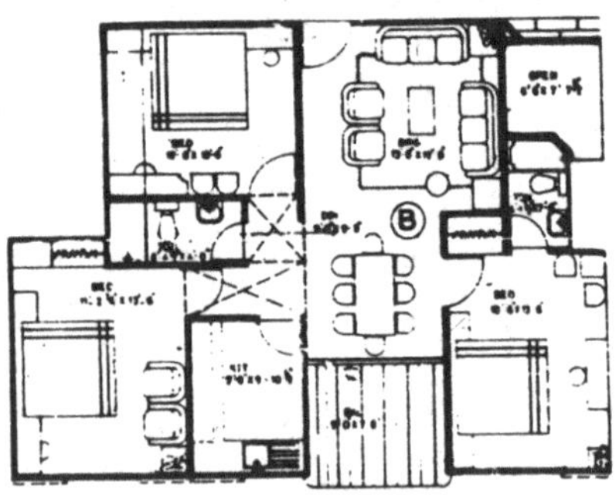

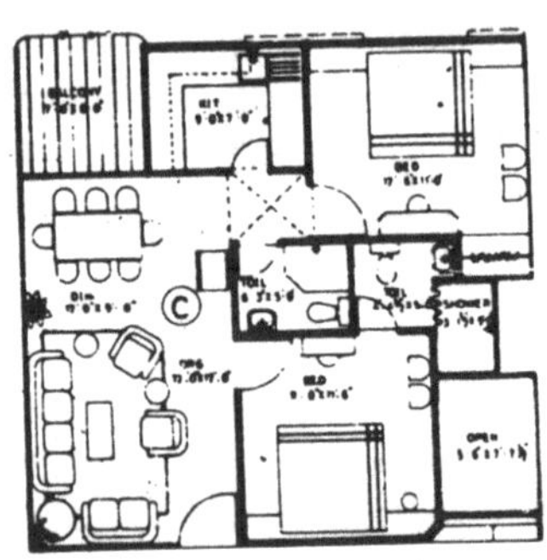

ये एक मल्टीस्टोरी बिल्डिंग के फ्लैट हैं, ऐरिस्टोक्रेट (A) , सिनेटर (B) एवं ऐम्बेसडर C। सभी के कोने-कटे हुए हैं। वास्तुशास्त्र के हिसाब से गलत हैं।

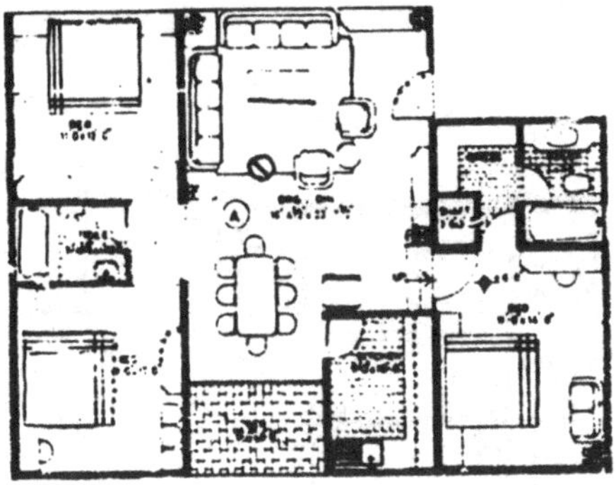

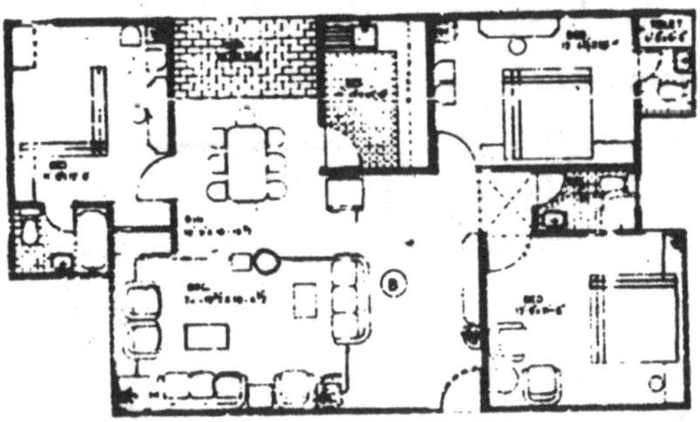

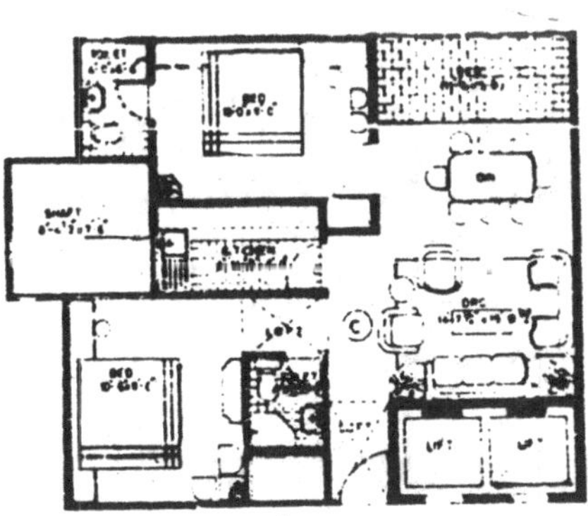

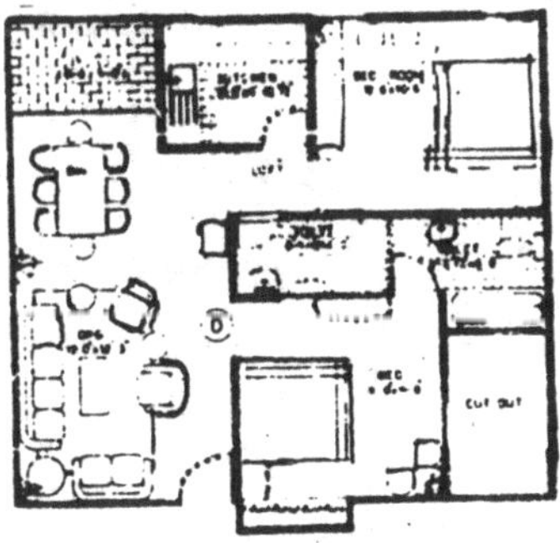

यह भी एक मल्टीस्टोरी बिल्डिंग के चार फ्लैट हैं, विंडसर (A), डायनेसिटी (B), रॉयल डिलक्स (C), स्टेरलिंग (D)। सभी के कोने कटे हुए हैं। सभी रहनेवाले दुःखी व संतप्त हैं।

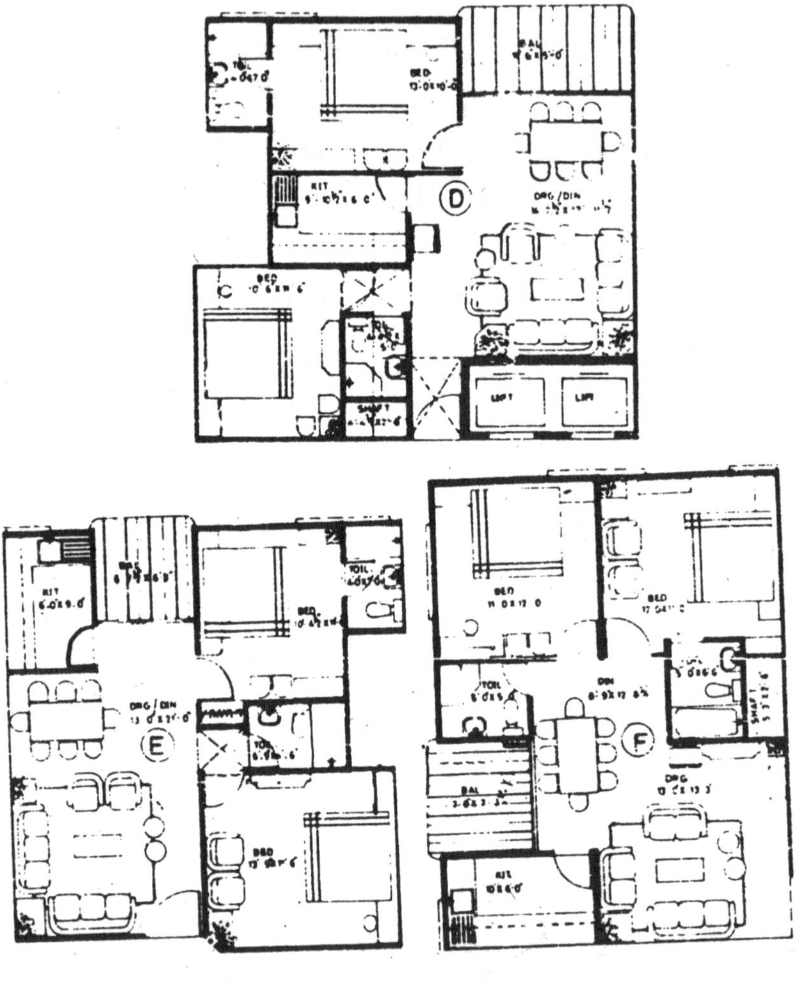

यह भी एक मल्टीस्टोरी बिल्डिग है। बिल्डिग में डिप्लोमैट (D), चांसैलर (E), रॉयल (F) फ्लैट हैं। सभी कोने कटे हुए हैं। सभी फ्लैटों में रहने वाले तकलीफ में हैं।

पाजामा कट प्लॉट

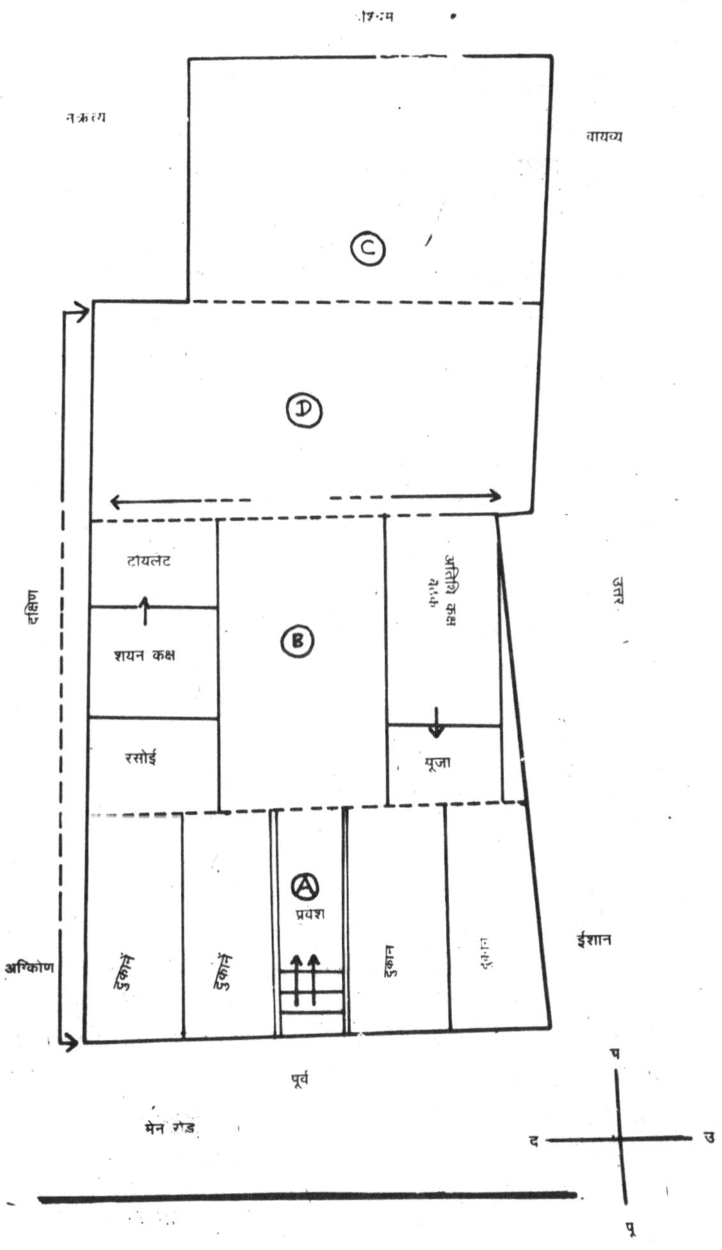

पश्चिम
नैऋत्य
वायव्य
C
D
टायलेट
शयन कक्ष
रसोई
B
अतिथि कक्ष
पूजा
दक्षिण
उत्तर
A
प्रवेश
दुकानें
दुकानें
दुकान
ईशान
अग्निकोण
पूर्व
मेन रोड
प
द
उ
पू

पाजामा कट प्लॉट : एक सज्जन आये, अपने आवासीय भूखण्ड की परेशानी को लेकर। भूखण्ड की नैऋत्य दिशा कटी हुई थी। किसी हालत में प्लॉट रहने लायक नहीं था क्योंकि यह आगे से छाजमुखी था। वास्तु कन्सल्टेंसी के अन्तर्गत हमने इस प्लॉट को चार हिस्सों में बांटा। आधा प्लॉट कॉमर्शियल कर उसमें चार दूकानें बना दीं। प्लॉट को A, B, C, D चार भागों में बांटा। A वाले सेक्शन में चार दुकानें व प्रवेश-द्वार बना दिया। B में रहने के लिये आवश्यक प्रकोष्ठ बना दिये। यथा—रसोई, शयन-कक्ष, टॉयलेट, अतिथिगृह, आंगन, पूजन-कक्ष इत्यादि।

लिविंग स्पॉट के प्लाट भाग B का कोन काटकर, उसे चमचौरस कर बाहर बगीचा लगा दिया। C एवं D क्षेत्र को अन्य उपयोग हेतु या Resale करने का सुझाव दिया। इस प्रकार से एक बेकार एवं अनुपयोगी पाजामा-कट प्लॉट को पूर्णरूप से उपयोगी एवं सार्थक बना दिया। भूस्वामी आज दिन तक हमारी इस सलाह का ऋणी है। उसका सम्पूर्ण परिवार हमें दुआएं दे रहा है। इस प्रकार से व्यावहारिक जीवन में देखते हैं कि कई बार बेकार समझने वाली वस्तुएं भी सही सलाह से सार्थक होकर व्यक्ति का भाग्य चमका देती है।

दूषित ब्रह्मस्थान का अनुपम उदाहरण

घर में जिस प्रकार ईशान व पूर्व दिशा को पवित्र रखना चाहिए। उसी प्रकार से ब्रह्मस्थान (Centre point of House) की भी पूरी सुरक्षा करनी चाहिए अन्यथा उसके भारी दुष्परिणाम गृहस्वामी को भुगतने पड़ते हैं।

मैं जयपुर वास्तुविजिट के दौरान एक ऐसे भव्य-भवन को देखने गया जिसका प्रवेश ईशान में था। ईशान का प्रवेश धरती पर स्वर्ग माना गया है। परन्तु ब्रह्मस्थान में जैसा कि आप नक्शे में देख रहे हैं, चारों ओर टॉयलेट (संडास) एवं गन्दे पाइप का निकास (Duct) है। मैंने प्रवेश के साथ ही कहा कि गृहस्वामी लाईलाज बीमारी से ग्रसित रहेगा। दवाईयां एवं ऑपरेशन उसे ठीक नहीं कर पाये। गृहस्वामी ने इस सत्यता को स्वीकार किया और बताया कि इस मकान के गृह-प्रवेश (मुहूर्त) के दिन ही 150 व्यक्तियों को भोजन-विष के कारण अस्पताल में भर्ती होना पड़ा था। घर की स्त्रियां भी लगातार हृदयरोग डाईबिटीज, ब्लडप्रेशर से ग्रसित हो उठी थीं। जो भी भोजन इस घर में बन रहा था वो स्वत: ही विषाणु ग्रस्त हो जाता। उसमें कोई-न-कोई इन्फेक्शन हो जाता।

यहां पर टॉयलेट हटाने एवं Duct का स्थान बदलने के अलावा अन्य कोई विकल्प नहीं था। सम्पूर्ण शरीर को संक्रामक रोग से बचाने के लिए विकृत अंग को काटना ही पड़ता है। यही हालत यहाँ थी। फलत: मुझे ग्राहक (यजमान) के हित में वहाँ से टॉयलेट हटाने का आदेश देना ही पड़ा। और कोई उपाय नहीं था। शास्त्रों में तो यहां तक कहा गया है कि ब्रह्मस्थान में जूठे बर्तन भी नहीं रखने चाहिए। वहां कीचड़ भी नहीं होना चाहिये। ब्रह्मस्थान कालपुरुष की नाभि है। नाभि से पूरे शरीर का नियन्त्रण होता है। ब्रह्मस्थान में ही पूरे मकान को स्वच्छ प्रकाश एवं स्वच्छ वायु एवं आध्यात्मिक ऊर्जा स्रोत की प्राप्ति होती है। अत: स्वस्थ व सुखी जीवन चाहनेवाले व्यक्ति को अपने घर का ब्रह्मस्थान दूषित होने से बचाना चाहिए।

दूषित ब्रह्मस्थान का अनुपम उदाहरण

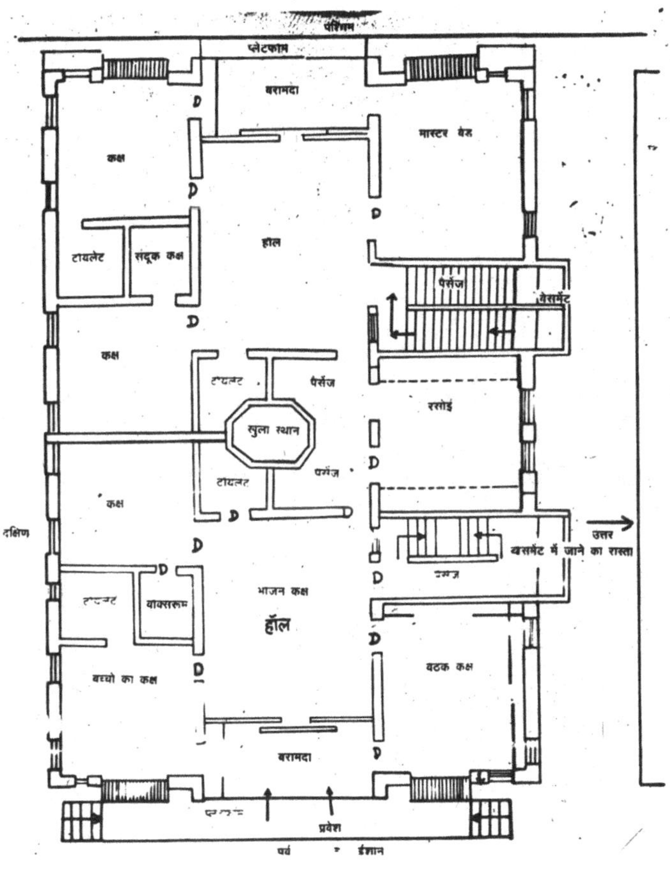

कोन सही होने चाहिए

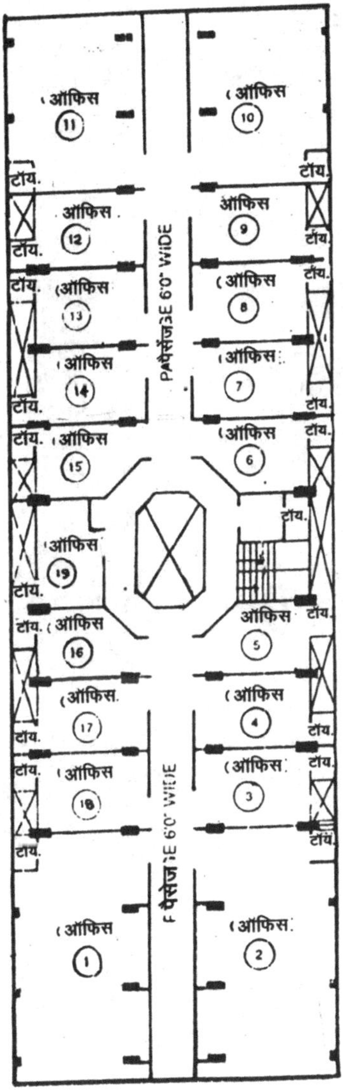

TYPICAL FLOOR PLAN

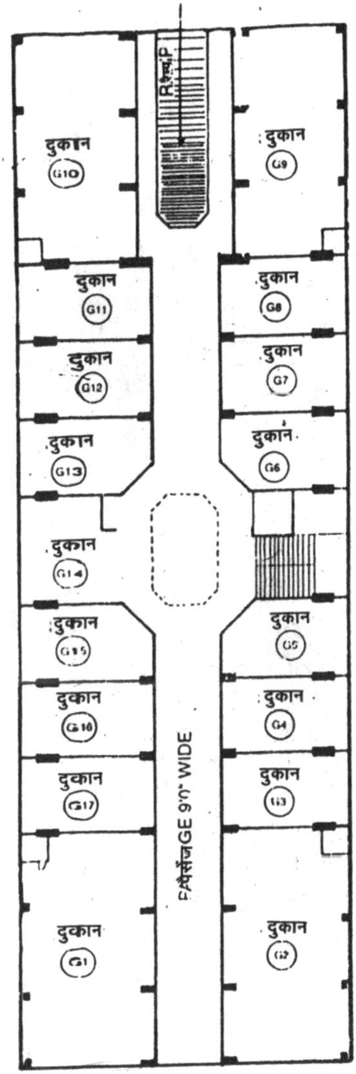

GROUND FLOOR PLAN

यह भी मल्टीस्टोरी बिल्डिंग है। इसके सब कोन सही हैं। इसमें रहने वाले सभी सुखी हैं।

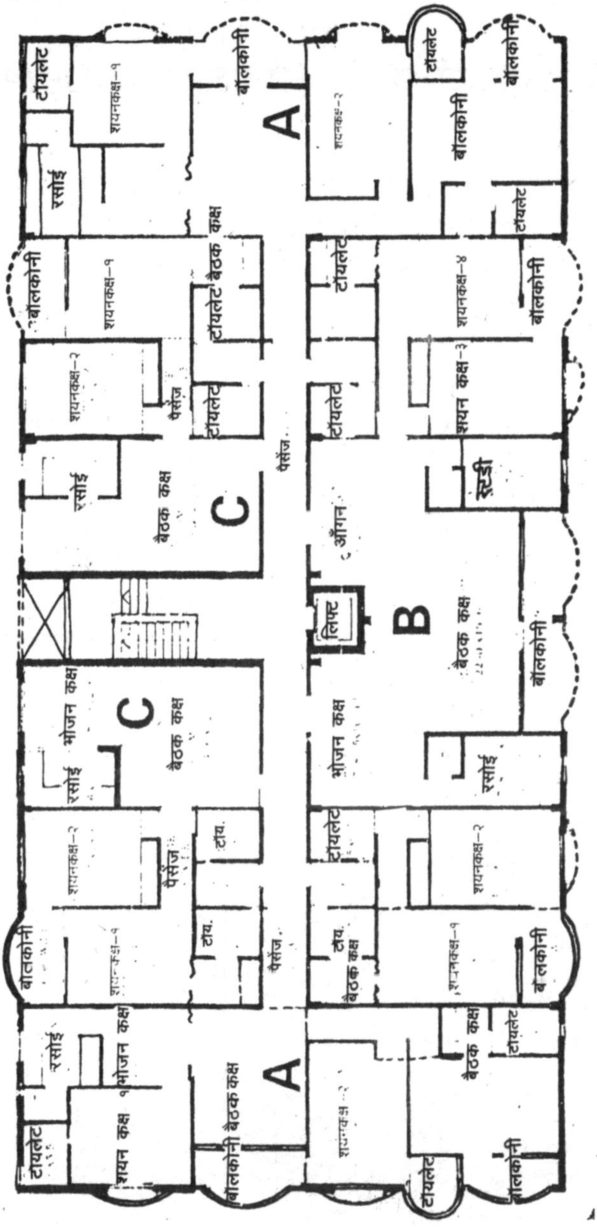

यह भी मल्टीस्टोरी बिल्डिंग है जिसमें A, B, C, D ग्रुप के फ्लैट हैं। सभी के कोने सही हैं अत: यह कॉम्प्लेक्स ठीक है।

एच. आई. जी. के आदर्श फ्लैट का उदाहरण

उपर्युक्त नक्शा जयपुर स्थित मानसरोवर टॉउनशिप का आदर्श मकान है। मानसरोवर एशिया की सबसे बड़ी हाउसिंग कॉलोनी कही जाती है। इसी कालोनी में सेक्टर 6 पर स्थित एच. आई. जी. फ्लैट दो मंजिला (Duplex) का यह नक्शा है। जिसे हम 25 X 54" फुट स्थित आदर्श फ्लैट कह सकते हैं।

इसका प्रवेश ईशान में है। वहीं पर (X) T पानी का नल है जो जल-सग्रंह हेतु उत्तम स्थल माना गया है। खुले बराण्डे से हवा सीधी ड्राइंगरूम (बैठक) में पहुँच रही है। ड्राइंग रूम में सटा किचन (Kitchen) अग्नि कोण व दक्षिण दिशा में है। उसके पीछे Court yard की खुली जमीन रसोई घर व लांज (Lounge) में स्वच्छ प्रकाश एवं वायु का सम्प्रेषण कर रही है। कोर्ट-यार्ड से शयन-कक्ष को भी खुली वायु एवं प्रकाश मिल रहा है। वहीं टॉयलेट की दिशा भी सही है तथा टॉयलेट 10 X 7" फुट की खुली व बड़ी जगह में है। दूसरी छत पर ड्राईंग रूम के ऊपर मास्टर बेडरूम काफी बड़ा एवं उपयोगी स्थिति में है। एक स्वतन्त्र दम्पति इसमें ठहर सकता है। यह डुप्लेक्स कम-से-कम जगह का अधिक उपयोग लेनेवाली सार्थकता को स्पष्ट करता है। फलत: गृहस्वामी की आयु, सुरक्षा व सम्पन्नता के लिए सर्वथा उपयोगी एवं आदर्श फ्लैट है।

दो बड़े हॉल व रसोई वाला छोटा फ्लैट

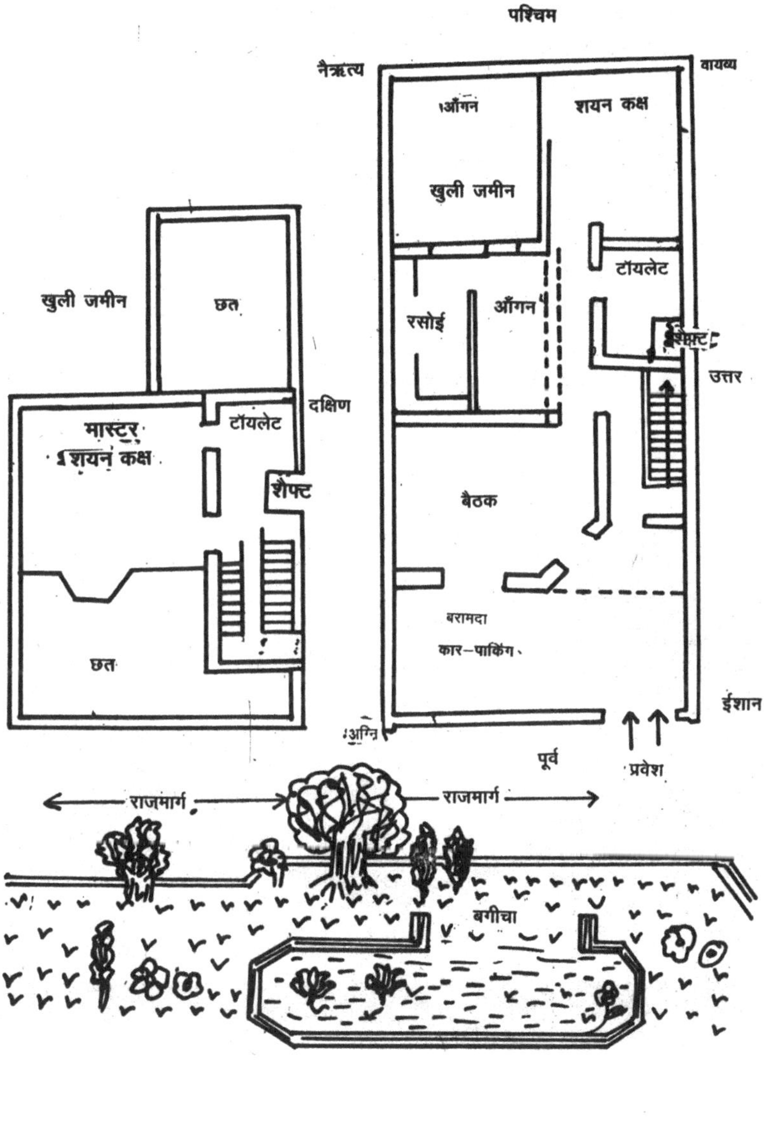
पश्चिम
नैऋत्य
वायव्य
आँगन
शयन कक्ष
खुली जमीन
टॉयलेट
रसोई
आँगन
शैफ्ट
उत्तर
बैठक
बरामदा
कार–पार्किंग
ईशान
अग्नि
पूर्व
प्रवेश
खुली जमीन
छत
दक्षिण
मास्टर शयन कक्ष
टॉयलेट
शैफ्ट
छत
राजमार्ग
राजमार्ग
बगीचा

वास्तुकला का अनुपम सौन्दर्य राजस्थान विधानसभा भवन

राजस्थान की परंपरागत वास्तुशैली, स्थापत्य कला और सांस्कृतिक विरासत को अभिव्यक्त करनेवाले निर्माणाधीन विधानसभा भवन वास्तुकला का अनुपम सौन्दर्य होगा। एशिया के विशालतम गुंबज को अपने आंचल में समेटे हुए बननेवाला यह भवन केन्द्रीय बजट के सहयोग से पूरा होगा। राजस्थान सरकार के लोग जी-जान से कोशिश में लगे हैं, कि सन् 1999 तक इस भवन में लोकतंत्र की आवाज गूंजने लगे। परियोजना के मुख्य अभियंता एन.आर. माथुर ने बताया कि अब तक भवन पर लगभग 33 करोड़ रुपये खर्च किए जा चुके हैं और इस वित्तीय वर्ष में 20 करोड़ रुपये और खर्च करने का प्रावधान है। उन्होंने बताया कि वास्तुविद् विजय माथुर द्वारा बनाये गए नक्शे पर आधारित इस भवन का निर्माण पूरी तरह से आर.सी.सी. फ्रेम में किया जा रहा है। इस भवन के स्तंभ, मेहराब, छतरियां तथा झरोखे राजस्थान की परंपरागत वास्तुशैली, स्थापत्य कला तथा सांस्कृतिक विरासत को अभिव्यक्त करेंगे। यह भवन तलघर, भूतल सहित आठ मंजिला होगा। इसके केन्द्र (ब्रह्मस्थान) में 104 फीट व्यास का 52 फीट ऊंचा गुंबज प्रस्तावित होगा।

नए विधानसभा भवन का मॉडल।

भवन में 300 सदस्यों के बैठने की क्षमतावाले विधानसभा कक्ष सहित 67 मंत्रियों के कमरे एवं विधानसभा कक्ष के ऊपर समान क्षमता का एक अन्य कक्ष (भविष्य में संभावित

विधान परिषद के लिए) भी प्रस्तावित हैं। भवन में विधानसभा सचिवालय को भी समायोजित करने की पर्याप्त व्यवस्था है। संपूर्ण भवन (संभावित विधानपरिषद भवन को छोड़कर) वातानुकूलित होगा। अग्निशमन हेतु अत्याधुनिक अग्निसूचक व अग्निशमन अग्निशामक यंत्र, दृश्य-श्रव्य आलेखन-व्यवस्था, कम्प्यूटर नेटवर्क, टेलीफोन, फैक्स मशीन, अत्याधुनिक सुरक्षा-व्यवस्था उपकरण, वी.आई.पी. व वी.वी.आई.पी. कारों के लिए पार्किंग पद मार्ग, कम्पाउंड वाल, मुख्य द्वार परिदृश्य उन्नयन (लैंड स्केपिंग) का प्रावधान है। भीड़-भाड़ एक जगह इकट्ठी न हो, इसके लिए भवन का पश्चिमी द्वार विधायकों और मंत्रियों, पूर्वी द्वार अधिकारियों, उत्तरी द्वार अतिविशिष्ठ व्यक्तियों, मेहमानों एवं दक्षिणी द्वार पत्रकार व जनसाधारण के लिए बनाया जाना प्रस्तावित है। विधानसभा के लिए प्रस्तावित कुल 6.08 लाख वर्ग फुट आच्छादित क्षेत्रफल में से अब तक 5.87 लाख वर्ग फुट (लगभग 90 प्रतिशत) ढांचे का निर्माण कार्य पूर्ण हो चुका है।

भवन के बाहरी हिस्सों में छठीं मंजिल तक एवं केन्द्रीय ब्लॉक में आर.सी.सी. कार्य पूरे हो चुके हैं। उत्तरी पोर्च एवं कार पार्किंग का कार्य पूर्ण हो चुका है, जिसकी क्षमता लगभग 50 कारों की है। लागत में हो रही निरंतर वृद्धि के कारण सीवर लाइन, वर्षा के पानी के निकास की लाइन, सड़क कार्य, पानी की लाइन आदि का कार्य, जो कि भवन-निर्माण के पश्चात कराए जाने थे, उन्हें अभी ही पूरा करवा लिया गया है। भवन की बाहरी सतहों पर जोधपुर के छितर पत्थर से अलकृंत आवरण, स्तंभों, महराबों, छतरियों, टोड़ियों एवं झरोखों का कार्य प्रथम तल तक लगभग पूरा हो चुका है। भवन में लगनेवाली चार लिफ्ट (तीन यात्री व एक सेवा लिफ्ट) लगाने के लिए वर्क ऑर्डर दिए जा चुके हैं। भवन के पूर्वी एवं पश्चिमी द्वारों पर जोधपुर स्टोन लगाने, कक्षों में फर्श लगाने का काम चल रहा है।

भवन-निर्माण कार्य में इस समय एक मुख्य अभियंता सहित दो अधीक्षण अभियंता, पांच अधिशासी अभियंता, सात सहायक अभियंता एवं तेरह कनिष्ठ अभियंता और लगभग 800 मजदूर कार्य कर रहे हैं। भवन की स्वीकृत अनुमानित लगात 77.02 करोड़ रुपये है, लेकिन जिस तरह से भवन-निर्माण सामग्रियों के दाम बढ़ रहे हैं, उस हिसाब से लागत भी बढ़ेगी। श्री माथुर ने बताया कि अगर पैसा निश्चित समय पर मिलता रहा तो यह भवन जुलाई 1999 तक पूरा हो जाएगा। उल्लेखनीय साजो-सामान और तकनीकी उपयोग पर काफी गहनता से विचार-विमर्श करने के बाद अमली जामा पहनाया जा रहा है। जयपुर के कई प्रसिद्ध वास्तुकारों ने भी इस भवन की सराहना की है। पिछले दिनों अन्य प्रदेशों से आए प्रतिनिधिमंडलों ने भी इसकी भावी भव्यता को मद्देनजर रखते हुए घोषणा की कि वैसे तो जयपुर शहर पूरा ही अपने-आपमें ऐतिहासिकता लिए हुए है, लेकिन इस विधानसभा भवन के निर्माण के बाद राजस्थान राज्य में वास्तुकला की कीर्ति में एक सितारा और जुड़ जाएगा।

भवन-निर्माण के सूत्र

भारतीय वास्तुशास्त्र के अनुसार भवन-निर्माण

भारतीय प्राचीन शास्त्रों के अनुसार सोलह कमरोंवाला गृह उत्तम माना जाता है जिसका सम्पूर्ण वर्णन प्रस्तुत चित्र में प्राप्त होता है। यदि सोलह कमरेवाले भवन का निर्माण न कर सकें तो ग्यारह, नौ, सात, पांच व तीन कमरे वाले भवन का निर्माण उपर्युक्त नियम अनुसार करें तो व्यक्ति सुखी व संपन्न होता है।

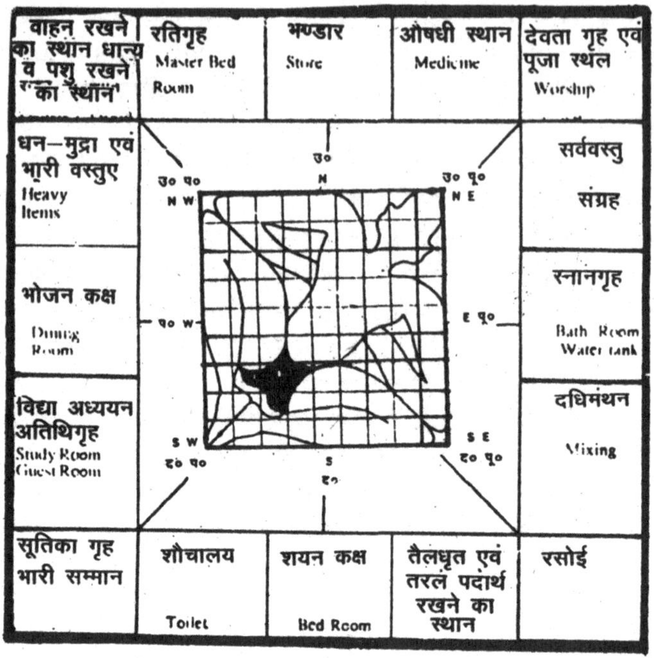

ईशान्यं देवतागेहम्, पूर्वस्यं स्नान मन्दिरम्।
आग्नेयं पाकसदनम्, भाण्डागारं उत्तरम्॥

आग्नेयं पूर्वयोर्मध्ये, विधास्यासस्य मन्दिरम्।
यमया नेऋत्योर्मध्ये, पुरषि त्याग मन्दिरम्॥

नेऋत्यंबपयोर्मध्ये, विद्याभ्यासस्य मन्दिरम्।
पश्चिम निलयोर्मध्ये, रोदनार्थ गृह स्मृतम्॥

ईशान्य दिशा में वास्तुपुरुष का सिर होता है। वहां पूजागृह, देवमन्दिर, ध्यान–कक्ष मेडिटेशन रूम बनाना चाहिए। पूर्व दिशा में स्नानघर, जल–संग्रह स्थान बनाएं। अग्निकोण में रसोई, बिजली–घर एवं विद्युत–कक्ष बनाएं। उत्तर दिशा में भण्डार, संग्रहशील वस्तुओं का स्थान होना चाहिए। अग्निकोण एवं पूर्व दिशा के मध्य घृत, तेल, दधिमन्थन–कक्ष उत्तम रहता है।

पश्चिम में भोजनशाला, पश्चिम और नैऋत्य के मध्य विद्याध्ययन–कक्ष, लाइब्रेरी, अतिथिगृह बनाना चाहिए। वायव्य दिशा में भारी सामान, गाड़ी, रथ–वाहन, पशुशाला बनाएं। पश्चिम और उत्तर के मध्य रोदन–गृह बना सकते हैं। वायव्य व उत्तर के मध्य रतिगृह बनाना चाहिए। जूते खोलने का स्थान नैऋत्य दिशा एवं नैऋत्य व पश्चिम के मध्य शौचालय बनाना चाहिए। पश्चिम दिशा में द्वितीय शयन–कक्ष (बच्चों के लिए) बना सकते हैं जब कि वायव्य दिशा में कुंवारी कन्या का शयन–कक्ष हो तो उसका विवाह शीघ्र हो जाता है। वैसे वायव्य में कार–पार्किंग के लिए स्थान उत्तम माना गया है। इस विधानसभा भवन में इन सब बारीकियों पर पूरा ध्यान दिया गया है एवं भारतीय वास्तुशास्त्र के चतुष्कोणीय उपर्युक्त सरंचना को ध्यान में रखते हुए इसका निर्माण हुनरबन्द शिल्पकारों के द्वारा कराया जा रहा है।

डूम हाउस (Doom-House)

मकान का एलीवेशन एवं बाहरी खूबसूरती इस बात की गारंटी नहीं है कि मकान बढ़िया है। ध्यान रहे, यदि वह वास्तु नियमों के प्रतिकूल है तो खूबसूरत मकान को 'डूम हाउस' में बदलते देर नहीं लगेगी।

—डॉ. द्विवेदी

सन् 1956 की बात है, मारवाड़ प्रान्त से माली समाज के दो सगे भाई कमाने के लिए कनाडा गये। कनाडा में उनका कारोबार कुछ जमा। वहां से वे पेरिस गये, पेरिस से वे अमेरिका गये। अमेरिका उन्हें रास आ गया। वहां उन्होंने एक रेस्टोरेंट खोला। उस रेस्टोरेंट में एक केसिनों जुआ घर लगाया। जुआ घर चल पड़ा और उन दोनों भाइयों ने लाखों रुपये कमाये, वहीं उन्होंने विवाह कर लिया। अमेरिका के एक संभ्रान्त कस्बे में उन्होंने अपने निवास हेतु आलीशान कोठी भी बना ली। पन्द्रह वर्ष के छोटे-से अन्तराल में वे लखपति से करोड़पति एवं करोड़पति से अरबपति बनते चले गये। व्यापार में उन्होंने पीछे मुड़कर नहीं देखा और यह सोचने की उन्हें कभी फुरसत ही नहीं मिली कि पन्द्रह वर्ष के अन्तराल में भी उन्हें कोई सन्तान नहीं हुई।

जीवन का बसन्त ढलने लगा। सिर पर उगनेवाले श्वेत केशों ने संकेत दिया कि इतनी सारी सम्पत्ति का वारिस कोई नहीं है। नये घर में प्रवेश करने के साथ ही इस चिन्ता से वे

दोनों दम्पत्ति भयभीत हो उठे। उन्होंने विश्व प्रसिद्ध यौन-चिकित्सकों की शरण ली। लाखों रुपया पानी की तरह बहा दिया, परन्तु परिणाम शून्य निकला। धीरे-धीरे पति-पत्नी के बीच मनमुटाव बढ़ने लगा। रात को डरावने स्वप्न आने लगे। भाई-भाई में भी प्रेम खण्डित हुआ। कलह ने छुपके-छुपके घर में प्रवेश करते हुए अपना अखण्ड साम्राज्य वहां स्थापित कर लिया। अब तो रोज झगड़े-टंटे होने लगे। दोनों दम्पति, कुल मिलाकर चारों प्राणी शराब के नशे में चूर रहने लगे तथा होश में आते ही फिर वाद-विवाद, कुतर्क, झगड़े-टंटे से घर में अशान्ति का वातावरण बन जाता।

अमेरिका के विलासपूर्ण भौतिक जीवन व अशान्त वातावरण से ऊबकर जब वे भारत आये तो यहां के ओझा-तान्त्रिकों ने उन्हें बताया कि उन पर तो कृत्या का प्रयोग किसी निकट सम्बन्धी रिश्तेदार ने ईर्ष्या के वशीभूत होकर कराया है। कृत्या का अमंगलकारी प्रयोग कराने वाला उनका वह रिश्तेदार भी मर चुका था। पर कृत्या का विनाशकारी प्रभाव उस भवन पर विद्यमान था।

तीन दम्पत्तियों का आवासस्थल

भारत के ग्रामीण व शहरी अंचलों में एक रिश्तेदार जब दूसरे रिश्तेदार से दुश्मनी, मनमुटाव या ईर्ष्या रखता है तो ऐसे ही अभिचार-प्रयोग, कृत्या-प्रयोग, मारण-प्रयोग, कामण-रामण व टोटके का सहारा लेता है। आज की अत्यधिक पढ़ी-लिखी मानव-सभ्यता एवं विज्ञान इसे निरा अन्धविश्वास माने पर यह सत्य है कि ऐसे प्रयोग पुराने व नये भवनों पर होते हैं जिसमें रहनेवाले प्राणी लड़-झगड़कर तबाह व बरबाद हो जाते हैं। उनकी वंश-बेल आगे नहीं बढ़ती। घर में बात-बात पर झगड़ा, अशांति व तनाव का वातावरण बना रहता है। गृह-प्रवेश के साथ ही भाग्य का पाशा पलट जाता है।

हमारे पास सौ में से दस 'केस' ऐसे भी आते हैं जो कृत्या-प्रयोग से ग्रसित होते हैं। भारतीय प्राचीन शास्त्र एवं वेदों में कृत्या-निवारण के अनेक प्रयोग भी मिलते हैं। यदि समय

रहते कृत्या-निवारण का अनुष्ठान करा लिया जाये तो गृह स्वामी ऐसी पीड़ाओं से मुक्ति पा सकता है। घर में अधिक समय तक कलह का निरन्तर वातावरण बना रहे तो धीरे-धीरे वह मकान अभिशप्त होकर 'डूम हाउस' (Doom-House) में परिवर्तित हो जाता है जिसे छोड़ने के सिवाय कोई विकल्प शेष नहीं रह जाता।

निरन्तर अंधेरे में रहनेवाला, जर्जरित व सघन जंगली वृक्षों से घिरे हुए, खाली मकान को 'डूम हाउस' में परिवर्तित होने में ज़्यादा समय नहीं लगता।

एक डूम हाऊस का दृश्य

ऐसे मकानों में कृत्या-दोष निवारक वास्तुयन्त्र लगाना चाहिए तथा ग्रह-शान्ति का यज्ञ विधि-विधान से करना चाहिए। नये भवन की नींव में कृत्या-दोष निवारक यन्त्र डाल दिया जाये तो उत्तम रहता है। भवन के ब्रह्मस्थान या प्रवेश-द्वार के भीतर कृत्या-दोष निवारक यन्त्र डाल दिया जाये तो ऐसे भवन में अशुभ ग्रहों की रश्मियां, अशुभ आत्माओं व हवाओं का प्रवेश नहीं होता। कृत्या-दोष निवारण यन्त्र को गृहस्वामी अपने पूजन-कक्ष में भी स्थापित कर सकता है। इससे घर में क्लेश कम हो जाता है। पाठक चाहें तो यह यन्त्र लेखक के पते से सम्पर्क साधकर प्राप्त कर सकते हैं। प्रबुद्ध पाठकों के हितार्थ कृत्या-दोष निवारण कर जो प्रयोग 'अथर्ववेद' में दिया गया है वह ज्यों-का-त्यों यहां दे रहा हूँ। साथ में सरल हिन्दी अर्थ भी दे रहा हूँ ताकि पाठकों को यह ध्यान रहे कि वे क्या पढ़ रहे हैं एवं उसका अर्थ क्या है?

कृत्यापरिहरणम् (कामण दूर करने का मन्त्र)—

१-१२ शक्रः, कृत्यादूषणम्। अनुष्टुप, ११ बृहतीगर्भा, १२ पथ्याबृहती।

यां ते चक्रुरामे पात्रे यां चक्रुर्मिश्रधान्ये।
आमे मांसे कृत्यां यां चक्रुः पुनः प्रतिहरामि ताम् ॥ १ ॥

यां ते चक्रुः कृकवाकावजे वा यां कुरीरिणिं।
अव्यां ते कृत्या यां चक्रुः पुनः प्रतिंहरामि तामु ॥ २ ॥

यां ते चक्रुरेकशफे पशूनामृभयादति।
गर्दभे कृत्यां यां चक्रुः पुनः प्रतिहरामि ताम् ॥ ३ ॥

यां ते चक्रुरमूलायां वलगं वा नराच्याम।
क्षेत्रे ते कृत्या यां चक्रुः पुनः प्रतिहरामि ताम् ॥ ४ ॥

यां ते चक्रु र्गार्हपत्ये पूर्वाग्नावुत दुश्चितः।
शालायां कृत्यां यां चक्रुः पुनः प्रतिहरामि ताम् ॥ ५ ॥

यां ते चक्रुः सभायां यां चक्रुरधिदेवने।
अक्षेषु कृत्यां यां चक्रुः पुनः प्रतिहरामि ताम् ॥ ६ ॥

यां ते चक्रुः सेनायां यां चक्रुरिष्वायुधे।
दुन्दुंभौ कृत्यां यां चक्रुः पुनः प्रतिहरामि ताम् ॥ ७ ॥

यां ते कृत्यां कूपेऽवदधुः श्मशाने वा निचख्नुः।
सद्मनि कृत्यां यां चक्रुः पुनः प्रतिहरामि ताम् ॥ ८ ॥

यां ते चक्रुः पुरुषास्थे अग्नौ संकसुके च याम्।
म्रोकं निर्दाहं क्रव्यादं पुनः प्रतिहरामि ताम् ॥ ९ ॥

अपथेना जभारैणां तां पथेतः प्र हिण्मसि।
अधीरो मर्याधीरेभ्यः सं जभाराचित्या ॥ १० ॥

यश्चकार न शशांक कर्तुं शश्रे पादमङ्गरिम।
चकार भद्रमस्मभ्यमभगो भगवद्भ्द्यः ॥ ११ ॥

कृत्याकृतं वलगिनं मूलिनं शपथेरयऽम्।
इन्द्रस्तं हन्तु महता वधेनाग्निर्विध्यत्वस्तया ॥ १२ ॥

—अथ० का० ५/अनु० ३/पं० ३१

अर्थ— अभिचार करनेवाले ने अच्छे मिट्टी के पात्र में या धान, जौ, गेहूँ, उपवाक, तिल, कांगनी के मिश्रित धान्यों में अथवा कुक्कुटादि के कच्चे मांस में, हे कृत्ये! तुझे किया है। मैं तुझे अभिचार करनेवाले पर ही वापस भेजता हूँ ॥ १ ॥ हे कृत्ये! तुझे मुर्गे, बकरे, या पेड़ पर किया है तो हम अभिचार करनेवाले पर ही लौटाते हैं ॥ २ ॥ हे कृत्ये! अभिचारकों ने तुझे एक खुरवाले अथवा दोनों दाँतवाले गधे पर किया है तो हम तुझे अभिचारक पर ही लौटाते हैं ॥ ३ ॥ हे कृत्ये! यदि तुझे मनुष्यों से पूजित भक्ष्य पदार्थ में ढककर खेत में किया गया है तो तुझे अभिचारक पर ही लौटाते हैं ॥ ४ ॥ हे कृत्ये! तुझे गार्हपत्याग्नि या यज्ञशाला

में किया गया है तो तुझे अभिचारक पर लौटाते हैं ॥ ५ ॥ हे कृत्ये! तुझे सभा में या जुए के पाशों में किया गया है तो अभिचारक पर ही लौटाते हैं ॥ ६ ॥ सेना में बाण अथवा दुन्दुभि पर जिस कृत्या को किया है, उसे मैं अभिचारक पर ही लौटता हूं ॥ ७ ॥ जिस कृत्या को कुएं में डालकर, श्मशान में गाड़कर अथवा घर में किया है, उसे मैं वापिस करता हूं ॥ ८ ॥ पुरुष की हड्डी पर या टिमटिमाती हुई अग्नि पर जिस कृत्या को किया है, उसे मांसभक्षी अभिचारक पर ही पुनः प्रेरित करता हूं ॥ ९ ॥ जिस अज्ञानी ने कृत्या को कुमार्ग से हम मर्यादित लोगों पर भेजा है, हम उसे उसी मार्ग से उसकी (भेजनेवाले की) ओर प्रेरित करते हैं ॥ १० ॥ जो कृत्या द्वारा हमारी उंगली या पैर को नष्ट करना चाहता है, वह अपने इच्छित प्रयास में सफल न हो और हम भाग्यशालियों का वह अमंगल न कर सके ॥ ११ ॥ भेद रखनेवाले तथा छिपकर (गुप्त रूप से) कृत्या-कर्म करनेवाले को, इन्द्र अपने विशाल शस्त्र से नष्ट कर दे, अग्नि उसे अपनी ज्वालाओं से जला डाले ॥ १२ ॥

कृत्या परिहरण के इन मन्त्रों से अभिचार कर्म भेजनेवाले शत्रु के पास वापस चला जाता है।

संयुक्त परिवार का संयुक्त मकान

ग्रह-शांति के निमित्त किये गए हवन से भी मकान का अणु-परमाणु बदल जाता है एवं वायुमण्डल शुद्ध हो जाता है। संयुक्त परिवारवाले मकान में, जब कि सबका शुत्र एक हो तो 'अथर्ववेद' काण्डिका 2, अनुवाक 4, सूक्त के निम्न मन्त्रों का हवनात्मक प्रयोग करना चाहिए। यह प्रयोग काली मिर्च एवं सरसों के दानों को शुद्ध गोघृत में डूबोकर निम्न पांच मंत्रों से अग्नि में आहुति देने पर शत्रु द्वारा कृत अभिचार-कर्म जलकर खाक हो जाता है।

शत्रुनाशक हवन मन्त्र—

ऋषि-अथर्वा। देवता-अग्निः (एकावसानम्) १-४ निचृद्विषमा गायत्री, भूरिग्विषमा।

अग्ने यत्ते तपस्तेन तं प्रति तप
यो यो स्मान्द्वेष्टि यं वयं द्विष्मः ॥ १ ॥

अग्ने यत्ते हरस्तेन तं प्रति हर
यो यो स्मान्द्वेष्टि यं वयं द्विष्मः ॥ २ ॥

अग्ने यत्तेऽर्चिस्तेन तं प्रत्यर्च
यो यो स्माद्वेष्टि यं वयं द्विष्मः ॥ ३ ॥

अग्ने यत्ते शोचिस्तेनं तं प्रति शोच
यो यो स्मान्द्वेष्टि यं वयं द्विष्मः ॥ ४ ॥

अग्ने यत्ते तेजस्तेन तमतेजसं कृणु
यो यो स्मान्द्वेष्टि यं वयं द्विष्मः ॥ ५ ॥

—का० २/अनु० ४/सू० १९

अर्थ—हे अग्ने! तुममें जो संतापन शक्ति है, उसके सहित शत्रु को लक्ष्य कर दीप्त होओ, जो शुत्र हमारे विरुद्ध कृत्यादि कर्म करता है, उस विद्वेषी को पीड़ित करो ॥ १ ॥ हे अग्ने! हमसे द्वेष रखनेवाले या जिससे हम द्वेष रखते हैं, उस शत्रु पर तुम अपने क्रोधरूप आयुध को चलाओ ॥ २ ॥ हे अग्ने! हमसे बैर करनेवाले या जिससे हम बैर रखते हैं, उस शत्रु को अपने तेज से भस्म करो ॥ ३ ॥ हे अग्ने! हमसे ईर्ष्या करनेवाले या जिससे हम द्वेष करते हैं, उन पर अपनी शोक देनेवाली शक्ति को प्रयोग करो ॥ ४ ॥ हे अग्ने! हमारे द्वेषी शत्रुओं पर दबानेवाले जाज्वल्यमान तेज को फेंककर उन्हें निस्तेज व बलहीन कर दो।

'अग्निपुराण' की हस्तलिखित प्राचीन पड़त में वास्तुवर्णन व प्रतिष्ठास्वरूप दिया है। वहां ही भगवान श्रीनारायण नारद से कहते हैं—

श्री भगवानुवाच—

सर्वारम्भाहि दोषेण, धूमेनाग्नि रिवावृता।
संभवान्ति यदा नृणां, वास्तु दोषेऽपि किं पुनः ॥ १ ॥

जितने भी कार्य प्रारम्भ होते हैं उन सबमें कोई-न-कोई दोष तो रह ही जाता है। जिस तरह अग्नि धुएं से परिवेष्ठित रहती है, वैसे ही वास्तु निर्मित गृह में मनुष्यों द्वारा कोई-न-कोई दोष रह जाना संभावित है।

तस्य शान्त्यर्थमीशाने, सुमुखे गृह मध्यगे।
मुकुटे मण्डिते यंत्रे, कृत्या प्राण प्रतिष्ठिते ॥ २ ॥

दोषोपदोष शान्त्यर्थे, संलग्नं कुरु नारद।
सौवर्णे राजते पर्णे ताम्रपर्णे तथैव च ॥ ३ ॥

गर्दभा कृति संयंध्नं, कृत्या मन्त्रैः सुकीलितम्।
स्थापितं कुरु विप्रेन्द्र, यजमान हितकाम्यया ॥ ४ ॥

उन दोष या उपदोषों की शान्ति के लिए घर के ईशान कोण, सम्मुख द्वार या कंगूरे पर कृत्या-यंत्र प्राणप्रतिष्ठित करके हे नारद! भवन से संलग्न करें। यह यंत्र सोने, चांदी व तांबे में गर्दभा कृति में होता है। इसे कृत्या के मंत्रों से कीलित करके हे विप्रेन्द्र! यजमान के हित की इच्छा से भवन पर स्थापित करें।

अभिचाराणि सर्वाणि, मंत्र यंत्राणि भूतले।
सर्वे प्रशमतां यान्ति, कृत्या यंत्रस्य दर्शनात ॥ १ ॥

पृथ्वी पर जितने भी अभिचार प्रयोग हैं, मंत्र-यंत्र प्रयोग हैं, वो सब इस कृत्या यंत्र के दर्शन नाम से शान्त हो जाते हैं।

गदः पदं न आधत्ते, गर्दभाकृति दर्शनात्।
बाधा कार्योद्भवास्तत्र, प्रलयं याति तत्क्षणात् ॥

गर्दभाकृति इस कृत्या यंत्र के दर्शन मात्र से ही बीमारी को वहां स्थान नहीं मिलता और कार्यों में पड़नेवाली बाधाएं उसी क्षण से नष्ट हो जाती हैं।

वास्तु प्रज्ञान रांयंत्रं कृत्या मंत्रै प्रतिष्ठितम्।
यत्र तिष्ठति विप्रेन्द्र ! तंत्र सिद्धि प्रजायते ॥

सर्वाणि वास्तु दोषानि, प्रशमन्ति क्षणैन हि
पूजितं चेत् भवेद् यंत्रं ब्राह्मणैर्वेद पारगैः ॥

वास्तु प्रज्ञा का यह संयंत्र कृत्या के मंत्रों से सुप्रतिष्ठित होकर जहां रहता है वहां सिद्धि होती है और सभी वास्तुदोष एक क्षण में ही नष्ट हो जाते हैं। यदि यह यंत्र वेद पारगामी ब्राह्मणों द्वारा प्रतिष्ठित व पूजित हो।

ऋद्धि सिद्धि च सर्वत्र सुख सौभाग्यमेव च।
वितरन्त्याशु ते देवाः ये देवाः वास्तु संस्थिताः॥

न बाधते भयं तस्य कृत्या यंत्र समाश्रिते।
पूर्णायुश्चैवमारोग्यं तस्य नित्यं प्रजायते॥

ऋद्धि-सिद्धि, सुख-सौभाग्य सब वास्तुयंत्र में प्रतिष्ठित देवता उसे दे देते हैं, वहां डर नहीं रहता। जो भवन कृत्या यन्त्र से समाश्रित है वहां पूर्ण आयु-आरोग्य उस यजमान के नित्य समुपस्थित रहते हैं।

वास्तु शास्त्र की दृष्टि से मकान सही ढंग से न निर्मित होने पर निम्न प्रकार की समस्याएं जीवन पर्यन्त बनी रहती हैं—

* उसके घर में हमेशा तनाव और कलह बना ही रहता है।
* घर में निरन्तर बीमारी बनी रहती है।
* उसके घर में खुशी और प्रसन्नता नहीं व्याप्त होती है।
* सही ढंग से धन का आगमन नहीं होता है और वह दरिद्र बना रहता है।
* उस घर के प्रधान पर हमेशा कर्ज बना रहता है।
* उसकी बार-बार आत्महत्या करने की इच्छा होती है।
* वह सदैव परेशान व दुःखी रहता है।
* उस घर की लड़कियां अकसर गलत राह पर चली जाती हैं।
* उसका लड़का कुपात्र बनता है और उसे जीवन में अच्छा वातावरण नहीं मिलता।
* उसकी पत्नी और उसके मध्य निरन्तर मतभेद बना रहता है।
* वह अपने-आपमें निरन्तर एक-न-एक समस्याओं से घिरा ही रहता है।
* राज्य-बाधा उसे निरन्तर परेशान करती ही रहती है और उसका पूरा जीवन उन राज्य बाधाओं से जूझने में व्यतीत हो जाता है।
* उसके ऊपर कोई-न-कोई मुकद्दमा होता ही रहता है।

* पड़ोस से तथा अन्य लोगों से निरन्तर लड़ाई-झगड़ा होता रहता है और वह उस समय अपने आपे में नहीं रहता है।
* वह कभी स्वस्थ नहीं रह पाता और निरन्तर स्वयं में बेचैनी का अनुभव करता रहता है।
* यदि वह व्यापारी है, तो उसे व्यापार में आये दिन किसी-न-किसी प्रकार की कठिनाई का सामना करना पड़ता है।
* यदि वह नौकरी करता है, तो उसे हर क्षण अपनी नौकरी का खतरा बना रहता है।
* मान-सम्मान, यश-प्रतिष्ठा को प्राप्त नहीं कर पाता।
* उसके घर में चोरी या किसी अन्य प्रकार की आकस्मिक दुर्घटनाएं घटती ही रहती हैं।
* वह सदैव हीन भावना से ग्रसित रहता है।
* ऐसे घर में अकाल मृत्यु भी सम्भव है।

अगर उपर्युक्त घटनाएं या इनमें से कुछ बिन्दु आपके घर में हैं, तो यह समझिए कि आपका मकान वास्तुशास्त्र की दृष्टि से सही ढंग से नहीं बना है तथा किसी कुशल वास्तुशास्त्री को लाकर घर पर 'वास्तुविजिट' कराना जरूरी है। यदि कोई वास्तुशास्त्री आपको ध्यान में नहीं है, आप व्यर्थ के खर्च एवं झंझट से बचना चाहते हैं तो 'वास्तुकृत्यानाशक' यन्त्र को घर में लगाने से उपर्युक्त सभी प्रकार के झझंटों से बच सकते हैं। यदि आपके पास 'वास्तुकृत्यानाशक यन्त्र' है तो यह एक यंत्र वास्तु-सम्बन्धी दोषों को मिटा देने में सक्षम है। अपने-आपमें परिपूर्ण व पर्याप्त है।

राजेश खन्ना का अपशकुनी बंगला अब बिकने को तैयार

विख्यात अभिनेता एवं नेता राजेश खन्ना उर्फ 'काका' पर इन दिनों जैसे एक साथ कई समस्याओं ने आ घेरा है। फिल्मी दुनिया का यह पूर्व स्टार जिसने सुपर शब्द को

राजेश खन्ना का यह बंगला 'आशीर्वाद', जिसकी नीलामी होगी.

सार्थकता दी, नि:संदेह बुरी स्थिति में खड़ा है। अथाह धन-सम्पत्ति के आज भी मालिक काका राजेश खन्ना के ऊपर ऐसी कौन-सी परेशानी आ गई है कि वह अपने सपनों के महल 'आशीर्वाद' को नीलम कराने पर तुल गए हैं। सूत्र बताते हैं कि काका के 'आशीर्वाद' की नीलामी आनेवाली सात अगस्त को मुम्बई के चर्चगेट स्थित आयकर भवन पर आयकर विभाग के अधिकारियों द्वारा की जाएगी।

यह खबर सुनकर इस पर विश्वास नहीं आता है क्योंकि काका उन लोगों में से हैं जो करोड़ों लोगों को दान करने की क्षमता रखते हैं। इसका उदाहरण 7-8 साल पहले उस समय देखने में आया था जब काका ने मुम्बई की अपनी सैकड़ों गज जमीन एक 'चिल्ड्रेन पार्क' बनाने के लिए दान कर दी थी। आज ईश्वर की कृपा से 'काका' के पास सब कुछ है। यह अलग बात है कि वह इस वक्त अपनी चुनाव में हार, बेटी की फिल्मों में असफलता तथा पत्नी डिम्पल के बिना एकाकी जीवन से ग्रस्त हैं। पर यह हालात कि आयकरवाले अपनी रकम को वसूलने के लिए उनके 25-30 करोड़ के बंगले को नीलाम करें, नज़र नहीं आते और यह बात कुछ हज्म भी नहीं होती।

बंगले 'आशीर्वाद' की नीलामी आठ करोड़ से शुरू होने की उम्मीद है। काका के वकील आयकर अधिकारियों से मिलकर मामले को तय करने तथा नीलामी के खिलाफ स्टे ऑर्डर लेने की जुगत में लगे हैं। जानकार सूत्र बताते हैं कि काका का यह प्रयास भी असफल हो चुका है।

बम्बई की भव्य और आलीशान 'कोठी' माना जानेवाला 'आशीर्वाद' को जुबली सुपर स्टार राजेन्द्र कुमार ने अपनी बेटी 'डिम्पल' के नाम से खरीदा था। राजेन्द्र कुमार ने जब पॉलीहिल में अपना बंगला बना लिया तो इसे उन्होंने काका को बेच दिया और काका ने इसे 'आशीर्वाद' नाम दिया।

आज कार्टर रोड का यह आलीशान बंगला गुजरे 3-4 वर्षों से वीरान पड़ा हुआ है क्योंकि राजेश जब से सांसद बने हैं दिल्ली में लोदी रोड पर स्थित अपने संगमरमरी बंगले में ही रहते हैं। मुम्बई आते हैं तो अपने ऑफिस में ही रुकते हैं।

कहा जाता है कि राजाबाबू काका राजेश का मन अब इस बंगले से ऊब चुका है क्योंकि वह इसी बंगले को पत्नी डिम्पल के साथ अपने अलगाव का कारण मानते हैं। इसके अलावा भी इससे जुड़े कई हादसे हैं। काका की असफलता के यही कारण हैं कि काका इस बंगले की नीलामी को रोकने के लिए ज़्यादा हाथ-पैर नहीं मार रहे हैं वरना काका तो खानदानी अमीर हैं।

ज्योतिष और वास्तु-सिद्धान्त

वास्तु में मकान की ऊंचाई बड़ा महत्त्व रखती है। मकान की ऊंचाई कालपुरुष से सम्बन्ध रखती है। यदि मकान की ऊंचाई छोटी है तो उसमें रहनेवाले परिवार की समृद्धि भी छोटी होती चली जायेगी। भूचक्र में राशियां 12 होती हैं, उसी अनुपात से मकान की ऊंचाई भी 12'' फुट होनी चाहिए। 12'' फुट की ऊंचाई के कारण मकान में रहनेवाले को पर्याप्त रोशनी, हवा एवं आकाश मिलेगा, जिससे व्यक्ति उत्तम स्वास्थ्य व सम्पन्नता को प्राप्त करेगा।

दाईं खिड़की व सूर्य

मकान के दाईं तरफ की खिड़कियों का प्रतिनिधि ग्रह सूर्य है। सूर्य पुत्र, सन्तान का प्रतिनिधि है। यदि मकान के दाईं ओर की खिड़कियाँ कमजोर व टूटी-फूटी हैं तो परिवार में पुरुष सन्तति कष्ट में होगी। यदि दाईं खिड़की पर दरार है तो परिवार में पुरुषों पर संकट रहेगा। दरार राहु-केतु का प्रतिनिधित्व करती है जो कि सूर्य के शुत्र कहे गये हैं।

यदि दाईं ओर की मुख्य खिड़की रसोई में खुलती है तो परिवार के पुरुष वर्ग गुस्सैल होंगे। क्योंकि सूर्य खिड़की का प्रतिनिधि, शुक्र रसोई का एवं मंगल अग्नि का कारक है। इस घर में रहनेवाले लोग पत्नी के सहयोगी होंगे।

यदि दाईं ओर की खिड़की किसी गोदाम में खुलती है तो ऐसे घर में पिता-पुत्र लड़ेंगे। गृहस्वामी का पुत्र तमोगुणी होगा।

यदि घर में सूर्य का प्रकाश नहीं पहुंच रहा हो, मकान के पूर्व में कोई खिड़की न हो, मकान के भीतर दिन में अंधेरा रहता हो जहां पर गेहूँ, धान्य, अन्य खाने-पीने की वस्तुओं पर भी प्रकाश की किरण न पहुंचती हो तो समझें, सूर्य-शनि की युति का प्रभाव घर पर है। ऐसे मकान के स्वामी एवं निवासियों को नींद न आने की बीमारी, शरीर में टूटन, बेचैनी महसूस होती रहेगी। घर में दाईं व बाईं खिड़की आगन्तुक व्यक्ति के प्रवेश एवं निर्गमन के समय दाईं ओर व बाईं ओर वाले भाग को देखकर लिया जाता है।

बाईं खिड़की व चन्द्र

घर में बाईं खिड़की का प्रतिनिधित्व चन्द्रमा करता है। चन्द्रमा ज्योतिष में स्त्री ग्रह एवं जगत माता का रूप है। यदि घर की बाईं ओर वाली खिड़कियां दुरस्त हैं, उसमें से सही प्रकाश व हवा यदि घर में आ रही है तो घर की स्त्रियां सुखी एवं सम्पन्न होंगी। इसके विपरीत घर के बाईं ओर यदि खिड़कियां ही न हों तो घर में एक आश्रित व्यक्ति निठल्ला होगा एवं मानसिक रूप से विकृत होगा। चन्द्रमा मस्तिष्क है और घर के बाईं ओर का अन्त पापग्रह केतु से प्रताड़ित होता है।

यदि घर के बाईं खिड़की के सामने दरार (केतु का प्रभाव) हो तो घर की स्त्रियां सही नीति पर सत्यवक्ता होंगी।

यदि बाईं खिड़की के पास में दरार हो तथा बाईं खिड़की घर के धान्य-संग्रह-स्थल में खुलती हो तो घर की स्त्रियों को अस्तमा (दमा) की शिकायत रहती है।

ऐसे घर पर चन्द्रमा + शनि + केतु का कुप्रभाव लक्षित होता है।

यदि घर की बाईं खिड़की के सामने कूड़ादान (कचरा पेटी) हो तो घर की स्त्रियां सदैव बीमार रहेंगी तथा एक लड़की के विवाह-सगाई को लेकर परेशानी आयेगी।

यदि घर की खिड़कियां चाहे बाईं हों या दाईं हों, बन्द हैं, विकृत हैं तो परिवार की सम्पन्नता व ऐश्वर्य धीरे-धीरे नष्ट हो जायेगा।

जन्मकुण्डली एवं वास्तुस्थान

जन्मकुण्डली एवं वास्तुस्थान

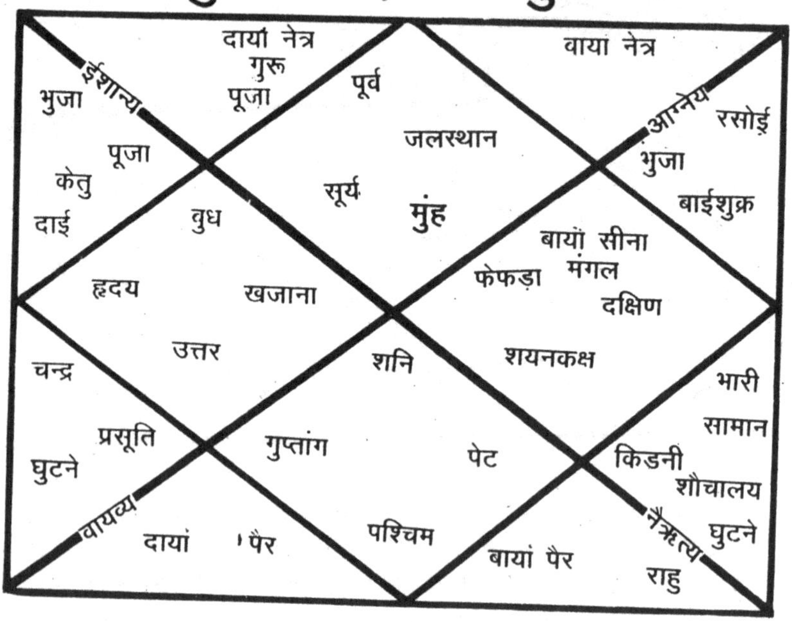

शीर्षानने तथा बाहू हृत्क्रोड कटिबस्तयः।
गुह्योरुयुगले जानु युग्मे वै जङ्घके तथा।
चरणौ द्वौ तथाऽजादेर्ज्ञेयाः शीर्षादय क्रमात्॥

—*बृहत्पाराशर होराशास्त्र, राशिलीलाध्याय*–५

काल पुरुष के मस्तक तथा आनन, भुजद्वय, हृदय, उदर, कटि, वस्ति, लिङ्ग, गुदा
१ २ ३ ४ ५ ६ ७ ८ ९
जङ्घाद्वय, घुटने, के निम्न भाग तथा पैर के बारह अंग क्रमशः मेषादि द्वादश राशियाँ हैं।
१० ११

घर में ग्रहों का प्रभाव

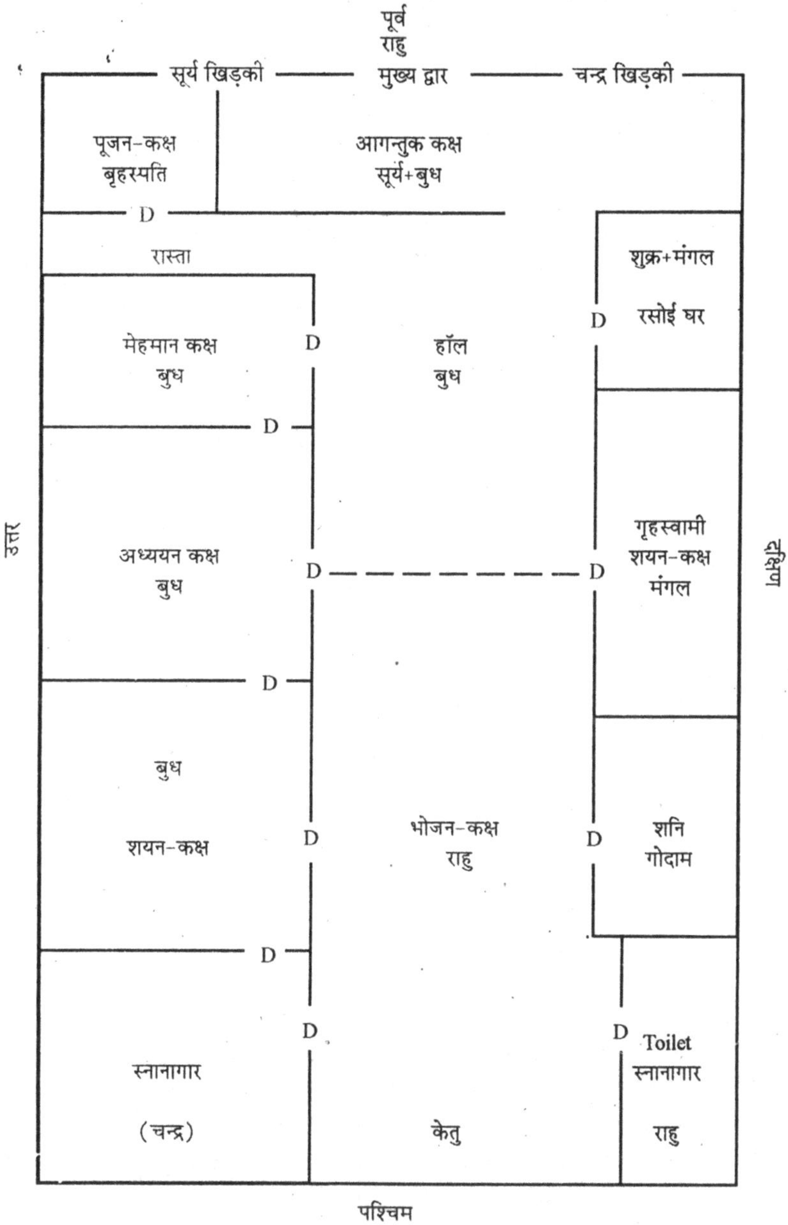

वास्तुशास्त्र के हिसाब से घर के विभिन्न प्रकोष्ठों में उपर्युक्त विधि से ग्रहों का शुभाशुभ प्रभाव का आकलन किया जा सकता है।

बिना पुत्र-सन्ततिवाला मकान

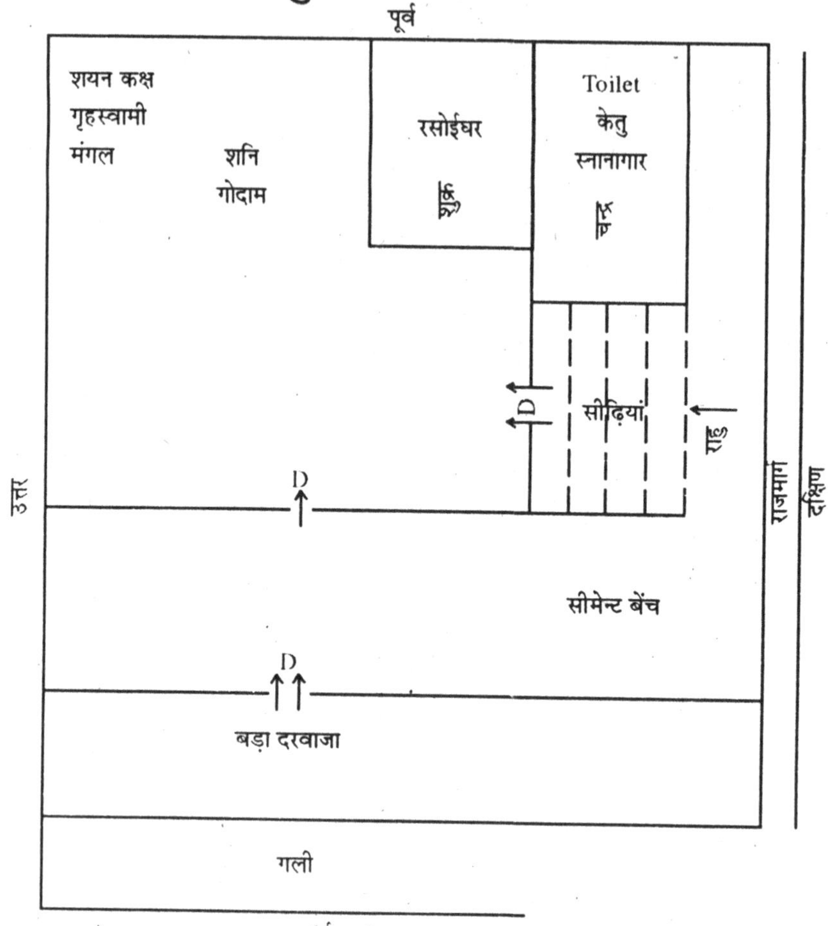

इस मकान की सीढ़ियाँ ऊँची हैं। पूर्व (ईशान) पूर्व में गृहस्वामी सोता है। पास में गोदाम है, उसके पास रसोईघर है। शयन-कक्ष मंगल से, गोदाम शनि से, रसोई शुक्र से प्रभावित होती है। गृहस्वामी पत्नी का सुख बराबर नहीं ले सका क्योंकि शुक्र (रसोई) एवं मंगल (शयन) के बीच में शनि (गोदाम) है। जातक का पारिवारिक जीवन दुःखद रहा।

मुख्य प्रवेश द्वार के पास स्नानघर (चन्द्र) है। मुख्य द्वार राहु से प्रभावित होता है। ये दोनों आस-पास हैं। यह मकान राहु+चन्द्र+शुक्र से कुप्रभावित है। पूर्व दिशा एकदम बन्द है। क्योंकि उधर दूसरे मकान की दीवार है। फलतः गृहस्वामी के कोई सन्तान नहीं हुई। घर में प्रतिकूल वास्तु परिस्थितियों से मध्यम आयु में पत्नी की मृत्यु हो गई। घर के दाईं ओर बड़ा गेट है, वही गली है, जो बन्द है। ऐसा मकान पूर्णतः अशुभ होता है। पूर्व में संडास व रसोई आस-पास—सभी कुछ वैज्ञानिक दृष्टि में गलत ही था।

सन्तान रहित मकान का उदाहरण

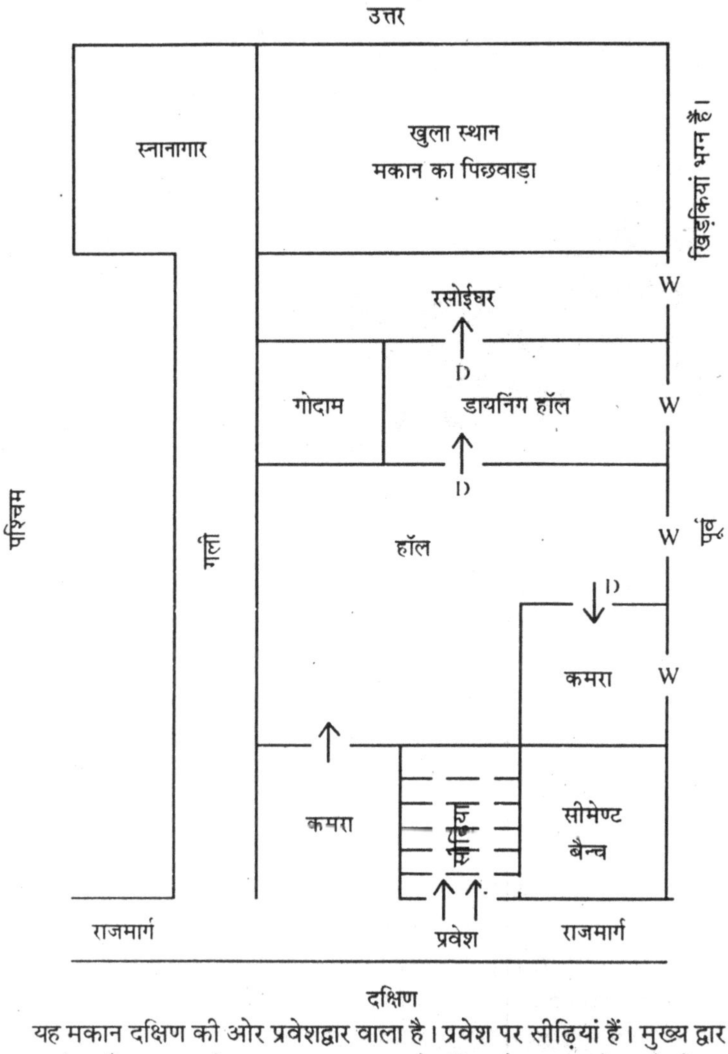

यह मकान दक्षिण की ओर प्रवेशद्वार वाला है। प्रवेश पर सीढ़ियां हैं। मुख्य द्वार ज़रूरत से ज़्यादा ऊंचा है। गृहस्वामी सन्तान व सम्पन्नता से वंचित है। मकान के दाईं ओर कमरा है, जिसकी दो खिड़कियां है। एक बाहर की तरफ, एक अन्दर की तरुफ। मकान में दाईं ओर की खिड़की पुरुष सन्तति को बताती है। पर इस कमरे की दोनों खिड़कियां सदैव बन्द रहती हैं। जातक ने एक लड़का गोद लिया, पर वो भी चल बसा। मकान के पास की गली आगे जाकर बन्द हो जाती है। मकान के पूर्वी भाग में तीन खिड़कियां हैं पर वे भग्न अवस्था में हैं। सन्तान कारक सूर्य यहां इस घर में दूषित है।

गृह-रचना एवं दिशा-दोष

पूर्व (East) दिशा : गृह-रचना एवं दोष–

पूर्व दिशा का स्वामी इन्द्र है, जिसका आयुध वज्र है। पूर्व दिशा का प्रतिनिधि ग्रह सूर्य है। यह कालपुरुष का मुंह है। जिसके घर का मुख्य द्वार बड़ा हो, पूर्व दिशा की ओर बड़ी-बड़ी खिड़कियां व झरोखे से घर में सूर्य की रोशनी आती हो, उस व्यक्ति का लग्न 'सिंह' होता है अथवा लग्न में सूर्य होता है।

* मकान में पूर्वाभिमुख द्वार व खिड़की अवश्य होनी चाहिए। खिड़की इस प्रकार से होनी चाहिए जिससे सूर्य का स्वच्छ प्रकाश प्रथम प्रहर तक घर में आना चाहिए। इससे शारीरिक-मानसिक व आध्यात्मिक ऊर्जा की प्राप्ति होती है। पूर्व दिशा स्वच्छ एवं साफ-सुथरी होनी चाहिए। पूर्व दिशा में जहां तक हो सके। संडास (Toilet) न बनावें।
* पूर्वी दिशा का स्थल ऊंचा हो, गृहस्वामी दरिद्र बन जाएगा, संतान अस्वस्थ तथा मंदबुद्धिवाली होगी।

* खाली जगह रखे बिना सरहद को जोड़कर निर्माणकार्य कराने पर या तो पुरुष संतान की कमी होती है अथवा संतान होने पर विकलांग होगी।
* पूर्वी दिशा में निर्मित मुख-द्वार या अन्य द्वार आग्नेयाभिमुखी हो तो दारिद्र्य, अदालती विवाद, चोरों व अग्नि का भय बना रहेगा।
* पूर्व में गृह-गर्भ की अपेक्षा चबूतरे ऊंचे हों तो अशांति, आर्थिक व्यय होगा और ऐसे गृह का स्वामी कर्जदार बनेगा।
* पूर्वी दिशा में सड़क से सटकर निर्मित गृह के पश्चिम में खाली निम्न स्थल हो तो उस गृह के पुरुष दीर्घ व्याधियों के शिकार हो अल्पकाल में ही मृत्यु को प्राप्त होंगे।
* पूर्वी भाग में कूड़ा-कचरा, पत्थरों के टीले, मिट्टी के टीले इत्यादि हों तो उनके कारण धन और संतान की हानि होगी।
* पूर्वी दिशा में खाली स्थल न हो और एक स्तर ऊंचा बनाकर पश्चिमी दिशा की ओर बरामदे को ढलाऊ बनाने पर, आंखों की बीमारी, लकवा आदि बीमारियों के शिकार होंगे।
* गृह को किराए पर देनेवाले गृहस्वामियों को उच्च स्थलवाले हिस्से में रहकर निम्न स्थलवाले हिस्से को ही देना चाहिए। यदि किराएदार उस हिस्से को खाली करें तो तत्काल दूसरे किराएदार का उस हिस्से को अपने हिस्से में मिलाकर उपयोग करना होगा। वरना गृहस्वामी के निवास का स्थल जो उत्तरी दिशा में होगा, भार-वाहक बनकर अनेक जटिल समस्याएं उत्पन्न करेगा।
* पूर्व मुखी गृहों के लिए चहारदीवारी ऊंची नहीं होनी चाहिए। गृह का मुख-द्वार सड़क पर से दिखना चाहिए वरना दुष्परिणाम होंगे। पूर्वी दिशा में निर्मित चहारदीवारी पश्चिमी दिशा की चहारदीवारी की अपेक्षा ऊंची हो तो संतान की हानि होगी।
* गृह में वास्तु-विकृति हो तो उस गृह के निवासी एवं किराएदारों को उस विकृति का फल भोगना पड़ेगा।

समाधान (Remedy)—

- ☐ *पूर्व दिशा जनित दोष से बचने के लिए पूर्व दिशा में 'सूर्ययन्त्र' की स्थापना करें।*
- ☐ *सूर्य को अर्घ्य दें एवं सूर्य की उपासना करें।*
- ☐ *पूर्वी दरवाजे पर 'वास्तुमंगलकारी' तोरण लगावें।*

पश्चिम (West) दिशा : गृहरचना एवं दोष–

पश्चिम दिशा से कालपुरुष के पेट, गुप्तागं एवं प्रजनन अंग पर विचार किया जाता है। पश्चिम दिशा का स्वामी वरुण है, आयुध पाश है। इसका प्रतिनिधि ग्रह शनि है। यदि घर का मुख्य मार्ग पश्चिम दिशावाला है और सही नहीं है, तो घर के आश्रित लोग बीमार रहेंगे।

यदि घर के पश्चिम दिशा में दरार होगी तो गृहस्वामी की आमदनी व्यवस्थित नहीं होगी। उसके गुप्तांग में बीमारी होगी।

यदि घर का प्रवेश पूर्व में है, पूर्व स्वच्छ है, साफ है और पश्चिम में भारी पत्थर या चट्टान है। पश्चिम में कुआं या दरार है तो गृहस्वामी की आमदनी (वेतन) तो सही होगी पर अतिरिक्त आमदनी नहीं होगी। ऐसे घर पर पश्चिम मार्ग के कारण शनि, दरार के कारण केतु, कुएं के कारण चंद्रमा, चट्टान के कारण मंगल, (शनि, केतु, चन्द्रमा, मंगल) इत्यादि ग्रहों का

मिला-जुला प्रभाव होगा। ऐसी स्थितियों वाला गृहस्वामी रुकावट, संघर्ष एवं कार्य में असफलता का शिकार होता है।

* यदि पश्चिम मार्गवाले मकान के पश्चिम में स्नानगृह (Bath Room) हो अथवा गृहस्वामी का शयन-कक्ष (Bed Room) पश्चिम में हो तो पति-पत्नी कम ही इकट्ठा रह पायेंगे। ऐसा निरन्तर यात्रा या नौकरी की दूरी—कोई भी कारण हो सकता है, परस्पर झगड़ा होना ज़रूरी नहीं है।
* यदि पश्चिम में रसोई हो तो गृहस्वामी खूब धन कमायेगा किन्तु धन की बरकत नहीं होगी।
* यदि ठीक पश्चिम में अग्नि-स्थल होगा तो घर में आश्रित जन को गर्मी, पित्त, मस्से की शिकायत, शनि+मंगल के संयुक्त प्रभाव के कारण होगी। यदि ऐसे घर का दरवाजा छोटा है तो घर पर केतु का कुप्रभाव होगा जिससे गृहस्वामी के उज्ज्वल भविष्य में बाधा आयेगी।
* यदि पश्चिम में पूजा-स्थल हो तो गृहस्वामी ज्योतिष-अध्यात्म, तन्त्र एवं गूढ विद्याओं (काला जादू) का जानकार होगा। ऐसा शनि+केतु+गुरु के संयुक्त प्रभाव के कारण होगा। यदि पश्चिम में संडास, पुराना गोदाम हो तो गृहस्वामी पर राहु का प्रभाव होगा जो कि अचानक लाभ दिलाता रहेगा।
* गृह-स्थल व अहाते, गृह के कमरे तथा बरामदे का पश्चिमी भाग निम्न हो तो अपयश और अर्थहानि होगी। पश्चिम के खाली स्थल की अपेक्षा पूर्वी खाली स्थल कम हो तो

पुरुष संतान की हानि होगी।

* पश्चिम भाग की झोंपड़ियां, कमरे, पर्णशालाएं इत्यादि के फर्श गृह के गर्भ-स्थल के स्तर से निम्न हों तो अपयश और अर्थहानि होगी।
* पश्चिमी भाग में स्थित द्वार नैऋत्य दिशाभिमुखी हो तो दीर्घ व्याधियों, असामयिक मृत्यु और अर्थहानि की संभावना है। पश्चिम भाग के द्वार वायव्यमुखी हों तो अदालती झगड़ों में वृद्धि तथा अर्थहानि होगी। पश्चिम की ओर के चबूतरे गृह गर्भ के स्तर से निम्न हों तो आर्थिक हानि और अस्वस्थता रहेगी।
* पश्चिमी भाग का जल या वर्षा का जल पश्चिम से होकर निर्गम हो तो पुरुष लंबी बीमारियों के शिकार होंगे। भद्राचल में विराजमान कोदंड राम के लिए गोदावरी तथा वेदाचल के नृसिंह के लिए कृष्णा नदी के कारण नैऋत्य दोष प्रभावी होंगे, परिणामस्वरूप यश-प्रतिष्ठा के बावजूद विशेष योगदान नहीं रहेगा।
* घर की दीवारें काली-कलूटी, गहरे नीले रंग की हों, घर में अंधेरा व पर्दे अधिक हों, रहस्यमय दरवाजे हों तो ऐसे गृहस्वामी की कुण्डली शनि ग्रह से प्रभावित होती है।
* जन्मकुण्डली के सप्तम भाव से कालपुरुष के गुप्तांग, पेट एवं कारकतत्त्व शनि की शुभाशुभ स्थिति पर विचार किया जाता है।

समाधान (Remedy)—

- ☐ *पश्चिम दिशा जनित दोष से बचने के लिये घर में 'वरुणयन्त्र' स्थापित करें।*
- ☐ *शनिवार का व्रत रखें।*
- ☐ *शनिवार को खेजड़ी में जल डालें।*

उत्तर (North) दिशा : गृह-रचना एवं दोष–

उत्तर दिशा से कालपुरुष के हृदय व सीने का विचार किया जाता है। जन्मकुण्डली का चौथा भाव इसका कारक स्थान है।

* उत्तर दिशा कुबेर एवं बुध ग्रह से प्रभावित रहती है। यदि उत्तरी राजमार्ग वाले मकान के उत्तर दिशा में पूजा-कक्ष, अतिथि-कक्ष (Drawing Room), ऑफिस हो तो यह अत्यन्त शुभ हैं। यदि उत्तर दिशा में दरार या भग्न दीवार हो तो घर का कोई व्यक्ति किसी स्त्री के कारण परेशानी में होगा।
* यदि उत्तर दिश में कुआं या जल-संग्रह स्थल है तो घर के किसी सदस्य की छठीं इन्द्री जागृत होगी। उसे पूर्वाभास होगा। उसे प्राचीन साहित्य पढ़ने का शौक होगा।
* यदि यहां कुआँ ही है तो घर की स्त्रियां विस्मित परिस्थितियों का शिकार होंगी।
* यदि उत्तर दिशा में रसोई है तो घर में प्रतिपल कलह ही होता रहेगा।
* यदि उत्तर दिशा में रसोई के साथ स्नानघर है तो भाईयों में प्रेम रहेगा परन्तु स्त्रियां झगड़ेंगी।
* यदि उत्तर दिशा में नलकूप या नल है तो घर की लक्ष्मी (फायदा) दूसरों के हाथ में चली जायेगी।
* यदि उत्तर दिशा में पुरानी वस्तुओं का संग्रह (Storc) है, खाली जगह है, संकरा गलियारा है, तो परिवार के लोग अभाग्यशाली होंगे। उनकी सम्पति धीरे-धीरे नष्ट होती चली जायेगी।
* उत्तरी दिशा उन्नत हो तो उस परिवार की संपदा नष्ट होकर स्त्रियां रुग्ण हो जाएंगी।
* उत्तर भाग में खाली स्थल न हो, अहाते के हद से लगकर मकान हो और दक्षिण में खाली स्थल हो तो वह गृह दूसरों की संपत्ति बन जाएगा और उजड़ जाएगा।
* उत्तरी दिशा में अनुपयोग सामग्री, गोबर के ढेर व टीले हों तो धन-हानि होगी।
* उत्तर भाग के द्वार वायव्याभिमुखी हों तो चोरों तथा अग्नि का भय बना रहेगा।
* उत्तरी दिशा में चबूतरे, गृह-गर्भ की अपेक्षा उन्नत हों तो अधिक व्यय, अशांति व ऋण-भार का कारण बन जाएंगे।
* यदि उत्तर दिशा विकृत है तो गृहस्वामी का चौथा भाव निश्चय ही खराब होगा। ऐसे जातक का मां का सुख, नौकर-चाकर का सुख कमजोर होगा।

समाधान (Remedy)—

- ☐ *उत्तर दिशा जनित दोष के निवारण हेतु पूजा में 'बुधयन्त्र' स्थापित करें।*
- ☐ *घर की दीवारों में हरे रंग की सजावट करें।*
- ☐ *घर में तोता पालें।*
- ☐ *बुधवार का व्रत रखें।*
- ☐ *घर की कालबेल घंटी में तोते की आवाज़ का संगीत दें।*
- ☐ *घर के प्रवेश-स्थल पर संगीतमय घंटिया लगावें।*

दक्षिण (South) दिशा : गृह-रचना एवं दोष–

दक्षिण दिशा से कालपुरुष का बायाँ सीना, किडनी, बायाँ फेफड़ा प्रभावित होता है। दक्षिण दिशा का स्वामी यम है जिसका आयुध दण्ड है। दक्षिण दिशा का प्रतिनिधि ग्रह मंगल

है। कुण्डली के दसवें भाव से कालपुरुष के उपर्युक्त अंगों पर विचार किया जाता है। दक्षिण खाली दिशा कही गई है।

* यदि मकान के दक्षिण में अध्ययन-कक्ष, लाइब्रेरी है तो पढ़ाई में व्यवधान ज़रूर आयेगा।
* यदि मकान के दक्षिण दिशा में पूजा एवं वहीं शयन-कक्ष है तो पूजा मात्र दिखावे की होगी। उसमें भक्ति एवं शक्ति बिलकुल नहीं रहेगी।
* यदि मकान के दक्षिण में दरवाजा है, सामने दीवार है या मकान है तो यह स्थिति शुभ है। यदि दक्षिण के दरवाजे के सामने गड्ढा है, मैदान है या अंधेरा है तो गृहस्वामी के भाई भारी कष्टों का शिकार होंगे।
* घर का दक्षिण गृहस्वामी के लिए महत्त्वपूर्ण है। यदि दक्षिण में कुआं है, दरार है, कचरा-पेटी, कूड़ादान, पुराना कबाड़ा रखा हुआ है तो गृहस्वामी बीमार रहेगा तथा कभी भी घर का सही सुख नहीं भोग पायेगा।
* घर की दक्षिणी दीवार हमेशा मज़बूत होनी चाहिए।
* खाली स्थल, घर के अहाते, गृह के सभी कमरों तथा बरामदों में दक्षिण का भाग नीचा हो, उस घर की महिलाएं सदा अस्वस्थ, अर्थ-हानि तथा आकस्मिक मृत्यु की शिकार होंगी।
* दक्षिण भाग में कुआं हो तो अर्थ-हानि तथा दुर्घटनाओं द्वारा मृत्यु संभव है।
* कुछ लोगों का मत है कि दक्षिण पिशाच का निवास है, इसीलिए थोड़ी जगह खाली रखकर गृह का निर्माण करवाना चाहिए। ऐसा न होकर उत्तर की अपेक्षा दक्षिण में थोड़ी जगह कम करके अथवा अहाते को हद बनाकर भी निर्माण कराया जाए तो कोई दोष न होगा।
* दक्षिण भाग में चहारदीवारी तथा मकान की दीवारें भी उत्तर की दीवारों से ऊंची न हों तो अनर्थ होंगे।
* दक्षिण भाग में गृह के गर्भ की अपेक्षा चबूतरे निम्न हों तो अधिक व्यय और अस्वस्थ होने की संभावना है।
* दक्षिण भाग के द्वार आग्नेय मुखाभि हों तो चोर-भय, अग्नि-संबंधी विपदाएं एवं अदालती कार्यवाही के होने की संभावना है।
* दक्षिण भाग के द्वार नैऋत्य मुखाभि हों तो दीर्घ व्याधियों, शत्रु-भय एवं आकस्मिक

मृत्यु की संभावना है।

* गृह से सटकर दक्षिण की ओर ढलाऊ बरामदा नहीं बनवाना चाहिए। यह अमंगलकारी होता है। यदि ऐसा बनवाना पड़े तो दक्षिण दिशा के बरामदे के ढलाऊ की अपेक्षा उत्तरी बरामदा का ढलाऊ अधिक होना चाहिए।
* दक्षिण दिशा में स्लोब का निर्माण बिना स्तंभों के बनवाना चाहिए, क्योंकि स्तंभों के निर्माण के कारण वे भूमि के स्पर्श करते हैं। ऐसी स्थिति में गृह-निर्माण की अपेक्षा स्तंभों का निर्माण निम्न हो जाता है। दक्षिण भाग का नीचा होना अनर्थों का मूल कारण है। इसीलिए पोर्टिको का निर्माण स्तंभों के आधार के बिना घर के स्लोब पर ही करना चाहिए। यदि स्तंभ अनिवार्य हों तो पोर्टिको का फ्लोरिंग, गृह के गर्भ से निम्न न हो।
* दक्षिण भाग में खाली जगह अधिक हो तो आर्थिक हानियों, झगड़े व स्त्रियों के लिए अशांतिकारक रहेगा।

समाधान (Remedy)—

- ☐ *दक्षिण दिशा दूषित हो तो दक्षिण द्वार पर 'मंगल यन्त्र' लगावें।*
- ☐ *दक्षिणावृत्त सूंड वाले गणपति द्वार के अन्दर-बाहर लगावें।*
- ☐ *वास्तुमंगलकारी तोरण लगावें।*
- ☐ *भैरव या हनुमान की उपासना पर जोर दें।*

ईशान (North-East) दिशा : गृह-रचना एवं दोष–

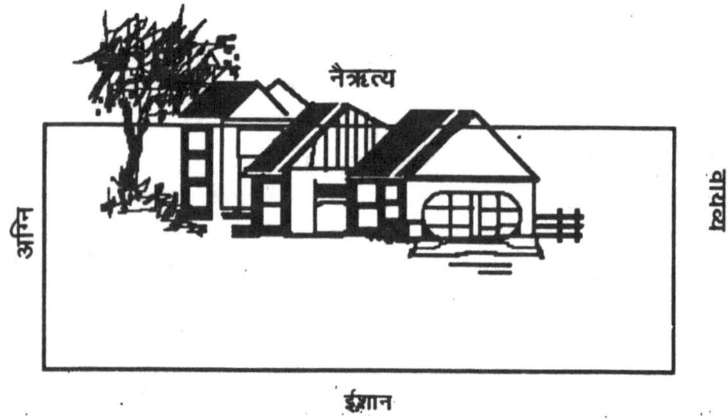

ईशान दिशा का स्वामी रुद्र है और आयुध त्रिशूल है। इसका प्रतिनिधि ग्रह गुरु है। कालपुरुष की दाईं भुजा, दाईं आंख इससे प्रभावित है। जन्मकुण्डली का द्वितीय एवं तृतीय भाव ईशानकोण की चपेट में आता है। ईशान अत्यधिक पवित्र दिशा है जिसकी सुरक्षा अनिवार्य है।

* यदि ईशान की ओर बड़ा हॉल (बरामदा) हो तो यह घर के लिए शुभ संकेत है। क्योंकि कालपुरुष पूर्व एवं ईशान दिशा से होकर ही घर में प्रवेश करता है। यदि ईशान

में संडास है तो उस घर की वंशबेल आगे नहीं बढ़ेगी। कपूत संतान पैदा होगी व गृह-कलह रहेगा।

* मनुष्य के सोते समय यदि दायां भाग ऊंचा रहता है, उठा हुआ या उन्नत रहता है तो यह ठीक है। क्योंकि दूसरी ओर करवट लेते समय उसे हलका ढलान-सा महसूस होगा। ऐसे में सिर व गर्दन को आराम मिलेगा।
* ईशान ब्लॉक उत्तरी दिशा की लंबाई घटकर उत्तरी हद तक इमारत हो तो उस मकान की गृहिणी रोग का शिकार बनेगी या मृत्यु को प्राप्त होगी अथवा आर्थिक कठिनाईयों की शिकार हो दुःखमय जीवन व्यतीत करेगी।
* पूर्वी दिशा का क्षेत्रफल घटकर पूर्वी सीमा पर निर्माण हो तो गृहस्वामी या उसके ज्येष्ठ पुत्र उपर्युक्त दुष्परिणामों के शिकार होंगे। तीसरी पीढ़ी तक पहुंचते-पहुंचते उस गृहस्वामी का वंश समाप्त हो जाएगा।
* पूरब-उत्तर दिशा जुड़ी हो तो वहां के परिसरों के अस्तित्व के आधार पर संपत्ति के होने पर भी नीरस जीवन होगा। संतान की प्राप्ति न होगी। दत्तक पुत्र बनाने पर भी उनके संतान होना इत्यादि परिणाम देखने को मिलेंगे।
* इस ब्लॉक के ईशान दिशा के निर्माण में निर्मित होकर ढके गए हों या हटाये गए हों फिर भी दुष्टपरिणाम प्राप्त होंगे।
* इस ब्लॉक के अंत में मकान हो और नैऋत्य में गड्ढे हों तो उपर्युक्त दुष्परिणाम ही प्राप्त होंगे।
* इस ब्लॉक वाले गृह में या बाहर, पूरब-उत्तर में गृह गर्भ की अपेक्षा ऊंचे चबूतरे न हों। पूरब में बने चबूतरों के कारण पुरुष तथा उत्तरी दिशा में निर्मित चबूतरों की वजह से स्त्रियां दुष्परिणामों की शिकार बन जाती हैं।
* इस ब्लॉक के दक्षिणी द्वार की अपेक्षा उत्तरी द्वार, पश्चिमी द्वार की अपेक्षा पूर्वी द्वार ऊंचाई पर हो तो दुष्परिणाम प्राप्त होंगे।
* ईशान ब्लॉक के गृह-चहारदीवारी के फाटक भी पूरब-उत्तर की दिशा में ऊंचे हों तो दुष्परिणाम होंगे।
* गृह अथवा चहारदीवारी की ईशान दिशा घट जाए तो पुरुष संतान की प्राप्ति न होगी। यदि होगी तो विकलांग अथवा मति भ्रमित बनकर अल्पायु होगी।
* चहारदीवारी की ईशान दिशा भले ही सही रूप में हो, यदि गृह की ईशान दिशा लुप्त हो जाए तो गृह स्वामी को स्वयं अपनी संतान का श्राद्ध करना पड़ेगा।
* गृह के ईशान को छोड़कर अन्य किसी भी दिशा में कुएं अथवा गड्ढे हों तो उस गृह स्वामी को दुष्परिणामों का शिकार होना पड़ेगा।
* ईशान दिशा में कोई त्रुटि हो तो उस गृह की संतान विकलांग होगी।
* ईशान भाग ऊंचा हो तो धन-हानि होगी और संतान-हानि के साथ अनेक प्रकार के कष्ट झेलने पड़ेंगे।
* ईशान दिशा में झोंपड़ियों तथा पूरब व उत्तर की दीवारों से सटाकर घर बनाने से वंश-विनाश के साथ दारिद्रय भी भोगना पड़ेगा।
* ईशान दिशा में कूड़े-कचरे के ढेर अथवा पत्थरों के ढेर लगाने से शत्रुता, आयु-क्षीणता एवं दुश्चरित्र के कारण बन जाएंगे।

* ईशान दिशा में रसोई-घर हो, गृह-कलह उत्पन्न होगी और धन-क्षय होगा।
* ईशान दिशा में पाखाना हो तो उस भवन के निवासी गृह-कलह, दुश्चरित्र एवं दीर्घ व्याधियों के शिकार होंगे।
* गृह का अहाता भले ही वास्तु सम्मत निर्मित हो, पूर्व तथा उत्तर की सड़कें गृह की अपेक्षा ऊंचाई पर हों तो गृह के निवासियों को वांछित सत्परिणाम प्राप्त नहीं हो सकेंगे।
* ईशान की पूर्वी दिशा में स्थित सड़क पूर्वी दिशा की ओर न होकर उस स्थल के पास पश्चिम की ओर मुड़ी हो या उत्तर दिशा की सड़क पूर्वी दिशा की ओर सीधी न होकर दक्षिण की ओर मुड़ी हो अथवा उस स्थल के पूरब और उत्तर सटे हों तो संपूर्ण फल प्राप्त नहीं होंगे।
* घर के ईशान भाग में कोई वास्तु-संबंधी दोष हो तो नैऋत्य में भी अवश्य दोष होंगे। यदि ईशान ऊंचा हो, ढका हुआ हो, पाखाना हो या कट गया हो तो नैऋत्य निम्न हुआ होगा या वहां पर कुआं बना हुआ होगा। पश्चिम-दक्षिण नैऋत्य अग्रेत हुआ होगा अथवा सैप्टिक टैंक बना हुआ होगा। नैऋत्य खुला रहा होगा। इसी प्रकार नैऋत्य में वास्तु-संबंधी दोष हो तो अवश्य ईशान में भी दोष होंगे।

समाधान (Remedy)—

- ☐ *हर हालत में ईशान पवित्र रखें।*
- ☐ *ईशान दिशा में Neon Lamp लगाएं।*
- ☐ *रुद्रतोरण द्वार पर लगावें।*
- ☐ *शिवजी की नित्य उपासना करें।*
- ☐ *सोमवार का व्रत रखें।*

अग्नि कोण (South-East) दिशा : गृह-रचना एवं दोष–

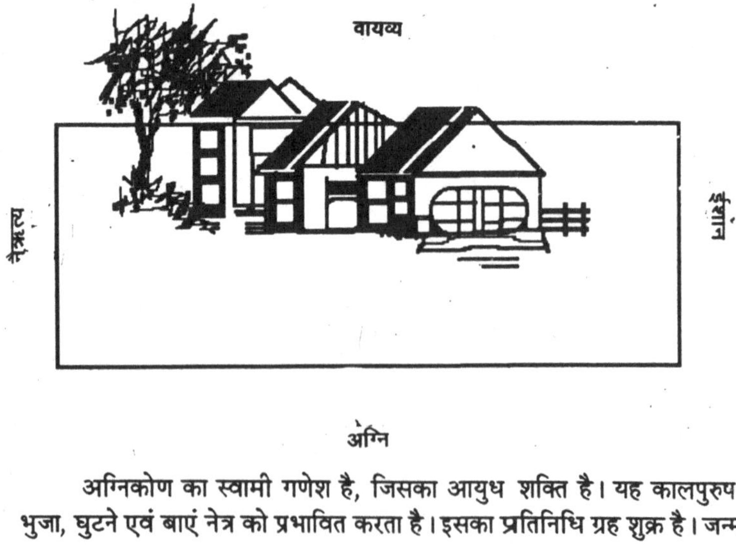

अग्निकोण का स्वामी गणेश है, जिसका आयुध शक्ति है। यह कालपुरुष की बाईं भुजा, घुटने एवं बाएं नेत्र को प्रभावित करता है। इसका प्रतिनिधि ग्रह शुक्र है। जन्मकुण्डली

का एकादश एवं द्वादश भाव अग्निकोण की चपेट में आता है।

* रसोई हमेशा अग्निकोण में ही होनी चाहिए।
* यदि रसोई के पास कुआं सटा हुआ है तो गृहस्वामी की पत्नी चंचल (अस्थिर) स्वभाव की होगी तथा अत्यधिक कार्य-बोझ के कारण थकी-मांदी रहेगी। सासु से कष्ट होगा।
* यदि मकान के सभी कमरे रेल के डिब्बों की तरह एक ही लाइन में हैं, उसमें रसोई है रसोई के पास नलकूप या कुआं है तो घर की सभी स्त्रियां बीमार रहेंगी। डायबिटीज या शारीरिक कमजोरी से ग्रसित होंगी। परन्तु घर की सबसे बुजुर्ग महिला धर्मपरायण, दानशीला एवं कीर्तिवन्त महिला होगी।
* यदि रसोई की दीवार टूटी-फूटी या भ्रष्ट हालत में है तो गृहस्वामी की पत्नी बीमार रहेगी व उसका जीवन संघर्षयुक्त रहेगा।
* आग्नेय स्थल में निर्मित गृह के लिए पूर्वी आग्नेय दिशा अग्रेत हो या दक्षिण आग्नेय का कोण, पूरब-दक्षिण के मिलन स्थल का कोण अग्रेत हो, आग्नेय में निम्न होने पर भी कुएं, गड्ढे हों, उत्तरी दिशा में खाली स्थल रखे बिना अहाते की हद तक गृह का निर्माण हुआ हो, उत्तरी दिशा में खाली स्थल रखे होने के बावजूद दक्षिण में उससे कहीं अधिक खाली स्थल होने, चहारदीवारी के दक्षिण-नैऋत्य में फाटक हो या पूर्व-आग्नेय में फाटक हो, पश्चिम में पूर्व की अपेक्षा अधिक खाली स्थल हो, ऐसे गृह के स्वामी को अकल्पित हानि होगी। अदालती झगड़े और चोर तथा अग्नि-संबंधी भय उत्पन्न होंगे। नारी और पुरुषों के चरित्र-संबंधी दोष उत्पन्न होंगे। आय से अधिक व्यय होगा और गृहस्वामी ऋणी बनकर अपने गृह को बेचने के लिए बाध्य होगा। अधिकांश संदर्भों में स्त्री-धन के रूप में परिवर्तित होगा। अर्थात् थोड़े समय बाद पुरुष संतान न होने से वह गृह लड़कियों को प्राप्त होगा, व्यापार-संबंधी कोठरियों के संबंध में ये ही परिणाम प्राप्त होंगे।
* आग्नेय ब्लॉक के लिए यदि पूरब-आग्नेय का मार्ग प्रहार हो, पुरुष चरित्र भ्रष्ट होंगे और ऐसे गृहों पर नारी का शासन होगा।
* दक्षिण नैऋत्य मार्ग प्रहार हो तो स्त्रियों को सुख प्राप्त होना दूर, उन्माद जैसी दीर्घ व्याधियों की शिकार होंगी। कहीं किसी संदर्भ में वे आत्महत्या का भी प्रयत्न कर सकती हैं।
* दक्षिण में सिंहद्वार हो और पूरब-उत्तर को सीमा बनाकर पूरब में महल बनवाया जाए तो गृहस्वामी अधेड़ उम्र में मृत्यु को प्राप्त होगा या दीर्घ व्याधि से पीड़ित होगा।
* दक्षिण मुखद्वार हो और पूरब-उत्तर को हद बनाकर पूरब आग्नेय में निर्गम हो, द्वितीय संतान पर बुरा प्रभाव होगा।
* दक्षिण में सिंह-द्वार हो, पूरब-उत्तर को सीमा बनाकर दक्षिणी दिशा में बरामदे को ढलाऊ बनाया जाए तो गृहस्वामिनी दीर्घ व्याधियों से पीड़ित हो विधवा बनी रहेगी। बच्चे चरित्रहीन होंगे।
* दक्षिणाभिमुखी द्वार हो और पूरब-उत्तर को हद बना निर्माण हो तथा पश्चिम में खाली स्थल हो और पूरब से पश्चिमी दिशा नीची हो, पश्चिम में कुआं भी हो तो ऐसे गृह का स्वामी अल्पायु में ही भयंकर व्याधियों का शिकार होगा।
* पूर्वी दिशा में मुखद्वार हो, उत्तर को हद बनाकर दक्षिण में खाली स्थल और आग्नेय में कुआं हो तो दुर्घटना में स्त्री की मृत्यु होगी।

* पूर्व में सिंह-द्वार हो, उत्तर को हद बनाकर, पूरब की सड़क को हद बनाकर ईशान में ऊंचा स्थल अथवा चबूतरा हो तो गृहस्वामी अकाल मृत्यु का शिकार होगा।
* पूर्व की ओर मुख-द्वार हो, उत्तर-पूरब को हद बनाकर पश्चिम-दक्षिण में खाली स्थल हो तो पति-पत्नी में तीव्र वैर-भाव बढ़ेगा और उनकी संतान नालायक बन जाएगी।
* पूर्व में मुख-द्वार हो और उत्तर को हद बनाकर दक्षिण में खाली स्थल हो तथा नैऋत्य में अग्रेत हो तो स्त्रियां दुर्घटना ग्रस्त होंगी।
* आग्नेय ब्लॉक की पूर्वी दिशा में सड़क सीधे उत्तर की ओर न बढ़कर यदि उस गृह के पास ही समाप्त हुई हो तो वह पराधीन हो जाएगा।
* पूर्व में मुख-द्वार हो, चहारदीवारी के पूरब में आग्नेय दिशा में एक ओर फाटक हो, गृह की ईशान दिशा कट गई हो, वायव्य में कुआं और पश्चिम नैऋत्य में पश्चिम की ओर ढलाऊ बरामदा, पश्चिम में निम्न स्थल चहारदीवारी के दक्षिण-नैऋत्य में फाटक हो तो गृहस्वामी विद्यावान भी क्यों न हो, आत्महत्या कर लेगा।
* दक्षिण में सिंह-द्वार हो, पूरब को हद बनाकर पश्चिम में खाली स्थल, निम्न स्थल, कुआं तथा पूरब-आग्नेय मार्ग प्रहार हो तो वंश-विनाश हो जाएगा। पत्नी-पति की हत्या कर बैठती है।
* गृह के पूर्व में आग्नेय भाग में द्वार न हो। इस द्वार के कारण चोरों तथा अग्नि के भय के साथ झगड़े भी होंगे।
* आग्नेय भाग पूर्वी दिशा में अग्रेत हो, पुरुष संतान के विनाश के साथ गृह, स्त्री, संपत्ति नष्ट हो जाएगा।
* आग्नेय दिशा केवल कोण के रूप में अग्रेत हो तो अदालती विवाद, बीमारियां, अग्निभय के साथ कलह भी होगी।
* आग्नेय भाग दक्षिणी दिशा में अग्रेत हो तो झगड़े होंगे और ऐसे गृह की नारियां अस्वस्थ हो जाएंगी। गृह-स्थल के दक्षिण में, दक्षिण-आग्नेय चतुष्कोण के रूप में मूल कोण अग्रेत हो तो वास्तु-दोष न होगा।
* एक ही कमरे के पूरब, उत्तर और ईशान में द्वार न हों तो, पश्चिम-वायव्य तथा दक्षिण-आग्नेय उच्च स्थान होने पर भी दोनों स्थलों पर द्वार नहीं होने चाहिए। किसी एक स्थान में एक ही द्वार रखा जाए।
* दक्षिण आग्नेय निम्न हो, वायव्य तथा उत्तर ऊंचा हो, तो गृह के निवासी रोगी, ऋणी और शांतिहीन हो जाएंगे।
* दक्षिण आग्नेय में निम्न स्तर हो और नैऋत्य, वायव्य तथा ईशान में ऊंचा हो तो दरिद्र और अस्वस्थ होंगे।
* आग्नेय ऊंचा, नैऋत्य, वायव्य एवं ईशान निम्न हो तो बदनामी होगी और वंश-क्षय होगा।
* आग्नेय में कुआं नहीं होना चाहिए। यदि हो तो गृहिणी और संतान को अस्वस्थ बनाकर उस गृह में विवाद उत्पन्न करके द्वितीय संतान को हानि पहुंचाएगा।
* पूरब-आग्नेय के नियम द्वार हों तो धोखा एवं दगा खाना या देना, पति-पत्नी में झगड़े इत्यादि दुष्परिणाम होंगे।
* खाली स्थल एवं गृह के अहाते में सभी कमरों, बरामदों में भी आग्नेय भाग निम्न हो तो

अग्नि, चोर और शत्रुओं के भय बने रहेंगे। आग्नेय भाग नैऋत्य से निम्न तथा वायव्य और ईशान से ऊंचा हो।

* दक्षिण दिशा में सिंह-द्वार हो, अग्रभाग में बरामदे हों, बरामदे के पूरब व पश्चिम दिशाओं में ग्रिल अथवा दीवार न हो तो कम-से-कम्म तीन फुट की ऊंचाई तक दीवार पूरब-पश्चिम दिशा में निर्मित कराई जाए तो उत्तर-दक्षिण की ओर निर्गम होगा। ऐसी हालात में आग्नेय एवं नैऋत्य दिशा में आवागमन न होगा।
* गृह की दक्षिणी दिशा में बरामदे हों और पूर्वी दीवार में ग्रिल न हो तो ग्रिल के नीचे की दीवार की ऊंचाई कम करवा देते हैं। इस कारण से पूर्वी-आग्नेय अग्रेत हो जाता है। ऐसा न होकर ग्रिल की दीवार की चौड़ाई गृह की दीवार की चौड़ाई के बराबर होनी चाहिए।
* गृह के दक्षिण भाग में बरामदा हो, उसमें पश्चिमी दीवार में ग्रिल बिठाते समय ग्रिल के नीचे की दीवार कम चौड़ाई से बनाते हैं। इससे पश्चिम-नैऋत्य अग्रेत होगा। ग्रिल के नीचे की दीवार की चौड़ाई मकान की दीवार के बराबर होनी चाहिए।

समाधान (Remedy)—

- ☐ *घर के द्वार पर आगे-पीछे वास्तुदोषनाशक हरे रंग के गणपति को स्थान दें।*
- ☐ *घर की मुख्य पूजा में गणपति को स्थान दें।*
- ☐ *वास्तुमंगलकारी यन्त्र प्रवेश-द्वार पर लगावें।*

वायव्य (North-West) दिशा : गृह-रचना एवं दोष–

वायव्य दिशा का प्रतिनिधि ग्रह चन्द्र माना गया है। यह कालपुरुष के घुटने एवं हाथों की कोहिनी को प्रभावित करता है। ज़न्मकुण्डली का पांचवा-छठा भाव वायव्य कोण की चपेट में आता है।

* यदि घर का वायव्यकोण खाली या एकदम चपटा है तो जातक भाग्यशाली होता हुआ भी उसका आनन्द नहीं ले सकेगा। यदि वायव्य कोण घर में सबसे बड़ा या ज़्यादा गोलाकार है तो गृहस्वामी के गुप्तांगों में बीमारी रहेगी।
* यदि वायव्य कोण में शयन-कक्ष है तो जातक को सर्दी-जुकाम, आर्थिक तंगी एवं कर्ज की शिकायत रहेगी।
* यदि वायव्य कोण में अध्ययन-कक्ष या लाइब्रेरी है तो परिवार के सदस्यों का मन अस्थिर होगा तथा अध्ययन में रुकावटें आएंगी।
* यदि वायव्य कोण में रसोई है तो घर की स्त्रियां अस्थिर मन-मस्तिष्कवाली होंगी।
* यदि वायव्य कोण में बगीचा है, सुन्दर पेड़-पौधे एवं पुष्प गुच्छ हैं तो गृहस्वामी आध्यात्मिक उर्जा का स्वामी, गुप्त शक्तियों का मालिक एवं भाग्यशाली होगा। उसकी जन्मकुंडली में चन्द्रमा एवं पांचवें-छठें घर की स्थिति सुदृढ़ होगी।
* यदि वायव्य कोण में संडास (Toilet) है तो परिवार के सदस्यों में सुख-शान्ति कम व बेचैन अधिक रहेंगी।
* उत्तर वायव्य मार्ग प्रहार हो तो स्त्रियों के लिए न केवल अस्वास्थ्य कर होगा, बल्कि उस गृह के निवासी अनेक प्रकार के व्यसनों के शिकार होंगे।
* इस ब्लॉक का उत्तर वायव्य अग्रेत हो तो उसके निवासी अदालती कार्यवाही, चोर तथा अग्नि-भय से ग्रस्त होंगे। साथ ही पुरुष संतान विहीन हो अशांतिमय जीवन व्यतीत करेंगे।
* वायव्य कोण ईशान की अपेक्षा निम्न हो और साथ ही कुएं तथा गड्ढे भी हों तो अदालती कार्रवाई तथा बीमारियों से जूझते रहेंगे।
* वायव्य कोण के उत्तर की हद से जुड़े होकर वायव्य दिशा में ढके हुए गृह मालकिन तथा उस गृह की तृतीय संतान पर बुरे प्रभाव डालेंगे।
* इस ब्लॉक के उत्तरी दिशावाले गृह गर्भ स्थल की अपेक्षा ऊंचे चबूतरे हों तो स्त्रियों के अस्वस्थ तथा गृहस्वामी के ऋणी हो जाने की संभावना है।
* वायव्य ब्लॉक के गृह के उत्तरी द्वार हो तो पार्श्व में स्थित पूर्वी दिशा के गृह की अपेक्षा यह गृह पीछे न हो।
* वायव्य कक्ष के वायव्य में चूल्हा हो तो उस गृह में अतिथियों का जमघट लगा रहेगा और भोजन-व्यय के हद से अधिक बढ़ने की संभावना है। वायव्य के कक्ष में आग्नेय में चूल्हा बना सकते हैं।
* वायव्य ब्लॉक के गृह का उत्तर मुखद्वार हो और निम्न स्थान में फाटक हो तो नीच स्थान बने उत्तर वायव्य में गमनागमन होगा। इस कारण बुरे परिणाम भोगने होंगे।
* पश्चिम मुख-द्वार हो और पूर्वी-उत्तर दिशाओं को हद बनाकर गृह का निर्माण करवाया जाए तो उस गृह के निवासी ऋणग्रस्त होंगे। गृह नीलाम हो जाएगा।
* उत्तर में मुख द्वार हो, पूर्वी दिशा में खाली स्थल न हो और अन्य मकान से सटे हों तथा दक्षिण में उत्तर की अपेक्षा खाली स्थल अधिक हो तो वह गृह अनेक समस्याओं का केंद्र बनेगा और पराधीन होता रहेगा।
* पश्चिम में मुख-द्वार हो, पूर्वी दिशा को हद बनाकर पश्चिम में ढलाऊ बरामदा हो, प्रथम तल्ले पर भी ढलाऊ बरामदा हो तो उस घर के पुरुष लकवा के शिकार होंगे। इसी प्रकार उत्तरी सीमा से जुड़कर घर तथा पहली मंजिल के दक्षिण में ढलाऊ बरामदे हों

उस गृह की स्त्रियां लकवे से पीड़ित होंगी। इन लक्षणोंवाले घरों का परिशीलन कीजिए तो आप स्वयं जान जाएंगे।

* उत्तर में मुख-द्वार हो और पूर्वी सीमा पर पश्चिमी सड़क की दिशा में नैऋत्य में द्वार वाला घर और व्यापार-स्थल भी हो, तो अस्थिर होकर गृह हाथ से बराबर निकलता जाएगा।
* उत्तर में मुख-द्वार हो और आग्नेय-वायव्य अग्रेत हो और ईशान तथा नैऋत्य कटे हों तो उस गृह में पिता-पुत्र, पति-पत्नी, भाई-वधू, सास-पतोहू में वैर-भाव बढ़ेगा और मानसिक यातनाएं झेलते रहते हैं। ऐसा गृह अकसर अग्नि की आहुति बनेगा और प्राणों की भी हानि हो सकती है।
* उत्तर में मुख-द्वार हो, पूर्वी हद से सटकर पूर्वी-उत्तरी दीवारें वक्र हों तो ऐसे गृह में अंग-विकल बच्चे पैदा होंगे।
* वायव्य कोण अग्रेत हो या ढका हो तो उस गृह के निवासी मति भ्रमित होकर देश संचारी बने आत्महत्या करने के लिए तैयार हो जाएंगे।
* उपर्युक्त त्रुटियों से पूर्ण होकर भी कुछ संदर्भों में उत्तम परिणामवाले घर भी हो सकते है। परंतु उसका कारण वायव्य ब्लॉक के उत्तर सड़क का ईशान घटता रहेगा अर्थात् वायव्य से आग्नेय की ओर आवागमन हो तो पूरब ईशानवाले घरों का ईशान घट जाएगा। ऐसी स्थिति में इस वायव्य के निवासी संपन्न होंगे परंतु वे लोभी व मतिविहीन हो, धन ही को सब कुछ मानते रहेंगे। साधारणत: ऐसे घरों में स्त्रियों का ही अधिकार चलता रहेगा।
* नीलाम के लिए घोषित गृहों का परिशीलन करने पर विदित होता है कि वायव्य दोषों के कारण ऐसे घर नीलामी के कारण भूत हो जाते हैं, व दोष है—उत्तर-वायव्य का अग्रेत होना, वहां कुएं अथवा गड्ढे बने रहना या नैऋत्य से ऊंचा रहना अथवा वायव्य का ढके रहना।
* अग्निकांड के शिकार हुए गृहों का परिशीलन करने पर ज्ञात होता है कि ऐसे गृहों में नैऋत्य और ईशान के कोणों की मान की अपेक्षा आग्नेय तथा वायव्य का मान कहीं अधिक है।
* गृह के अहाते के स्थलों में, गृहों में, बरामदों में भी वायव्य, ईशान की अपेक्षा निम्न हो तथा नैऋत्य व आग्नेय की अपेक्षा ऊंचा हो तो शत्रुओं की संख्या बढ़ने के साथ स्त्रियां व्याधिग्रस्त होंगी। साथ ही घर में डर-सा लगता रहेगा।
* गृह के पश्चिम में बरामदा हो तो उसमें उत्तर-दक्षिण की दीवारों की ओर ग्रिल लगाते समय ग्रिल के नीचे कम चौड़ाई में छोटी-सी दीवार बनाते हैं। ऐसा करने पर उत्तर वायव्य तथा दक्षिण नैऋत्य हो जाती है। इसीलिए छोटी दीवार गृह की दीवारों के बराबर चौड़ाई की होनी चाहिए।

समाधान (Remedy)—

- ☐ *वायव्य कोण के दोष-निवारण हेतु घर में 'चन्द्र यंत्र' लगावें।*
- ☐ *द्वार पर श्वेत गणपति आगे-पीछे रजतयुक्त 'श्रीमंत्र' के साथ लगावें।*
- ☐ *दीवारों पर क्रीम कलर करें।*

नैऋत्य (South-West) दिशा : गृह-रचना एवं दोष–

* नैऋत्य दिशा का स्वामी राहु है। यहां कालपुरुष के दोनों पांवों की एड़ियां एवं बैठक है। यदि घर के नैऋत्य में खाली जगह है, खड्डा है, भूतल है या कोंटेदार वृक्ष हैं तो गृहस्वामी बीमार रहेगा, शुत्रओं से पीड़ित एवं सम्पन्नता से दूर रहेगा। जन्मकुण्डली का आठवां एवं नवां स्थान नैऋत्य कोण के चपेट में रहता है।
* नैऋत्य हमेशा भारी रहना चाहिए परन्तु यदि वहां खाली जगह है तो जन्मकुण्डली में राहु अकेला है। गृहस्वामी का खजाना खाली रहेगा।
* नैऋत्य दिशा में यदि कुआं है जो राहु+चन्द्रमा की युति का प्रभाव है। गृहस्वामी अकारण भयग्रस्त रहेगा एवं मानसिक तनाव से पीड़ित रहेगा।
* यदि मकान पुराना है, नैऋत्य दिशा में टूटी हुई दीवार या दरार है, वहीं कुआं है तो घर में कोई-न-कोई व्यक्ति प्रेतबाधा से पीड़ित होगा। व्यक्ति की जन्मकुण्डली में राहु बिगड़ा हुआ होगा।
* नैऋत्य दिशा में रसोई है तो पति-पत्नी में नित्य कलह होगा। स्त्री को गर्मी की शिकायत, गैस्टिक ट्रबल रहेगी।
* यदि वहां शयनकक्ष है तो गृहस्वामी को आलस्य एवं आराम की तलब रहेगी।
* यदि नैऋत्य दिशा में स्नानगृह है तो गृहस्वामी की कुण्डली में मंगल व राहु का दुष्प्रभाव रहेगा। गृहस्वामी को प्रतिकूल परिस्थितियों व दुःखों का सामना करना पड़ेगा।
* नैऋत्य का कोण प्रत्येक स्थल में गृह के अनुरूप होना चाहिए अन्यथा दुष्परिणाम का शिकार होंगे।
* दक्षिण-नैऋत्य मार्ग प्रहार से उस गृह की नारियां भयंकर व्याधियों से पीड़ित होंगी। इसके साथ नैऋत्य में कुआं हो तो आत्महत्या, दीर्घ रोग अथवा मृत्यु की संभावना है।
* पश्चिम-नैऋत्य मार्ग प्रहार हो और नैऋत्य में कुआं हो तो उपर्युक्त परिणाम पुरुषों पर भी प्रकट होंगे।
* नैऋत्य कोण में या दक्षिण के साथ सटे हुए अथवा पश्चिम से जुड़े हुए अग्रेत नहीं होने चाहिए। दक्षिण-नैऋत्य में बढ़ने से स्त्रियों के लिए, पश्चिम-नैऋत्य में अग्रेत हो तो पुरुषों के लिए, दक्षिण, पश्चिम-नैऋत्य दोनों दिशाएं मिलकर विदिक या कोण में

अग्रेत हों तो स्त्री-पुरुषों के लिए मृत्यु, दीर्घ व्याधि और बदचलन होने की संभावना होगी। साथ ही विशेष दु:ख व हानि के शिकार होंगे।

* दक्षिण-नैऋत्य व पश्चिम-नैऋत्य में चहारदीवारी अथवा गृह के लिए द्वार हो तो अपयश, कारागार का दंड, दुर्घटनाएं, आत्महत्या के शिकार होंगे। हार्ट-अटैक, शस्त्र-चिकित्सा, ऐक्सीडेंट, हत्या, पक्षाघात, और दुर्मरण के शिकार होंगे। ये द्वार शत्रु के स्थान हैं।
* ईशान की अपेक्षा नैऋत्य निम्न हो और कुएं-गड्ढे हों, ईशान से नैऋत्य की ओर पानी का बहाव हो तो शत्रुता बढ़ेगी और हठधर्मिता के कारण अनर्थ के शिकार होंगे।
* नैऋत्य के गृह के लिए दक्षिण दिशा में ढलाऊ बरामदों के कारण स्त्रियों तथा पश्चिमी ढलाऊ बरामदों के कारण पुरुष आर्थिक कठिनाइयों तथा लकवे के शिकार हो यातनाएं भोगेंगे।
* फाटक अथवा पश्चिमी दिशा में या दक्षिण दिशा में एक ही दिशामुखी होने चाहिए। दोनों दिशाओं में फाटक या द्वार, गृह अथवा बाहरी दीवारों में हो तो घर में शुत्रता बढ़ेगी और ऋण का भार बढ़ सकता है। परन्तु पूरब-उत्तर में फाटक या द्वार हो तो दक्षिण-पश्चिम में भी हो सकते हैं।
* नैऋत्य दिशावाले गृहों के लिए पश्चिम-दक्षिण में पूरब-उत्तर की अपेक्षा आधिक खाली स्थल, दक्षिण भाग अधिक हो तो स्त्रियों तथा पश्चिम भाग अधिक हो तो पुरुष अल्पायु में ही अस्वस्थ हो मृत्यु को प्राप्त होंगे तथा घर पराधीन हो जाते हैं।
* नैऋत्य गृह के लिए दक्षिण-पश्चिम में खाली स्थल हो, पूरब एवं उत्तर में खाली स्थल न हो तो पूर्व-उत्तर को हद बनाकर गृह का निर्माण करवा लें तो आर्थिक नुकसान के साथ पुत्र की हानि होगी और वह गृह स्त्री-संपत्ति बन जाएगा।
* नैऋत्य ब्लॉक वास्तु-विकृतियों के साथ उपर्युक्त उल्लिखित समस्त अथवा थोड़े दोषों से युक्त होने के बावजूद शुभदायक देखे गए हैं। इसका कारण यह है कि नैऋत्य ब्लॉक में स्थित गृह-समूह के ईशान दिशा के गृह में यदि ईशान लुप्त हो जाता है, अथवा पूरब-उत्तर की सड़कों के कारण उस स्थल का ईशान कट जाता है, ऐसी स्थिति में नैऋत्य में निवास करनेवाले आर्थिक दृष्टि से संपन्न होने पर भी उत्तम मानवीय गुणों से दूर होंगे। अनिवार्य स्थिति में हत्या करनेवाले, हत्या के शिकार हुए लोग, दुर्घटनाएं करनेवालों के घरों का परिशीलन करें तो आपको उपर्युक्त दोष स्पष्ट दिखाई देंगे।
* नैऋत्य कक्ष को शयन-कक्ष अथवा भंडार घर के रूप में इस्तेमाल करना चाहिए। परन्तु स्नानागार या पाखाने के कमरे के रूप में नहीं। इस गृह के नैऋत्य सभी कमरों व बरामदों में नैऋत्य निम्न हों तो धन, प्राणों की हानि अथवा भयंकर बीमारियों के शिकार होंगे।
* नैऋत्य भाग में कुएं व गड्ढे हों तो उस गृह के स्त्री-पुरुष दीर्घ व्याधियों के शिकार होंगे।
* नैऋत्य दिशा का वर्षा जल दक्षिण के परनाले द्वारा बाहर निकलता हो तो स्त्रियों तथा पश्चिम के परनाले द्वारा निर्गम हो तो पुरुषों पर बुरा प्रभाव पड़ेगा।
* नैऋत्य अग्रेत हो तो शत्रु, अदालत एवं ऋण-संबंधी कठिनाइयां पैदा होंगी।

समाधान (Remedy)—

- ☐ *यदि नैऋत्य दिशा दूषित हो तो घर की पूजा में 'राहुयंत्र' स्थापित कर उसका पूजन करें।*
- ☐ *मुख्य द्वार पर भूरे या मिश्रित रंग वाले गणपति लगावें।*
- ☐ *अच्छे वास्तुशास्त्री से सलाह लें।*

राशि चरणों के अनुसार वास्तुविचार

[दक्षिण भारत के एक ग्राम विमलवाड़ा में भीमकवि विरचित 'श्रीरामनाड़ी' नामक विलक्षण ग्रंथ की पाण्डुलिपियाँ प्राप्त हुई हैं। इस नाड़ी ग्रन्थ में फलित ज्योतिष के महत्त्वपूर्ण चार सौ से अधिक सूत्र संस्कृतनिष्ठ तमिल भाषा में मिले हैं। ग्रंथ के उत्तरार्द्ध में राश्यानुसार वास्तुविचार की एक विचित्र शृंखला प्राप्त हुई है जिसके अनुसार प्रत्येक राशि को चार भागों में विभाजित किया गया है, चन्द्रराशि के प्रथम 7½ अंश तक एक पाद, 15 अंश का द्वितीय पाद, 22½ अंश तक तृतीय पाद एवं 30 अंश तक चतुर्थ पाद कहा गया है। इस प्रकार से कुल 48 महत्त्वपूर्ण सूत्र जन्मराशि को लेकर वास्तुविचार-सम्बन्धी दिये गए हैं। कई विद्वान इन सूत्रों द्वारा व्यक्ति का जन्म-समय भी निर्धारित करते हैं। वास्तु भवनों में कई जगह देवताओं के नाम— मरियम्मा, मधुखीरा, नटराज, मुरगुर, अप्पयर वगैरा का उल्लेख होने से यह पता चलता है कि उपर्युक्त मकानों की स्थिति दक्षिण भारतीय गांवों व शहरों में ज़्यादा सटीक बैठती होगी। इन दुलर्भ सूत्रों में कुछ आश्चर्यजनक नवीन तथ्य हैं, जो प्रबुद्ध पाठकों के हितार्थ यहां पहली बार प्रस्तुत कर रहा हूं।

—डॉ. भोजराज द्विवेदी]

मेष 1— मेष राशि के प्रथम पाद में जन्म लेनेवाले व्यक्ति का मकान गली में होगा और गली दक्षिण से उत्तर दिशावाली होगी। मकान का खुला भाग (ब्रह्म स्थान) घर में पश्चिम दिशा की ओर होगा। मेष राशि के प्रथम पाद में जन्म लेनेवाले व्यक्ति के मकान का पड़ोसी ध्वंस (टूटी-फूटी) स्थिति में होगा। मकान के दक्षिण दिशा की ओर मन्दिर या पूजा-स्थल होगा जहां नित्य अर्चना होगी। यह भी सम्भव है कि मकान के उत्तरी भाग में मन्दिर (पूजास्थल) होगा परन्तु वहां नियमित पूजा नहीं होगी। इस गली में एक गणपति की मूर्ति ऊंचे स्थान या खुले मैदान में होगी जहां आसपास कुआं या जलसंग्रह स्थान होगा।

मेष 2— यदि मेष राशि के द्वितीय पाद में जन्म हो तो ऐसे मकान में जन्म होगा जिसकी गली पश्चिम से पूर्व की ओर होती हुई उत्तर दिशा को जायेगी। गली के दक्षिण-पश्चिम (नैऋत्य) में एक मन्दिर या तालाब होगा। उत्तरी दिशा की ओर बड़ा जलसंग्रह और जल्द ही खण्डहर में परिवर्तित हो जायेगा।

मेष 3— यदि मेष राशि के तृतीय पाद में जन्म हो तो मकान ऐसी गली में होगा जोकि उत्तर से दक्षिण की ओर जा रही होगी। मकान का खुला भाग (ब्रह्म स्थान) पश्चिम दिशा की ओर होगा। मकान के दोनों और खुली जगह होगी अर्थात् दीवार से सटा हुआ कोई मकान नहीं होगा। मकान के पास ही शिव मन्दिर होगा। सिंह, वृश्चिक राशि की दिशा में ऐसा मन्दिर होगा जहां छोटे (शूद्र) देवताओं की पूजा होती होगी, वहीं पर एक कुआं (जलसंग्रह स्थान) भी सम्भव है।

मेष 4— यदि राशि के चतुर्थ पाद में जन्म हो तो जातक का जन्म ऐसे मकान में होगा, जिसकी गली पूर्व से पश्चिम की ओर होगी तथा मकान दक्षिणाभिमुख होगा। मकान के दक्षिण में तालाब होगा। मकान के सिंह राशि और मकर राशि के सम्भाग्र में एक मन्दिर का बगीचा होगा। तुला एवं मेष के स्थान पर छोटा पूजा का स्थान होगा जहां शिव के गणों की पूजा होगी।

वृष 1— यदि वृष राशि के प्रथम पाद में जातक का जन्म हो तो जातक का मकान पूर्वाभिमुख होगा तथा मकान के सामने दक्षिण में उत्तर की ओर गली होगी। जातक के मकान से तीसरा मकान टूटा-फूटा एवं त्रुटिपूर्ण होगा। उस मकान में कई जगह में पानी (टपक) रहा होगा। मकान के अग्निकोण में जल-संग्रह होगा तथा वृष एवं वृश्चिक राशि सम्भाग में देवी का मन्दिर (पूजा-स्थल) होगा।

वृष 2— यदि व्यक्ति का जन्म वृषराशि के द्वितीय पाद में है तो मकान दक्षिणाभिमुख होगा एवं मकान के सामने पश्चिम से पूर्व की ओर मार्ग होगा। मकान के पश्चिम के भाग में गणपति का मन्दिर होगा। तुला, मिथुन एवं कुम्भ के सम्भाग में दुर्गा देवी का मन्दिर होगा जहां विविध देवियों की पूजा होगी। मकान के पीछेवाले हिस्से में गृह-देवता (पितृश्वरों) का वास होगा जोकि घर की रक्षा करते रहेंगे।

वृष 3— यदि जातक का जन्म तीसरे पाद में है तो मकान पश्चिमाभिमुख होगा तथा मकान के सामने दक्षिण से उत्तर की तरफ मार्ग होगा। मकान के मार्ग में गणपति का मन्दिर होगा। मकान गृह-देवताओं के द्वारा रक्षित होगा। धनु, मेष राशि के स्थान में पूजा-स्थल होगा, जहां शिव एवं देवी के मूर्तियों की पूजा होती होगी।

वृष 4— यदि व्यक्ति का जन्म वृष राशि के चतुर्थ पाद में है तो मकान उत्तराभिमुख होगा तथा मकान के सामने का मार्ग पश्चिम से पूर्व की ओर होगा। मकान में दो परिवारों का निवास होगा। उत्तरदिशा में मन्दिर होगा जहां काली एवं शक्ति की उपासना होगी। पूर्वी भाग में गणपति का मन्दिर होगा।

मिथुन 1— यदि व्यक्ति का जन्म मिथुन राशि के प्रथम पाद में होगा तो उसका जन्म ऐसे मकान में होगा, जिसका सामने का मार्ग दक्षिण से उत्तर की ओर होगा। मकान का खाली भाग (ब्रह्मस्थान) पूर्व की ओर होगा। मार्ग में गणपति का मन्दिर होगा। मकान के बाहर रथ रखने का स्थान (कारपार्किंग) होगा। मकान में पुरुषप्रधान देवता का पूजन होगा।

मिथुन 2— यदि जातक का जन्म मिथुन राशि के द्वितीय पाद में है तो उसका जन्म ऐसे मकान में होगा जिसके सामने पूर्व से पश्चिम की ओर को मार्ग होगा। दक्षिण कि ओर कोई फव्वारा या झरना होगा। यहीं पर ईशान में दुर्गा का मन्दिर होगा। मकान में शक्ति के रूप में देवी की पूजा होगी।

मिथुन 3— यदि जातक का जन्म मिथुन राशि के तृतीय पाद में हो तो जातक के मकान के सामने दक्षिण से उत्तर राजमार्ग होगा। मकान में खुली जगह (ब्रह्मस्थान) पश्चिम में होगी। जातक ऐसे मकान में रहेगा जोकि उसके पिता या दादा द्वारा बनवाया हुआ होगा। वृषराशि के स्थान में शिव मन्दिर होगा। अग्निकोण में देवी (मरियम्मा)

का मन्दिर होगा। दक्षिण में छोटा झरना या फव्वारा होगा।

मिथुन 4— मिथुन राशि के चतुर्थ पाद में जन्म लेनेवाले व्यक्ति का मकान के सामने का मार्ग पूर्व से पश्चिम की ओर होगा। मकान का खुला भाग (ब्रह्मस्थान) उत्तर की ओर होगा। जातक जिस मकान में रह रहा होगा वह मकान उसके दादा का होगा। जातक के जन्म में परिवार के खर्च में असाधारण वृद्धि होगी। मकान में अनेक प्रकार के छोटे (शूद्र) देवताओं का पूजन होगा।

कर्क 1— कर्क राशि के प्रथम पाद में जन्म लेने वाले व्यक्ति का मकान ऐसी गली में होगा जो कि दक्षिण से उत्तर दिशा की ओर जो रही होगी। मकान का खुला स्थान पश्चिम की ओर होगा। मकान के पास सुन्दर बगीचा, पुल, हरियाली होगी। मकान के मार्ग में गणपति का मन्दिर होगा। तुला, कुम्भ और मेष सम्भाग में जल-स्थान अथवा दुर्गा-मन्दिर होगा।

कर्क 2— कर्क राशि के द्वितीय पाद में जन्मे व्यक्ति के मकान की गली पूर्व से पश्चिम की ओर होगी। मकान की खुली जमीन दक्षिण दिशा में होगी। वहां मोड़ होगा। मकान के सामने कोई मकान नहीं होगा। मकान में एक अन्य परिवार भी रह रहा होगा। मकान के मेष, तुला सम्भाग में मन्दिर होगा। कुम्भ राशि के सम्भाग में मन्दिर एवं मकान के मार्ग में प्रतिष्ठित साधु-सन्त (यथावेलपीठ) का स्थान होगा।

कर्क 3— कर्क के तृतीय पाद में जन्म लेनेवाले व्यक्ति का मकान ऐसी गली में होगा जो कि दक्षिण से उत्तर की ओर होगी। मकान का खुला भाग पूर्व दिशा में होगा। मकान के मेष, तुला, एवं मीन सम्भाग में मन्दिर होगा। मकान के कर्क एवं वृश्चिक सम्भाग की ओर बाजार होगा। परिवार में छोटे (शूद्र) देवता (मर्धुखीरा) इत्यादि का पूजन होगा।

कर्क 4— कर्क राशि के चतुर्थ पाद मे जन्म लेने वाले व्यक्ति का जन्म पूर्व से पश्चिमवाली गली वाले मकान में होगा। मकान का खुला आंगन उत्तर दिशा में होगा। मकान के नैऋत्य (दक्षिण-पश्चिम) कोण में विष्णु का मन्दिर, पूर्व में शिव का मन्दिर, उत्तर में दुर्गा का मन्दिर या तालाब होगा।

सिंह 1— सिंह राशि के प्रथम पाद में जन्म लेनेवाले व्यक्ति का मकान पूर्व से पश्चिमवाली गली में होगा। मकान का खुला भाग (प्रांगण) दक्षिण की ओर होगा। मकान में तीन परिवार का आवास होगा। मकान के दोनों ओर मोड़ होगा। इस मकान में रहनेवाला व्यक्ति सुखी-सम्पन्न एवं कीर्तिमान होगा।

सिंह 2— सिंह राशि के द्वितीय पाद में जन्म लेनेवाला जातक का मकान ऐसी जगह होगा जहां का मार्ग दक्षिण से उत्तर की ओर होगा। खुला आंगन पूर्व में होगा। शिवजी का स्थान-मकान वृष, कन्या या मकर सम्भाग में होगा। इस गृहस्वामी के पांच भाई-बहन होंगे। उसके पिता के दो भाई होंगे।

सिंह 3— सिंह राशि के तृतीय पाद में जन्म लेने वाले मनुष्य का मकान पूर्व से पश्चिम दिशा की ओर वाली गली में होगा। मकान के अग्रिम भाग में उत्तर की ओर खुला प्रागंण होगा। इस मकान के पासवाला मकान ध्वस्त हो जायेगा। मकान के मेष, धनु, मकर एवं मीन सम्भाग में देवी (मरिअम्मा) का मंदिर होगा। गृहस्वामी देवी (काली) का उपासक होगा।

सिंह 4— सिंह के चतुर्थ पाद में जन्म लेनेवाले प्राणी का मकान ऐसी गली में होगा जो दक्षिण से उत्तर की ओर होगा। मकान का खुला स्थान पश्चिम में होगा। वह मकान दो भागों में विभक्त होगा। मकान के मेष, तुला एवं मकर सम्भाग में पानी का तलाब, कुआं या मन्दिर होगां। (गृहस्वामी) शिवजी का भक्त व उपासक होगा।

कन्या 1— कन्या राशि के प्रथम पाद में जन्म लेनेवाले जातक का मकान दक्षिण से उत्तर राजमार्ग पर होगा। मकान की खुली जगह पश्चिम में होगी। पास में ही नारियल का वृक्ष या मंदिर होगा। मकान में पूर्व दिशा की ओर झरना अथवा तालाब होगा। वहीं छोटी झाड़ियाँ एवं अनेक प्रकार के पौधे होंगे।

कन्या 2— कन्या राशि के द्वितीय पाद में जन्मे व्यक्ति के मकान का राजमार्ग दक्षिण से उत्तर की ओर होगा। मकान की खुली जगह पूर्व की ओर होगी। मकान में कन्या राशिवाले स्थान पर विष्णु मंदिर, मिथुन, धनु या मकर राशि पर काली-मंदिर होगा।

कन्या 3— कन्या राशि के तृतीय पाद में जन्म लेनेवाले व्यक्ति के मकान के आगे का राजमार्ग पूर्व से पश्चिम की ओर होगा। खुली जगह उत्तर में होगी। मकान के मेष, मिथुन राशि की ओर नटराज का मंदिर होगा तथा गृह देवता के रूप में पुरुष देवता की पूजा होगी।

कन्या 4— कन्या राशि के चतुर्थ पाद में जन्मे व्यक्ति के मकान का राजमार्ग दक्षिण से उत्तर की ओर होगा। मकान की खुली जगह पूर्व में होगी। राजमार्ग में मोड़ होगा। गृहस्वामी की माता के तीन चाचा एवं दो चाचियाँ होंगी। घर के चारों ओर सब्जियां एवं पौधे होंगे। गृह-देवता के रूप में शक्ति प्रधान देवी की पूजा होगी।

तुला 1— तुला राशि के प्रथम चरण में जन्म लेने वाले जातक का मकान ऐसी गली में होगा, जो पूर्व से पश्चिम की ओर जा रही होगी। मकान का खुला (आंगन) भाग उत्तर में होगा। पश्चिम की ओर गहरा जल-संग्रह (तालाब) होगा। दक्षिण की ओर सुन्दर वृक्ष-वाटिका होगी तथा मकान के पूर्व दिशा की ओर खुला तालाब होगा। मकान के खुले भाग में वृक्ष एवं गमले होंगे जबकि उत्तर दिशा की ओर (शिवजी) का मंदिर होगा।

तुला 2— तुला राशि के दूसरे चरण में जन्मे

जातक का जन्म ऐसे मकान में होगा जिसका राजमार्ग दक्षिण से उत्तर की तरफ होगा। मकान का खुला भाग पूर्व की ओर होगा। मकान के दोनों बाजू सुन्दर मकान से जुड़ें होंगे। मकान के पश्चिम की ओर तालाब होगा। मकान के मेष, कर्क, एवं धनु राशिवाले हिस्से में मंदिर (मरियम्मा) होगा। गृहस्वामी पुरुष देवता (मधुरा वीरा) का उपासक होगा।

तुला 3— तुला राशि के तृतीय पाद में जन्म लेने वाले व्यक्ति का मकान गली में होगा। गली पूर्व और पश्चिम की ओर होगी। खुली जमीन (आंगन) दक्षिण में होगी। मकान में वृश्चिक , मीन व मिथुन राशि के सम्भाग में शिव मन्दिर होगा। खुले आंगन में वृक्ष-पौधे व गमले का संग्रह होगा। मेष, तुला व मकर राशि के सम्भाग में तालाब या कुआं होगा। जातक गृह-देवता के रूप में शक्ति (काली) की उपासना करेगा।

तुला 4 — तुला राशि के चतुर्थ चरण में जन्म लेनेवाले जातक का मकान दक्षिण से उत्तर जाने वाले मार्ग पर होगा। खुली जमीन (आंगन) पश्चिम में होगी। मकान के पूर्वी भाग में बगीचा या कुआं होगा। घर के पास बाहर ही एक मोड़ होगा। गली में एक मंदिर (सप्त कन्या पीठ) होगा। गृह देवता के रूप में व्यक्ति पुरुष प्रधान देवता (मरियम्मा) का पजून करेगा।

वृश्चिक 1— वृश्चिक राशि के प्रथम पाद में जन्मे व्यक्ति के घर का राजमार्ग पूर्व से पश्चिम की ओर वाला होता है। घर का खुला भाग दक्षिण दिशा में होता है। पश्चिम में तालाब होता है। पूर्व में झरना या फव्वारा होता है। उत्तर दिशा की ओर मन्दिर अथवा राष्ट्रीय राजमार्ग होता है।

वृश्चिक 2— वृश्चिक राशि के द्वितीय पाद में जन्मे व्यक्ति के घर के सामने गली दक्षिण से उत्तर दिशावाली होती है। खुली जगह पश्चिम में होगी। घर के पीछेवाले भाग में गृहदेवता का स्थान होगा। कर्क, वृश्चिक एवं मीन राशिवाले स्थानों

में पुष्पगुच्छ, झाड़ियाँ अथवा मंदिर होगा। मेष, कन्या राशिवाले स्थानों में शूद्र देवता का पूजन होगा तथा पास ही किसी तालाब की सम्भावना रहेगी।

वृश्चिक 3— वृश्चिक राशि के तृतीय पाद में जन्म लेनेवाले व्यक्ति का मकान गली में होगा। यह गली पूर्व से पश्चिम की ओर दिशावाली होगी। खुली जमीन घर के उत्तर में होगी। मकान गली के मोड़ पर होगा। मेष, कन्या राशिवाले स्थान पर झरना या मंदिर होगा। घर के पिछवाड़े में गृह देवता (मधुरावीर) का स्थान होगा।

वृश्चिक 4— वृश्चिक राशि के चतुर्थ पाद में जन्मे जातक के मकान के सामने मार्ग उत्तर से दक्षिण दिशावाला होगा। घर में खुली जमीन पूर्व की ओर होगी। मकान में दो परिवार का निवास होगा। मेष, धनु राशि के स्थान में जल-प्रवाह (झरना) होगा। कर्क व कुम्भ राशिवाले स्थान पर शिव अथवा दुर्गा का मंदिर होगा। स्वामी पुरुष प्रधान (मधुरावीर) का उपासक होगा।

धनु 1— धनु राशि के प्रथम व द्वितीय पाद (चरण) में जन्म लेनेवाले व्यक्ति के घर की खुली जमीन पश्चिम दिशा में होगी तथा घर के सामने का मार्ग उत्तर से दक्षिण की ओर होगा। पूर्व दिशा की ओर शिवमंदिर (पूजा-स्थल) होगा। मिथुन व धनु राशि के स्थल पर झरना या फव्वारा होगा। गृहस्वामी घर के देवता के रूप में शिव व शक्ति (काली) का उपासक होगा।

धनु 3— धनु राशि के तृतीय पाद में जन्मे जातक का मकान ऐसी गली में होगा जिसकी दिशा पश्चिम से पूर्व की ओर होगी। मकान का खुला भाग उत्तर दिशा में होगा। घर के दोनों ओर मार्ग होगा। मेष, कन्या व धनुराशि के स्थल में विविध देवी-देवताओं की पूजा होगी। घर में गृह-देवता (शांकदा) का पूजन होगा।

धनु 4— धनु राशि के चतुर्थ पाद में जन्म लेने वाले व्यक्ति का मकान पूर्वाभिमुख होगा। मकान के सामने की गली उत्तर से दक्षिणवाली होगी।

मकान के सामनेवाला मकान सूचना रहेगा। राशि के मेष, कन्या, तुला व मीन राशि स्थलों में मंदिर, फव्वारा, तालाब व जल-संग्रह का स्थान होगा। गृहस्वामी पुरुष देवता (मधुरावीर) का उपासक होगा।

मकर 1— मकर राशि के प्रथम पाद में जन्मे जातक का मकान दक्षिणाभिमुख होगा तथा सामने की गली पूर्व से पश्चिम की ओर चलेगी। घर के सामने जल-स्थान या मन्दिर होगा। मकान के बाहरी क्षेत्र में वृक्ष होंगे। गृहप्रवेश के बाद गृहस्वामी के साले या बहनोई की मृत्यु शीघ्र होगी।

मकर 2 — मकर राशि के दूसरे चरण में जन्म लेनेवाले व्यक्ति का मकान ऐसे मार्ग पर होगा जो कि दक्षिण से उत्तर की तरफ गतिशील होगा। मकान पूर्वाभिमुख होगा। मकान पर तीन परिवारों का पड़ाव होगा। मेष, कर्क, तुला और मकर राशि स्थल पर अग्नि का वास होगा। घर का स्वामी पुरुष देवता (मधुरावीर) का उपासक होगा।

मकर 3— मकर राशि के तृतीय पाद में जन्मे जातक का मकान गली में होगा। मकान उत्तराभिमुख होगा। मकान के सामने की गली पूर्व से पश्चिम दिशा की ओर गतिशील होगी। मकान के पास बगीचा, सुन्दर झाड़ियां होंगी। पश्चिम एवं दो सास सम्भव है।

मकर 4— मकर राशि के चतुर्थ पाद (चरण) में जन्म लेनेवाले व्यक्ति का मकान गली में होगा। मकान का दरवाजा पश्चिम की ओर होकर प्रवेश पूर्वाभिमुख होगा। मकान के सामने की गली उत्तर से दक्षिण की ओर गतिशील होगी। गृहस्वामी के दो चाचा एवं मामा भी होंगे। परन्तु कोई साला नहीं होगा। मकान के ईशान कोण या अग्नि कोण में शिव का मंदिर होगा या जल-संग्रह स्थल होगा। गृहस्वामी पुरुष देवता का उपासक होगा। सम्भवत: जातक का मकान पैतृक होगा।

कुम्भ 1— जिस जातक का जन्म कुम्भ राशि के प्रथम चरण में होगा उसका मकान उत्तराभिमुख होगा। मकान के सामने की गली पूर्व से पश्चिम

की ओर होगी। पश्चिम दिशा में गणपति (विनायक) की मूर्ति होगी। दक्षिण दिशा में विष्णु मंदिर होगा। गृहस्वामी के पांच चाचा व चाचियां एवं तीन मामा व मामियां होंगी।

कुम्भ 2— जिस जातक का जन्म कुम्भ राशि के द्वितीय पाद में होगा उसका मकान दक्षिण से उत्तर वाली गली में होगा। मकान की खुली जगह पश्चिम में होगी। मकान की गली के मोड़ होगा, जहां कुछ दूकानें होंगी। मकान के उत्तर दिशा की ओर झील, नदी या नाला होगा। पश्चिम में मन्दिर होगा।

कुम्भ 3— कुम्भ राशि के तृतीय चरण में जन्मे व्यक्ति का मकान दक्षिणमुखी होगा। मकान जिसमें ही एक ओर मोड़ होगा, दक्षिण दिशा की ओर मंदिर या देवस्थान होगा जो कि मकान की रक्षा के लिए सहायक होगा।

कुम्भ 4— कुम्भ राशि के चतुर्थ पाद में जन्म लेनेवाले जातक का मकान पूर्वाभिमुख होगा तथा मकान के सामने की गली दक्षिण से उत्तर की ओर गतिशील होगी। मकान के उत्तर व दक्षिण दोनों तरफ तालाब या कुएं होंगे। पश्चिम की ओर झरना या फव्वारा होगा। मकान के वायव्य कोण (उत्तर–पश्चिम में) मंदिर होगा।

मीन 1— मीन राशि के प्रथम पद में जन्म लेने वाले व्यक्ति का मकान उत्तराभिमुख वाला होगा तथा गली पश्चिम से पूर्व की ओर गतिशील होगी। मकान से पास के ही तालाब का नाला होगा। मकान के पश्चिम और पूर्व दिशा की ओर सुन्दर मकान होंगे। मकान उत्तराभिमुख की ओर झाड़ी, बगीचा एवं मंदिर होगा।

मीन 2— मीन राशि के द्वितीय चरण में जन्में जातक के मकान का निर्माण आम मकानों से हटकर विचित्र रूप का होगा। मकान के दक्षिण-पश्चिम नैऋत्य की ओर मंदिर होगा। मकान में शिव की उपासना होगी। मकान मालिक की जगह सम्भवत: दूसरे का नाम होगा।

मीन 3— मीन राशि के तृतीय पाद में जन्म लेने वाले व्यक्ति का मकान गली में होगा। गली पश्चिम से पूर्व की ओर गतिशील होगी। मकान दक्षिणमुखी होगा। कर्क, तुला, व मकर राशि के स्थानों पर झाड़ी, कुआँ या फव्वारा होगा। मेष, सिंह एवं मीन राशि के स्थल पर मंदिर होगा। मकान के पास ही एक मोड़ होगा। गृहस्वामी पुरुष देवता सुब्रह्मण्य का उपासक होगा।

मीन 4— मीन राशि के चतुर्थ भाग में जन्म लेने वाले व्यक्ति का जन्म ऐसे मकान में होता है जो पश्चिम में होता है । उसके मकान की गली दक्षिण से उत्तर दिशा की ओर गतिशील होगी। मकान के पूर्व, पश्चिम नैऋत्य या अग्निकोण में मंदिर या तालाब होगा।

वास्तु पुरुष की उत्पत्ति एवं अवधारणा

शास्त्रों के अनुसार प्राचीन काल में अन्धकासुर दैत्य एवं भगवान् शंकर के बीच भयंकर युद्ध हुआ। इस युद्ध में शंकरजी के शरीर से पसीने की कुछ बूंदें ज़मीन पर गिरीं। उस बिन्दु से आकाश और पृथ्वी को भयभीत कर देनेवाला भंयकर प्राणी प्रकट हुआ।

सङ्ग्रामेन्धक-रुद्रयोश्च पतितः स्वेदो महेशात् क्षितौ,
तस्माद् भूतमभूच्च भीतिजननं द्यावा-पृथ्व्योर्महत्।
तद् दैवेः सहसा विगृह्म निहितं भूमावधोवक्यकम्,
देवानां वचनाच्च वास्तुपुरुषः तेनैव पूज्यो बुधैः॥

वह प्राणी तुरन्त सब देवों को मारने चला। तब सब देवताओं ने उसे पकड़कर नीचे मुख करके दबा दिया और उसको शान्त करने के लिए उसको वर दिया—

"तेरी पूजा सब शुभ कृत्यों में होगी।"

देवों ने उस पुरुष पर वास किया इसी से उसका नाम 'वास्तुपुरुष' हुआ। उस पर सभी देव बैठे हैं। अतः बुद्धिमान पुरुष उसकी पूजा करते हैं।

वास्तुशास्त्र के प्राचीनतम ग्रंथ 'विश्वकर्माप्रकाश' में देवताओं के शिल्पी भगवान विश्वकर्मा स्वयं कहते हैं कि त्रेतायुग के बीच में एक महाभूत पुरुष उत्पन्न हुआ और जिसने उत्पन्न होते ही अपने शरीर से सम्पूर्ण भुवन को व्याप्त करके शयन करा दिया। ब्रह्मा ने इस महापुरुष की रचना भाद्रकृष्ण तृतीया में की, उस दिन शनिवार, कृत्तिका नक्षत्र था।

तमेव वास्तुपुरुषं ब्रह्मा समसृजत्प्रभुः।
कृष्णपक्षे तृतीयामां मासि भाद्रपदे तथा॥

विश्वकर्माप्रकाशे/श्लोक 9–14

जब वास्तुपुरुष का जन्म हुआ उस दिन व्यतिपात योग एवं विष्टिकरण था। भद्राओं के मध्य और कुलिकयोग में जन्मे उस पराक्रमी पुरुष ने घोर शब्द करते हुए सबको भयभीत कर दिया।

उस आश्चर्य को देखकर इन्द्रादि सभी देवता भयभीत होकर ब्रह्माजी की शरण में गए। तब ब्रह्माजी बोले—

"हे देवताओं! भय मत करो। इस महाबली पुरुष के संग का विरोध मत करो। किन्तु इसको अधोमुख गिराकर तुम शंका रहित हो जाओ। तब सभी देवता मिलकर उस महाबली पुरुष को अधोमुख गिराकर, उसके ऊपर बैठ गये। तब वह पराक्रमी पुरुष ब्रह्माजी से बोला—

"हे प्रभो! यह चराचर जगत् आपने रचा है। यह शरीर भी आपका है। फिर बिना अपराध के ये देवता मुझे क्यों पीड़ित कर रहे हैं, अब मैं इन देवताओं के प्रति क्या करूं? आगे मेरे लिए क्या आदेश है?"

वास्तु पुरुष की सही आकृति

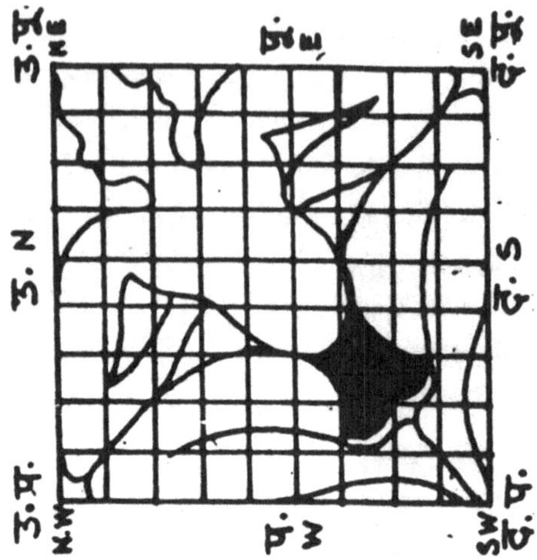

ईशान्य पूर्व (इन्द्र) आग्नेय

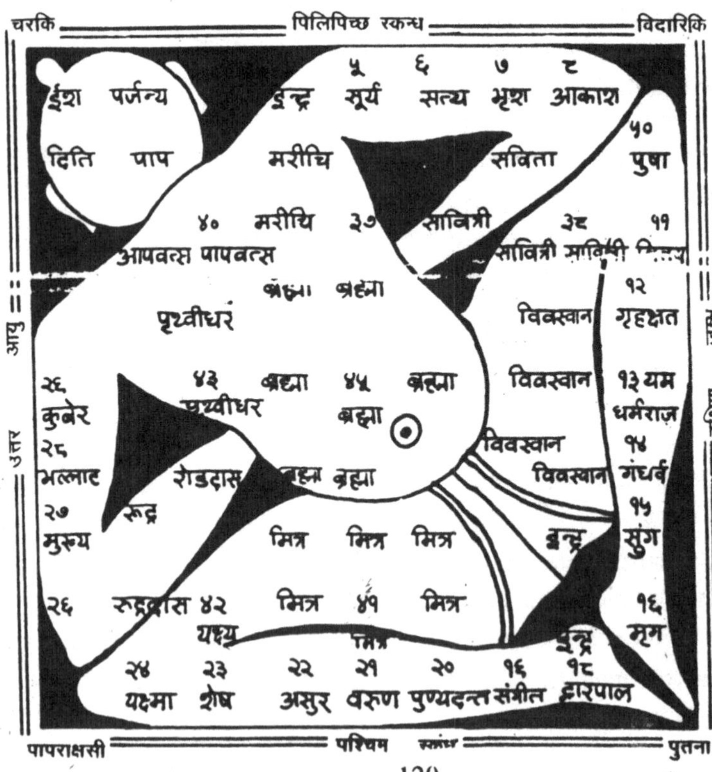

वायव्य जल्म नैऋत्य

ब्रह्माजी ने प्रसन्न होकर उस वास्तुपुरुष को कहा, "तुम इसी प्रकार देवताओं के साथ (सानिध्य) में भूमि के नीचे दबे रहो। अब से प्रत्येक शुभ (धार्मिक) कार्यों में, ग्राम, नगर, दुर्ग (किला), प्रासाद (महल), मकान, जलाशय (तालाब), उद्यान (बाग) निर्माण में तेरी पूजा अनिवार्य रूप से होगी और जो लोग प्रमादवश तेरी पूजा नहीं करेंगे—

अत्रियं मृत्युमाप्नोति विघ्नवक्तसय पदे पदे।
वास्तुपूजां अकुवार्णः तवाहारो भविष्यति॥

विश्वकर्माप्रकाश अ. 1/श्लोक 17

वह मनुष्य दरिद्रता व अकाल मृत्यु को प्राप्त होगा। उसे पद-पद, बात-बात पर विघ्नों (अवरोधों) की प्राप्ति होगी एवं ऐसा मनुष्य तेरे कोप का भाजन (पात्र) होगा।" इतना कहकर ब्रह्माजी अन्तर्ध्यान हो गये।

वास्तु पुरुष की पूजा कब-कब करें?

गृह के प्रारम्भ (नद्धइुव पूजा में), द्वार बनाने (देहली पूजन) में, एवं मकान परिपूर्ण होने पर गृह-प्रवेश काल में, इन तीनों समय (मुहूर्त) में वास्तु-पूजन करना चाहिए।

इसके अतिरिक्त यज्ञोपवीत, विवाह महोत्सव में, जीर्णोद्धार के समय, विशेषकर शल्य के न्यास में अर्थात् टूटे-फूटे मकान के जोड़ने (Repair) में, बिजली (विद्युत) और अग्नि से दूषित (जले-हुए) भवन में, सर्प, चाण्डाल एवं उल्लू से युक्त मकान में पुनर्वास करते समय, सात दिन तक जिस घर में काग बसे हों, उस मकान में वापस जाते समय, रात्रि में जिस घर में जंगली जानवर, बिलाव, गर्जन करते हुए लड़े हों, जिस घर में कबूतरों का निवास, मधुमक्खी का छत्ता हो, जहां स्त्रियां लड़ती हों या रुदन करती हों, ऐसे अनेक प्रकार के उत्पातों से दूषित घर में पुनः प्रवेश हेतु वास्तुशान्ति करानी चाहिए। इतना ही नहीं, पुत्र जन्म एवं प्रत्येक प्रकार के यज्ञ प्रारम्भ में वास्तुपुरुष की पूजा विधि-विधान से करने पर घर में सभी प्रकार के उत्पातों का नाश होकर, सुख-शान्ति एवं कल्याण की स्थापना होती है।

वास्तु पुरुष एवं वास्तु पीठें—

कर्मकाण्ड में वास्तुपुरुष की पूजा हेतु भिन्न-भिन्न प्रकार की वास्तुपीठों की स्थापना का विधान दिया गया है। जितनी जमीन में घर (निर्माण) करना हो, उतनी जमीन में वास्तु की कल्पना की जाती है। इस प्रकार से एक पद से लेकर हज़ार पद (कोषक) वाले वास्तु की पूजा होती है। इस बारे में शास्त्र-प्रमाण इस प्रकार है—

ग्रामे भूपतिमन्दिरे च नगरे पूज्यः चतुःषष्टिके,
एकाशीतिपदैः समस्तभवने जीर्णो नवाब्ध्यंशकैः।
प्रसादे तु शतांशकैः तु सकले पूज्य तथा मण्डपे
कूपेषणवचन्द्रभाग-सहितो वाप्यां तडागे वने॥

गांव बसाने के समय, राजमहल, नगर बसाने के समय चौसठ (64) पद वास्तु की पूजा करनी चाहिए। निवास योग्य घर के लिए एकाशीति (81) पद, जीर्णोद्धार में

एकोनपंचाशत् (49) सर्वप्रकार के प्रासाद और मण्डपों के लिये शतपद (100) वास्तु पूजा, एवं कुआं, तालाब, वापी के लिए (144) या एक सौ छियानबे (196) पद वाले वास्तुपीठ की पूजा करनी चाहिए, और भी कहा है—

दुर्गाप्रतिष्ठा विषये निवेशे तथा महार्चासु च कोटि होमे।
मेरौच राष्ट्रेष्वपि सिद्धलिंगे वास्तु सहस्त्रेण पदे प्रपूज्यः॥

दुर्ग (किले) की प्रतिष्ठा, नगर निर्माण, बड़ी पूजा (नवरात्रि) के समय, कोटि यज्ञ के समय, बड़ा प्रासाद, देश निर्माण।

राजधानी और सिद्ध (बड़े) शिवलिंग की प्रतिष्ठा के समय सहस्त्रपद (1000 कोष्टक) वाले वास्तु की पूजा करनी चाहिए।

वास्तु-पीठों में ब्रह्मा का स्थान—

(64) पद (कोष्ठक) वाले वास्तु में बीच के चार पद ब्रह्मा के होते हैं। एकाशीति (81) पद वास्तु में नव पद में ब्रह्मा बैठते हैं। सौ (100) पद (कोष्ठक) वाले में सोलह पद ब्रह्मा के, (144) पद के वास्तु में (24) पद ब्रह्मा के, (169) पद वाले वास्तु पीठ में (25) पद ब्रह्मा के, (196) पद वाले वास्तु पीठ में (32) पद ब्रह्मा के, तथा सहस्त्र (1000) पदवाले वास्तु में (100) पद ब्रह्मा के होते हैं। ब्रह्मा स्थान मकान के मध्यभाग (Centre Point of House) को कहते हैं। जितनी बड़ी जमीन होगी उसी अनुपात में ब्रह्मा का स्थान भी बड़ा होगा। यही रहस्य इन पदों में छिपा है।

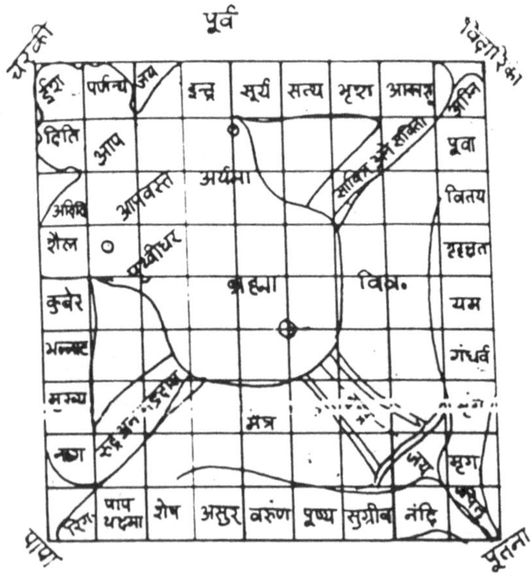

वास्तुपुरुष के शरीर व अंगों की रचना–

यह वास्तुपुरुष उलटा (आधा) सोता है। दोनों पैर नैऋत्य कोण में हैं। दोनों पैर का पदतल एक दूसरे से सटा हुआ है। इसका मस्तिष्क (सिर) ईशान कोण में है। हाथ और पैर की सन्धियां अग्नि और वायव्य कोण में हैं।

वास्तुपुरुष के शरीर के भिन्न-भिन्न अंगों में कौन-कौन से देवता का आधिपत्य है, इस बारे में शास्त्र-वचन इस प्रकार हैं:

ईशा मूर्घ्नि समाश्रितः श्रवणयो पर्जन्य नामादितिः
आपतस्य गले तदंशयुगले प्रोक्तो जयश्चादितिः।
उक्तावर्णम- भूधरौ स्तनयुगे स्यादापवत्सो हृदि,
पंचेन्द्रादि सुराश्च दक्षिणभुजे वामे च नागादयः॥

सावित्रः सविता च दक्षिण करे वामे द्वयंरुद्रतः,
मृत्यु मैत्रगणस्तथारु विषये स्मान्नाभिपृष्ठे विधिः।
मेढ्रे शक्र-जयौ च जानु-युगले तौ वह्नि-रोगौ स्मृतौ,
पूषानन्दिणश्च सप्तविबुधान् अल्पो पदोः पैतृकाः॥

वास्तुपुरुष के मस्तक में महादेव बैठे हैं। दोनों कानों में पर्जन्य और दिति, गले के ऊपर आपदेव, दोनों कन्धों में जय और अदिति, दोनों स्तनों पर अर्यमा और पृथ्वीधर, हृदय

के ऊपर आपवत्स, दाहिने हाथ पर अर्थात् कोहनी से पौंचा तक सावित्र-सविता, इसी प्रकार दाहिनी कोहनी से पौंचा तक रुद्र और रुद्रदास, जंघा (साथल) पर मृत्यु और मैत्र। वास्तुपुरुष उलटा सोता है इसीलिए नाभि के पीछे कमर से थोड़ा ऊपर पीठ के सामने ब्रह्मा, उपस्थ

(जननेन्द्रिय) स्थान में इन्द्र और जय, दोनों घुटनों के ऊपर अग्नि और रोग, दोनों पैरों की नली पर पूषा, वितथ-यम-गन्धर्व-मृग और दूसरी नली पर नन्दी-सुग्रीव-पूषा-वरुण-असुर-शोष और पापयक्ष्मा और दोनों की ऐड़ी पर पितृ देवता का स्थान है।

वास्तुपुरुष का भूखण्ड पर भवन-निर्माण योजना में महत्त्व

वास्तुपुरुष का महत्त्व भवन निर्माण करते समय भूखण्ड पर निर्माण-योजना से है। यह वास्तुकला की मूल परम्परा है। वास्तुपुरुष एक है। उसे भवन-निर्माण की योजना बनाते समय विभिन्न प्रकार से परिकल्पित किया जाता है। वास्तुपुरुष का विभाजन भवन विशेष की योजनानुसार परिकल्पित किया जाता है।

वास्तुपुरुष की कल्पना करने पर पुरुषांगों की कल्पना स्वत: हो जाती है। जिस प्रकार मानव शरीर के विभिन्न अवयवों में मूर्धा (Cerebrum), शीर्ष, मुख, कटि, जानु, पाद, शिरा, अनुशिरा, केश, नाड़ी आदि होते हैं, उसी प्रकार वास्तुपुरुष में भी इनकी परिकल्पना होती है। वास्तुपुरुष के किस अंग (अवयव) पर कौन-सा निवेश (निर्माण) निहित या अविहित है, यह ज्ञात है। जैसे मर्म अवयवों पर कोई निवेश उचित नहीं है, अत: वह त्याज्य है, इसीलिए निर्माण-योजना करते समय यह स्थान खुला रखा जाता है।

भूखण्ड में कौन-सा भाग किस देवता विशेष के पद पर विन्यास है, यह सब ज्ञान वास्तुपुरुष के चित्र से स्पष्ट हो जाता है। उदाहरणार्थ जिस स्थान पर वास्तुपुरुष का सिर (मस्तक) है, वहां जूते खोलने का स्थान है, या पाखाना हो तो उसका दुष्परिणाम गृहस्वामी के साथ-साथ घर में रहनेवाले सभी प्राणियों को भोगना पड़ेगा। उस घर में कपूत सन्तानें पैदा होंगी। बेटा यदि बाप के जूते लगाए एवं पत्नी- पति से बेवफाई करे तो मुझे कोई आश्चर्य नहीं होगा।

वास्तु पद मण्डल

ईश	जयन्त / पर्जन्य	इन्द्र	सूर्य	सत्य	भृंश / आकाश	अग्नि
दिति / अदिति	आप / आपकश		अर्यमा		सावित्र / सविता	पूषा / वितथ
सर्प			ब्रह्मा			गृहक्षत
कुबेर	पृथ्वीधर	ब्रह्मा	ब्रह्मा	ब्रह्मा	वैवस्थान	यम
भल्लाट			ब्रह्मा			गंधर्व
मुख्य / नाग	रूद्र / रूद्रगण		मैत्रगण		इन्द्र / इन्द्रजय	भृंगराज / मृग
रोग	पाप / शेष	असुर	वरूण	पुष्पदन्त	हौवारिक / सुग्रीव	पितृ

जीर्णोद्धारे एकनोपंचशत्।

ब्रह्मा के पद पांच (५)

वास्तु पद मण्डल

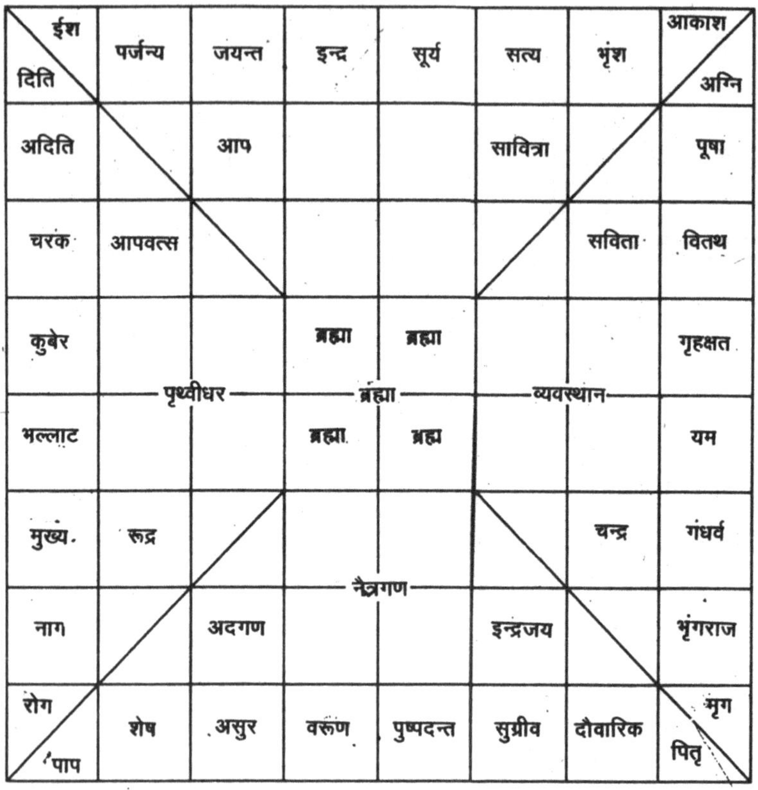

ग्रामे भूपतिमन्दिरे च नगरे पूज्यः चतुःषष्ठिके

ब्रह्मा के पद चार (४)

वास्तु पद मण्डल

<table>
<tr><td>ईश</td><td>पर्जन्य</td><td>जयन्त</td><td>इन्द्र</td><td>सूर्य</td><td>सत्य</td><td>भृंश</td><td>आकाश</td><td>अग्नि</td></tr>
<tr><td>दिति</td><td>आपवत्स</td><td>आपवत्स</td><td rowspan="2" colspan="3">अर्यमा</td><td>सावित्र</td><td>सावित्र</td><td>पूषा</td></tr>
<tr><td>अदिति</td><td>आप</td><td>आप</td><td>सविता</td><td>सविता</td><td>वितथ</td></tr>
<tr><td>चरक</td><td rowspan="3" colspan="2">पृथ्वीधर</td><td>ब्रह्मा</td><td>ब्रह्मा</td><td>ब्रह्मा</td><td rowspan="3" colspan="2">जलस्थान</td><td>गृहक्षत</td></tr>
<tr><td>कुबेर</td><td>ब्रह्मा</td><td>ब्रह्मा</td><td>ब्रह्मा</td><td>यम</td></tr>
<tr><td>भल्लाट</td><td>ब्रह्मा</td><td>ब्रह्मा</td><td>ब्रह्मा</td><td>गंधर्व</td></tr>
<tr><td>मुख्य</td><td>यक्ष्मा</td><td>यक्ष्मा</td><td></td><td></td><td></td><td>जय</td><td>जय</td><td>भृंगराज</td></tr>
<tr><td>नाग</td><td>रुद्र</td><td>रुद्र</td><td></td><td></td><td></td><td>इन्द्र</td><td>इन्द्र</td><td>मृग</td></tr>
<tr><td>रोग</td><td>पाप</td><td>शेष</td><td>असुर</td><td>वरुण</td><td>पुष्पदन्त</td><td>हौवारिक</td><td>सुग्रीव</td><td>पितृ</td></tr>
</table>

एकाशीतिपदैः समस्त भवने।

ब्रह्मा के पद ९ (नौ)

वास्तु पद मण्डल

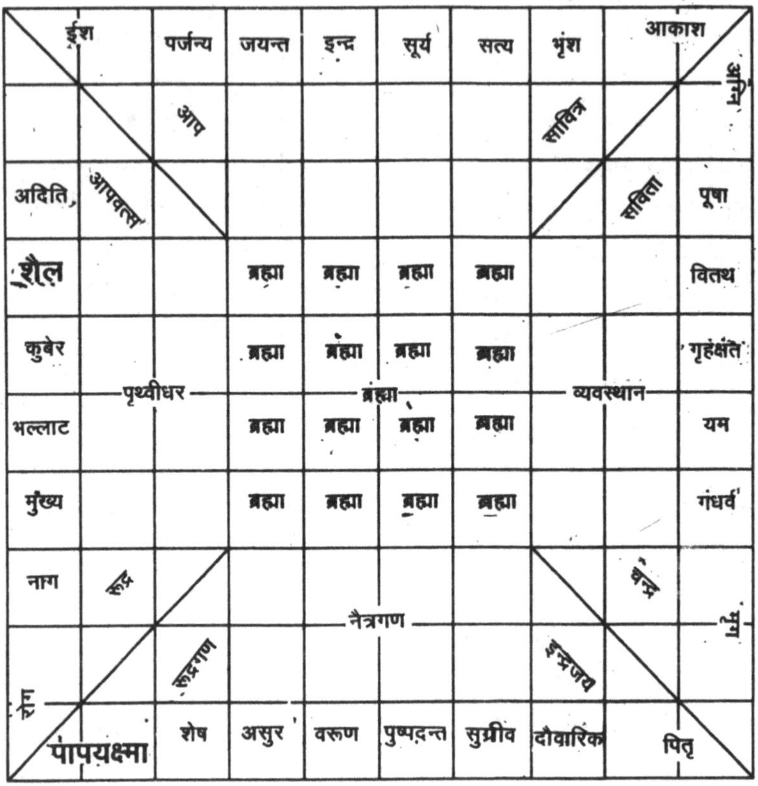

प्रसादे तु शतांशकैः तु सकले पूज्यः तथा मण्डपे।

ब्रह्मा पद १६ (सोलह)

वास्तु पद मण्डल

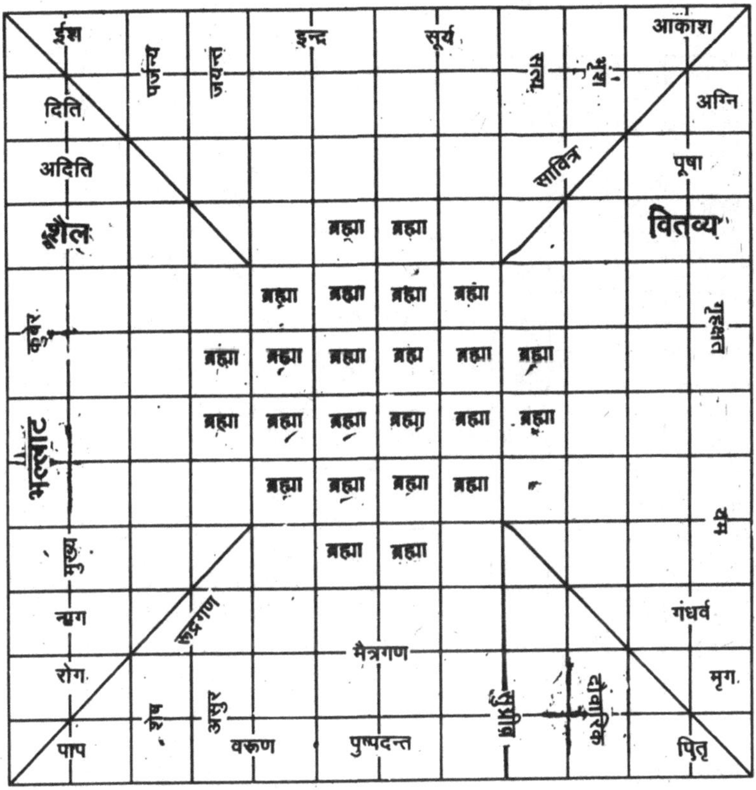

वापी (बावड़ी) निर्माण

ब्रह्मा पद चौबीस

वास्तु पद मण्डल

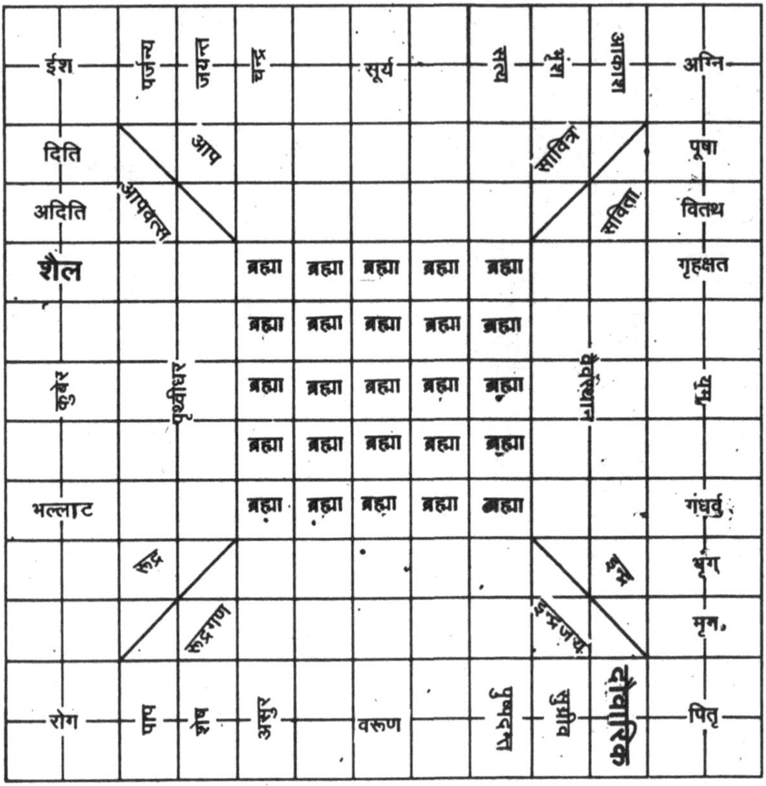

कूपेषणनवचन्द्रभाग सहितो वाप्यां तड़ाग वने।

ब्रह्मा पद पच्चीस (२५)

वास्तु पद मण्डल

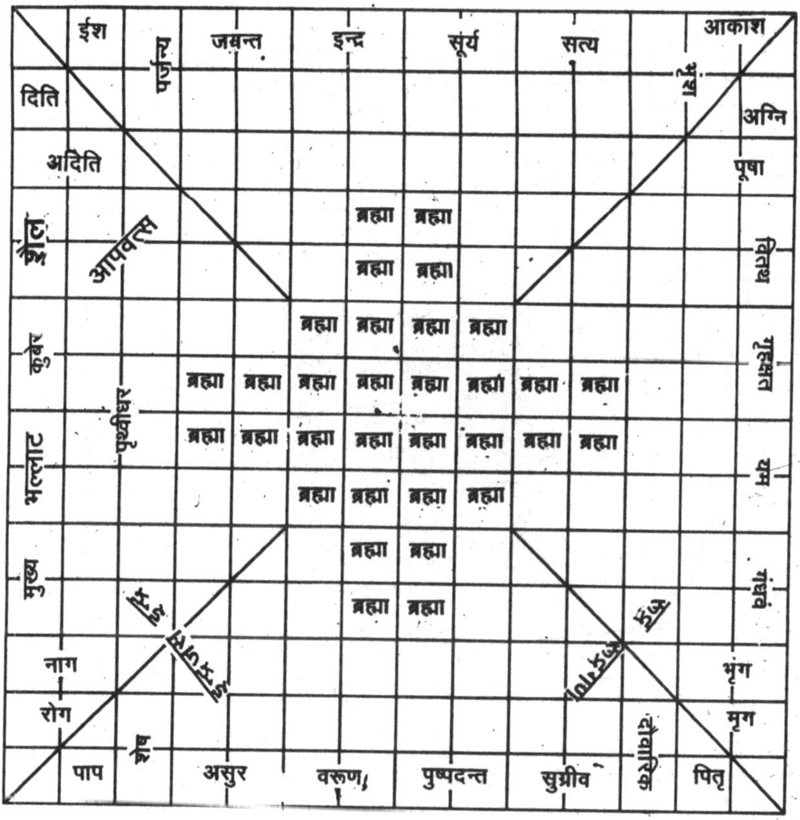

तालाब (बांध) निर्माण पर

ब्रह्मा पद बत्तीस (32)

वास्तु पद मण्डल

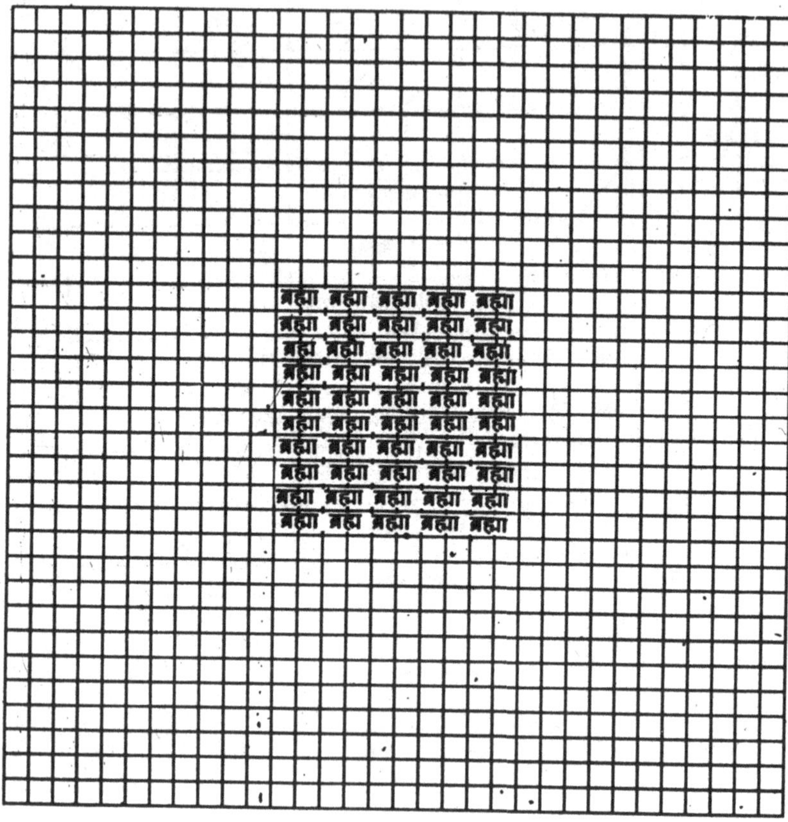

दुर्गे प्रतिष्ठा विषये निवेशे, तथा महार्चासु च कोटि होमे।
मेरौ च राष्ट्रेष्वपि सिद्धलिंगे, वास्तु सहस्त्रेण पदैः प्रपूज्य॥

ब्रह्मा पद सौ (१००)

वास्तुपुरुष के अनुसार द्वार-योजना
(Planning of Main Door)

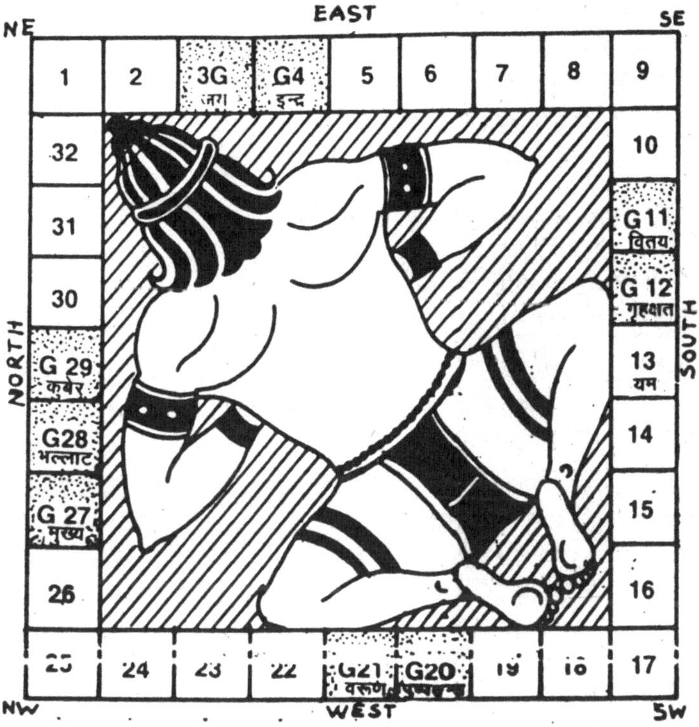

घर का मुख्य प्रवेश द्वार जहां से अतिथि और हम स्वयं घर में प्रवेश करते हैं, अनुकूल वास्तु का प्राणाधार है। घर का मुख्य द्वार भूखण्ड की आकृति, राजमार्ग पर आधारित होता है तथा किसी भी दिशा में हो सकता है। परन्तु मुख्य द्वार की स्थापना योजना पूर्वक होनी चाहिए। जिससे घर में लक्ष्मी की आवक अच्छी रहे एवं घर में रहनेवाले सभी प्राणी स्वस्थ व प्रसन्न रहें। मुख्य द्वार एक प्रकार से स्वस्थ भवन की तिजोरी की चाबी है, जिसके माध्यम से घर में प्राकृतिक वायु, प्रकाश एवं अनुकूल रश्मियों (Bio-electro magnetic energy) का प्रवेश होता है।

घर में अनुकूल चुम्बकीय रश्मियों को प्राप्त करने हेतु भारतीय ऋषि-मुनियों ने भरपूर खोज की, जिसके शास्त्रीय नियम एवं निष्कर्ष इस प्रकार हैं—

जिस ओर मुख्य द्वार लगाना अभीष्ट हो, उस भुजा की लम्बाई को नौ भागों में विभाजित करें। वैसे तो पूरे भूखण्ड के ही निर्माण–कार्य की योजना बनाकर शुरू करना चाहिए पर यहां केवल द्वार–स्थापना पर ही चर्चा कर रहे हैं। यदि पूर्व दिशा में द्वार लगाना है तो दो भाग छोड़कर 3 व 4 नम्बर पर द्वार खुलेगा। पश्चिम दिशा के द्वार में दक्षिण से चौथा एवं पांचवां भाग नम्बर 20 एवं 21 पर खुलेगा। उत्तर दिशा में द्वार अभीष्ट हो तो ईशान से क्रमशः पांचवां, छठा एवं सातवां भाग नम्बर 29,28, व 27 अभीष्ट है। दक्षिण दिशा में यदि द्वार स्थापित करना हो तो अग्निकोण से तीसरा व चौथा भाग चित्र में प्रदर्शित नम्बर 11 व 12 पर ही द्वार बनना चाहिए। मुख्य द्वार ऊपर निर्दिष्ट स्थानों पर ही क्यों बनना चाहिए? यह प्रश्न बुद्धिजीवी लोग उठा सकते हैं। इस प्रश्न का सही समाधान ढूंढ़ने के लिए हमें वास्तुपुरुष के 81 (कोष्ठकों) को इसी सन्दर्भ में समझना होगा। प्रबुद्ध पाठकों की सुविधा हेतु, हम यहां प्रत्येक पद में होनेवाले द्वार का शुभ-अशुभ परिणाम विस्तार से दे रहे हैं।

वास्तुपुरुष के अनुसार द्वार-योजना

क्रम संख्या व दिशा	वास्तुपुरुष का अंग	कोष्ठक का नाम	फल
1. ईशान	मस्तक	ईश	अग्नि भय एवं दुःख
2. पूर्व	आंख (दायीं)	पर्जन्य	घर की स्त्रियों को पीड़ा–कष्ट
3. पूर्व	कान (दायां)	जय	धन–लाभ, ऐश्वर्य एवं प्रगति
4. पूर्व	कन्धा (दायां)	इन्द्र	राजकार्य में विजय, पैतृक सम्पदा
5. पूर्व	हाथ (दायां)	सूर्य	मानसिक संताप, चिन्ता
6. पूर्व	हाथ (दायां)	सत्य	कन्या सन्तति पर विपरीत परिणाम
7. पूर्व	हाथ (दायां)	भृश	मानसिक अशांति, शत्रु–प्रकोप
8. पूर्व	कोहनी (दाईं)	आकाश	चोर–भय, वस्तु का अपने आप गायब होना।
9. अग्निकोण	संधि स्थल, घुटना व कोहनी	अग्नि	पुत्र को कष्ट, आर्थिक नुकसान, अग्नि–प्रकोप, शत्रुभय इत्यादि
10. दक्षिण	दायां घुटना	पूषा	मित्रों एवं कुटम्बीजनों से कष्ट
11. दक्षिण	दायां पैर	वितय	शुभफल
12. दक्षिण	दायां पैर	गृहक्षत	पुत्र–प्राप्ति, प्रगति, आर्थिक लाभ
13. दक्षिण	दायां पैर	यम	मृत्यु
14. दक्षिण	दायां पैर	गन्धर्व	मानहानि, प्रतिष्ठा में गिरावट
15. दक्षिण	दायां पैर	मृग	चोर–भय, हानि
16. दक्षिण	दाईं एड़ी	मृग	संतान–कष्ट व रुकावटें
17. नैऋत्य	दोनों पंजे	पितर	आवक से अधिक खर्च, संतान बाधा
18. पश्चिम	बाईं एड़ी	द्वारपाल	बहरापन, शत्रुपीड़ा

क्रम संख्या व दिशा	वास्तुपुरुष का अंग	कोष्ठक का नाम	फल
19. पश्चिम	बायां पैर	सुग्रीव	कष्ट, आर्थिक संकट
20. पश्चिम	बायां पैर	पुष्पदन्त	मानसिक प्रफुल्लता, उन्नति
21. पश्चिम	बायां पैर	वरुण	उत्तम स्वास्थ्य, सुख-शांति एवं कल्याण
22. पश्चिम	बायां पैर	असुर	राजकीय नुकसान, पिता को हानि
23. पश्चिम	बायां घुटना	शेष	आर्थिक नुकसान
24. पश्चिम	बायां घुटना	यक्ष्मा	बीमारी, रोग-प्रकोप,
25. वायव्य	संधिस्थल, घुटना व कोहनी	वायुरोग	मृत्यु; अकस्मात रोग-प्रकोप, चिन्ता
26. उत्तर	बायीं कोहनी	नाग	शत्रुता में बढ़ोत्तरी
27. उत्तर	बायां हाथ	मुख्य	उत्तम संतान एवं सुख-सम्पत्ति की प्राप्ति
28. उत्तर	बायां हाथ	मल्लाट	आर्थिक एवं प्रत्येक क्षेत्र में प्रगति
29. उत्तर	बायां कंधा	कुबेर	धन व ऐश्वर्य की प्राप्ति
30. उत्तर	बायां कंधा	शैल	संतान से बैर, कुटम्बीजनों का विरोध
31. उत्तर	बायां कान	अदिति	घर की स्त्रियों को तकलीफ
32. उत्तर	बायीं आंख	दिति	कार्य में रुकावट, देरी, खिन्नता, दरिद्रता एवं असफलता में बढ़ोत्तरी

वास्तुशास्त्र एवं धर्म

वास्तु केवल भवन तकनीक नहीं धार्मिक अनुष्ठान है

तथाकथित भवन-निर्माण तकनीक (आर्किटेक्चर) एवं वास्तु विज्ञान दो भिन्न-भिन्न वस्तुएं हैं। एक आर्किटेक्ट एक उत्तम भवन तो बना सकता है परन्तु उसमें रहनेवाले प्राणी के सुखी जीवन की गारंटी नहीं दे सकता। वास्तु विद्या इस बात की गारंटी देती है। संसार में जितनी भी मानव सभ्यताएं हैं, उनमें भवन-निर्माण को एक सांसारिक कृत्य माना गया है जबकि भारत में भवन-निर्माण एक धार्मिक कृत्य है। भारत में भवन-निर्माण का हेतु पुरुषार्थ चतुष्ट्य की सिद्धि है। जब तक हम इस धार्मिक रहस्य को नहीं समझ पायेंगे हम वास्तु के रहस्य को भी कभी नहीं जान पायेंगे। यदि भवननिर्माण-कला में से वास्तुविज्ञान को निकाल दिया जाये तो उसकी कीमत शून्य है। यह केवल ईंट, पत्थर, लोहे, सीमेण्ट का ढेर है और कुछ नहीं।

इस सन्दर्भ में यज्ञोपवीत का दृष्टान्त ज़्यादा उपयुक्त है। द्विज मात्र में यज्ञोपवीत संस्कार होता है। लाखों-हज़ारों रुपये खर्च होते हैं। यज्ञोपवीत जीवन में एक बार ही होता है। कहा भी है—

जन्मना जायते शूद्र, संस्कारात् द्विज उच्यते।
वेदपाठी भवेद् विप्रः ब्रह्म जानाति ब्रह्मणः॥

यज्ञोपवीत् संस्कार से व्यक्ति का इस लोक में दूसरा जन्म होता है। उसको देवत्व की प्राप्ति होती है। यज्ञोपवीत में से यदि वह धार्मिकता निकाल दी जाये तो वह मात्र सूत का धागा है जिसकी कीमत चार आना से अधिक नहीं। अतः इस सूत्र को हृदयंगम कर लें।

यज्ञोपवीत - धार्मिकता = शून्य
भवन-कला - वास्तु = शून्य

स्पष्ट है कि वास्तु (भवन) कला में से धार्मिक पक्ष को निकाल दिया जाये तो वह लोहे, सीमेण्ट, रेत के ढेर के अतिरिक्त कुछ नहीं। वह शून्य है। निःसंदेह यज्ञोपवीत संस्कार से मनुष्य का दूसरा जन्म होता है, उसे द्विजत्व एवं देवत्व की प्राप्ति होती है। पर यज्ञोपवीत या राखी में से यदि श्रद्धा, विश्वास, आस्था व धार्मिकता निकाल दी जाये तो वह मात्र सूत का धागा बनकर रह जाता है जिसकी कोई कीमत नहीं।

संसार में सत्य के साक्षात्कार हेतु तीन प्रकार के प्रमाण माने गये हैं—प्रत्यक्ष अनुमान एवं आप्त वाक्य। वास्तुशास्त्र आप्त वाक्य पर आधारित प्रत्यक्ष विज्ञान है। हमारे सत्यखोजी ऋषियों ने अपने-आपको तिल-तिल जलाकर वास्तुविज्ञान की दिव्य ज्योति को जीवित रखा। उन्हीं ऋषियों के प्रति आभार मानते हुये हमें ज्ञान-विज्ञान की इस निर्मल धारा को आगे बढ़ाना है। तभी वास्तुशास्त्र की पवित्रता अक्षुण्ण बनी रहेगी।

भवन-निर्माण कला में छिपे धार्मिक रहस्य को समझना चाहिए

भारत में भवन-निर्माण एक धार्मिक कृत्य है जिसमें पुरुषार्थ, चातुष्ट्य की सिद्धि, धर्म, अर्थ, काम और मोक्ष के रहस्य को विस्तार से समझना होगा।

1. धर्म — व्यक्ति को धर्मलाभ होना चाहिए। भवन में निवास करनेवाले प्राणी को आध्यात्मिक व आत्मिक सुख मिलना चाहिए। उसमें निवास करनेवाले व्यक्ति को आधिभौतिक, आधिदैविक और आध्यात्मिक त्रिविध तापों से मुक्ति मिलनी चाहिए। भवन में निवास करनेवाले प्राणी को देखते ही आम आदमी का सिर श्रद्धा एवं विश्वास से स्वत: ही उनके चरणों में झुक जाना चाहिए। घर में कभी किसी से झगड़ा न हो, कलह न हो, नैसर्गिक वैर-भाव न हो। आपने सुना होगा, प्राचीन ऋषि, मुनियों के आश्रम-क्षेत्र में आते ही हिंसक प्राणी अपना नैसर्गिक वैरभाव भूल जाते थे। शेर व बकरी एक साथ तथा सांप व नेवला एक साथ बैठे होते थे। यह वास्तु के धार्मिक लाभ का प्रत्यक्ष उदाहरण है।

2. अर्थ — गृह प्रवेश के साथ ही धन बढ़ना चाहिए, व्यक्ति ऊंचा उठना चाहिए। ऐसा नहीं हो कि व्यक्ति ने मकान बनाया और कर्ज में दबता ही चला गया। व्यक्ति आर्थिक रूप से दीवालिया हो जाये तो समझें, भवन का वास्तु खराब है। इसके विपरीत उसके आय के स्रोत बढ़ने चाहिए, उसकी मार्केट वैल्यू, उसकी साख, उसकी प्रतिष्ठा में भारी वृद्धि होनी चाहिए। तभी भवन-निर्माण की सार्थकता है।

3. काम — व्यक्ति को पत्नी का पूर्ण सुख मिलना चाहिए। पुत्र-पौत्र की वृद्धि होनी चाहिए। उसके सुख, ऐश्वर्य एवं सांसारिक सुखों में वृद्धि होनी चाहिए। ऐसा न हो कि भवन बनाते ही घर में कुटुम्ब में कलह शुरू हो जाये। कोर्ट-केस हो जाये, व्यक्ति मानसिक तनाव में जकड़ जाये तो समझें कि भवन का वास्तु खराब है। इसके विपरीत पत्नी, उसकी सन्तति, उसके कुटम्बी उसकी आज्ञा में रहें, उसका आदर करें तभी भवन की सार्थकता है।

4. मोक्ष — उसे मोक्ष की प्राप्ति होनी चाहिए। सद्गृहस्थ की सद्व्यवहार के कारण सद्गति होनी चाहिए। वास्तुशास्त्र इन चारों सिद्धियों को प्राप्त करने में मनुष्य की सहायता करता है। इसीलिए इसकी उपयोगिता अनिर्वचनीय है।

धार्मिक मान्यताओं के अनुसार "**वास्तु पूजा प्रकुर्वीत गृहारम्भे प्रवेशने च**"। भूखण्ड खरीदने के पूर्व वास्तु नियमों के अनुसार भूमि की परीक्षा एवं पूजन करना चाहिए। भवन बनाने के पूर्व शुभ मुहूर्त में भूमि-पूजन, नींव-पूजन करना चाहिए। भवन पूरा बन जाने के बाद विधिवत् प्रतिष्ठा, वास्तु-पूजा, गायत्री-जप, गणपति-पूजन, रुद्र-जप, विष्णु-पूजन, नवग्रह-पूजन एवं सम्पूर्ण ग्रह-शान्ति हेतु हवन कराना चाहिए। जप के दशांश हवन (यज्ञ) का विधान है। उसका दशांश ब्राह्मण भोजन, दक्षिणा पूर्वक करना चाहिए। शास्त्रों में तो भवन की कुल लागत का दशांश प्रतिष्ठा कार्य में खर्च करने का निर्देश दिया गया है। विश्वकर्मा प्रकाश में तो स्पष्ट लिखा है कि जो लोग, खर्च के लोभ से, किंचित् नास्तिक भाव से अथवा आलस्य (प्रमाद) से वास्तुपूजा नहीं करते उन लोगों का ऐश्वर्य नष्ट हो जाता है। वे अकाल मृत्यु को प्राप्त होते हैं तथा उनके प्रत्येक कार्य में विघ्न-बाधा एवं रुकावटें आती हैं तथा वे लोग वास्तु पुरुष के कोप (दोष) का भाजन होकर, दुर्भाग्य के पंक में फंस जाते हैं।

अश्रियं मृत्युमाप्नोति विहनतस्य पदे पदे।
वास्तु पूजां अकुर्वाण तवाहारो भविष्यति॥

—विश्वकर्मा प्रकाश अ 1/श्लोक 17

पाश्चात्य संस्कृति एवं भारतीय संस्कृति (वास्तु कला) में यही मूलभूत अन्तर है। पाश्चात्य संस्कृति आत्मकेन्द्रित (Self-Centred) संकुचित, अपरोपकारी एवं अधार्मिकता से परिपूर्ण होती है। कबूतरों को चुग्गा देना, चिड़ियों को पानी पिलाना, कुत्ते व गाय को रोटी देना, पीपल, तुलसी का पूजन निष्कारण, वृक्षों को पानी पिलाना, ब्राह्मणों को भोजन से तृप्तकर आशीर्वाद लेना, उनकी संस्कृति का अंग नहीं।

भू-खनन एवं नींव मुहूर्त

नींव के लिए भूमि-खनन किस दिशा से प्रारम्भ करें

जहां तक हो सके, गृहारम्भ हेतु भूमि-पूजन विद्वान वैदज्ञ ब्राह्मण के हाथ से कराना चाहिए। कई बार मुझे ऐसा देखने को मिला कि भूमिपूजन करानेवाले ब्राह्मण को यह भी ज्ञान नहीं होता है कि वास्तु नियमों के अनुसार गृहारम्भ हेतु भू-खनन किस दिशा में करना चाहिए।

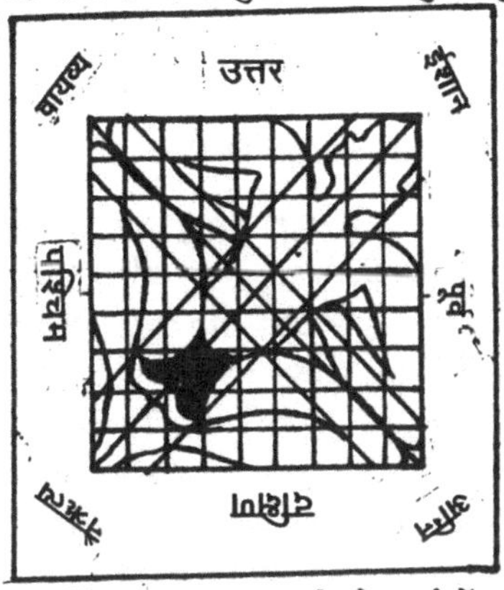

शास्त्रकारों ने स्पष्ट लिखा है कि दीर्घ आयु की कामना करनेवाले पुरुष को वास्तु पुरुष के सिर एवं पुच्छ तथा दक्षिण पार्श्व (भाग) में खुदाई नहीं करनी चाहिए। वास्तु पुरुष के वाम कुक्षि में खुदाई सदैव शुभफलप्रद होती है। वास्तुपुरुष भूगर्भ में संक्रान्ति परिभ्रमण के अनुसार घूमता रहता है। अत: जिज्ञासु सज्जनों के ज्ञानार्थ निम्न सूत्र स्पष्ट कर देता हूं।

1. सिंह, कन्या, तुला राशि के सूर्य में भूमि-खनन का प्रारम्भ नैऋत्यकोण में करना चाहिए।
2. वृश्चिक, धनु और मकर राशि के सूर्य में भूमि-खनन वायव्य कोण में करना चाहिए।
3. कुम्भ, मीन और मेष इन तीन राशियों के सूर्य में भूमि-खनन ईशान कोण में करना चाहिए।
4. वृष, मिथुन एवं कर्क राशि के सूर्य में भूमि-खनन एवं वास्तु-पूजन अग्निकोण में करना चाहिए। इस नियम से पूजन (वास्तुपुरुष-पूजन) करने से सबका कल्याण होता है। पर कई विद्वान ऐसा मानते हैं कि शिलान्यास के दिन यह कोण का निर्णय नहीं है। यह तो मात्र वास्तुपुरुष के पूजन हेतु ही ग्राह्य है।

वास्तुपुरुष की स्थिति का ज्ञान

महर्षि पाराशर के अनुसार तिथि में 4 मिलाकर दुगुना करना, इसमें गृहस्वामी के नामाक्षर जोड़कर 3 का भाग देना। 1 शेष में स्वर्ग, 2 शेष में पाताल, शून्य शेष में मृत्यु लोक में वास्तु पुरुष का वास जानना चाहिए। स्वर्ग में लाभ, पाताल में निरन्तर लक्ष्मी-प्राप्ति और मृत्युलोक में वास्तु पुरुष के रहने से मृत्यु होती है। ऐसा विचार करके विद्वान लोगों को गृहारम्भ करना चाहिए।

सात वारों में प्रतिष्ठा करने का फल

तेजस्विनि क्षेम कृदग्निदाहविधायिनी स्याद् धनदा दृढ़ा च।

आनन्दकृत कल्प विनाशिनी च सूर्यादि वारेषु भवेत्युत्तिष्ठ॥

—श्रीपति पद्धतिः

रविवार को की गई प्रतिष्ठा तेजस्विनी, सोमवार को कल्याणकारिणी, मंगलवार को अग्निदाहकारिणी, बुधवार को धनदायिनी, गुरुवार को बलदायिनी, शुक्रवार को आनन्दकारिणी और शनिवार को कल्पविनाशिनी होती है।

(क) चाण्डाल के स्पर्श से, मद्य के स्पर्श से दूषित, दुष्ट ब्राह्मण और दुष्ट क्षत्रिय के स्पर्श से मूर्ति की पुनः प्रतिष्ठा करनी चाहिए।

(ख) खण्डित, दग्ध, स्फुटित, मानहीन, मूर्ति की प्रतिष्ठा पुनः करनी चाहिए।

(ग) चोर, चाण्डाल, पतित, कुत्ता आदि जीव, रजस्वला स्त्री के स्पर्श होने पर मूर्ति की प्रतिष्ठा पुनः करनी चाहिए।

नींव-मुहूर्त हेतु सामग्री

श्रीफल, कंकु, मौली, अबीर, गुलाल, पुष्प, पुष्पों के हार, सुपारी दस, अगरबत्ती बण्डल, कपूरडली, केसर डब्बी, गुड़ (पांव), दूध, दही, शहद, रूई, माचिस, गोघृत, चावल, गेहूँ (सवा किलो), पंचमेवा, गंगाजल, लालवस्त्र, श्वेत वस्त्र, एक कलश बड़ा, एक छोटा कलश ताँबे का, नींव में डालने हेतु लोहे की कीलें (नागफनी चार), एक चाँदी का सर्प, जनेऊ जोड़ा, नागरवेल के पान (ग्यारह), मिट्टी के दिये (ग्यारह), छूटी रेजगारी, प्रसाद (मावा, ऋतुफल, लड्डू का प्रसाद, गुड़, धाणा पांच पत्थर, पांच शस्त्र (औजार), घर बनानेवाले ठेकेदार, कारीगर एवं वास्तुशास्त्री का पूजन भी इस अवसर पर होता है। नींव में डालने के लिए सुवर्ण, रजत मुद्रा अथवा ताँबे का पैसा कलश में डाला जाता है।

वास्तुप्रतिष्ठा ग्रह-शान्ति हेतु सामग्री

श्रीफल, कंकु, मौली, अबीर, गुलाल, सिंगाडे का आटा, सिंघाल (हरी गुलाल), गोटा 5, बड़े पाटिए 5, सिन्दूर, हवन सामग्री (पैकेट) 5, सुपारी बड़ी आधा किलो, लौंग 100 ग्राम, इलायची 100 ग्राम, अगरबत्ती पैकेट, कपूर डली, केसर डब्बी 5, चन्दन चूरा, मूर्ति सुवर्ण, मूर्ति, रजत, पंचरंगी धागा, बताशा, सरसों 100 ग्राम, काली मिर्च 100 ग्राम, कमलगट्टा 250 ग्राम, धूप बत्तीसा, धूप गुग्गल, धूप आसापुरी, चांदीवर्क पैकेट, सोने का वर्क , हल्दी साबित, गुड़ सवा किलो, इत्र शीशी, दूध, दही, शहद शीशी, जनेऊ जोड़ा, दाल चीनी, पंचरस, रूई, माचिस, घृत (शुद्ध गाय का), चावल, मूंग (साबित), मसूर (साबित लाल रंग), उड़द (साबित), चने की दाल, ज्वार, गेहूँ, तिल, जव, सर्वाषधे, अगर, तगर, तेल, शक्कर, काजू, बदाम, पिश्ता, खुरबाली, अखरोट, गंगाजल, तारा टीकी, काजल, कंघा, कांच, साड़ी, चूडियां, लालवस्त्र , सफेद वस्त्र, धोती, पीताम्बर, दुपट्टा, आसन, मिट्टी के बड़े दीपक, मिट्टी के छोटे दीपक, समिधाएं खेजड़ी की लकड़ी, आम की लकड़ी, आक की लकड़ी, पीतल की लकड़ी, पलाश की लकड़ी, सांप के बिल की मिट्टी, चौरस्ते की धूल, बिच्छु झाड़ा, बड़ी की लकड़ी, कणेर के पत्ते, पीपल के पत्ते, अशोक वृक्ष के पत्ते, नागरवेल के पत्ते, विल्वशक्ष का बिला, ताँबें के कलश 5, एक बड़ा कलश, कटोरी कांसे की, सोने का तुस, चांदी का तुस, चांदी का सर्प, ताँबे का पैसा, पूर्ण पात्र, घंटा, भगोला चर्की, दूध की मिठाई, मावा, छूटी रेजगारी, ऋतुफल, दूर्वा, गोमूत्र।

वास्तु-प्रतिष्ठा मुहूर्त

गृहारम्भ हेतु नींव (खात) के मुहूर्त

एक कहावत है—Well begun half done. यदि काम सही मुहूर्त में शुरू कर दिया जाये तो पूरा होने में देर नहीं लगती। नींव का मुहूर्त सही हो तो मकान फटाफट बन जाता है। इसीलिए सबसे पहले भूमिशयन पर विचार करना चाहिए।

भूमिशयन-विचार एवं वत्स-चक्र

सूर्य के नक्षत्र से चन्द्रमा का नक्षत्र यदि 5,7,9,12,19,26 वां पड़े तो भूमि को सुप्त माना जाता है। इन नक्षत्रों में बावड़ी, तालाब या गृह-निर्माणदि के लिए भूमि का खोदना वर्जित है।

गृहारम्भ के नक्षत्रानुसार वृष वास्तु आदि चक्रों से भी शुभाशुभ परीक्षा की जाती है। यहां (वृष) वत्स चक्र बताया जा रहा है। यह राजमाघर्तण्ड में उल्लिखित है।

वृषभाकार मानकर निम्न प्रकार से सूर्य के नक्षत्र से नक्षत्रों की स्थापना करनी चाहिए।

वृष चक्र

स्थान	मस्तक	अग्रपाद	पृष्ठपाद	पीठ	दक्षिण कोख	वामकोख	पूँछ	मुख
नक्षत्र फल	३ अग्नि भय	४ उद्विग्नता	४ स्थिरता	३ धन	४ विजय	४ निर्धनता	३ स्वामी नाश	३ पीड़ा

इस प्रकार शुभ समय देखकर गृह-निर्माण करना चाहिए।

नींव प्रारम्भ करने हेतु शुभ-काल

बृहस्पति युक्त पुष्य नक्षत्र, तीनों उत्तरा, रोहिणी, मृगशिरा, वण, आश्लेषा, इन नक्षत्रों में गुरुवार के दिन प्रारम्भ किया हुआ गृह पुत्र और राज्य को देनेवाला कहा गया है।

अश्विनी, चित्रा, विशाखा, धनिष्ठा, शतभिषा और आर्द्रा नक्षत्र के साथ यदि शुक्रवार हो तो उस दिन किया गया नींव का मुहूर्त धन-धान्य को देनेवाला एवं शुभ होता है।

अश्विनी, रोहिणी, पूर्वाफाल्गुनी, चित्रा और हस्त इन नक्षत्रों में बुधवार के दिन प्रारम्भ किया हुआ घर सुख, सम्पन्नता और पुत्रों को देनेवाला होता है।

गुरुः शुक्रार्कचन्देषु स्वोच्चादिबलशालिषु।
गुर्वकेन्दुबलं लब्ध्वा गृहारम्भ प्रशस्यते॥

—ज्योतिष तत्त्वप्रकाश/श्लोक/६१/पृष्ठ ४२१

जब गुरु, शुक्र, सूर्य तथा चन्द्रमा अपने उच्च स्थान में हों, बलवान् हों तो गुरु, सूर्य तथा चन्द्रमा का बल लेकर गृहारम्भ करना शुभफलदायक होता है।

नींव प्रारम्भ के समय मेष का सूर्य प्रतिष्ठादायक, वृष का सूर्य धन-वृद्धि, कर्क का शुभ, मिट्ट हो तो नौकर-चाकर में वृद्धि, तुला का सूर्य सुखदायक, वृश्चिक में धन-वृद्धि, मकर का सूर्य धनदायक तथा कुम्भ का सूर्य रत्न लाभ देता है।

गृहारम्भ में स्थिर या द्विस्वभाव लग्न होना चाहिए जिसमें शुभग्रह बैठे हों या लग्न पर शुभग्रहों की दृष्टि पड़ती हो।

महर्षि पराशर के अनुसार चित्रा, शतभिषा, स्वाति, हस्त, पुष्य, पुनर्वसु, रोहिणी, रेवती, मूल, श्रवण, उत्तराफाल्गुनी, धनिष्ठा, उत्तराषाढ़ा, उत्तराभाद्रपद, अश्विनी, मृगशिरा और अनुराधा नक्षत्रों में जो मनुष्य वास्तु-पूजन करता है उसको लक्ष्मी की प्राप्ति होती है।

वास्तुपूजनमेतेषु नक्षत्रेषु करोति यः।
समाप्नोति नरो लक्ष्मीमिता प्राह पराशरः॥

गृहनिर्माण काल (कुण्डली) में गुरु, शुक्र, सूर्य तथा चन्द्रमा में से कोई भी तीव्र ग्रह उच्च के या स्वगृही हों, दसवें स्थान में बुध से लग्न में सूर्य, गुरु, शुक्र या चन्द्र स्वगृही या उच्च हो तो ऐसे घर की आयु दो सौ वर्ष की होती है तथा उस घर में चिरकाल तक लक्ष्मी का निवास रहता है।

निषिद्ध वचन

1. रवि और मंगल को गृहारम्भ न करें।
2. मेष, कर्के, तुला और मकर लग्न में गृहारम्भ न करें।
3. गृहप्रारम्भ-काल की कुण्डली बनावें। उसमें तीसरे, छठें और ग्याहरवें स्थान में पापग्रह हो तो गृहारम्भ न करें।
4. गृह-कुण्डली में छठें, आठवें तथा बारहवें में शुभग्रह हो तो गृहारम्भ न करें।
5. मंगल युक्त हस्त, पुष्य, रेवती, मघा, पूर्वाषाढ़ा और मूल इन नक्षत्रों को यदि मंगलवार हो तो उस दिन प्रारम्भ किया गया घर अग्निमय, चोरी एवं पुत्र-क्लेश को देनेवाला होता है।
6. शनिश्चर युक्त पूर्वाभाद्रपद, उत्तराभाद्रपद, ज्येष्ठा, अनुराधा, स्वाति और भरणी, इन नक्षत्रों में शनिवार के दिन प्रारम्भ किया हुआ घर राक्षसों और भूतों से युक्त रहता है।
7. गृहारम्भ के दिन सूर्य निर्बल, अस्त या नीचस्थान में हो, तो घर के स्वामी का मरण होता है।
8. गृहनिर्माण के दिन चन्द्रमा निर्बल, अस्त या नीच का हो तो गृहनिर्माणक की स्त्री का मरण होता है।

9. गृह–प्रारम्भ के दिन बृहस्पति निर्बल, अस्त या नीच स्थान में हो तो धन का नाश होता है।
10. रिक्तातिथि ४/९/१४ को गृहारम्भ न करें।
11. नींव प्रारम्भ काल में मिथुन का सूर्य मृत्युदायक, कन्या का सूर्य रोग, धनु का सूर्य हानिकारक तथा मीन का सूर्य रोग–भय को देता है।
12. गृहारम्भ सिंहलग्न में वर्जित है।

— ज्योतिषतत्त्व प्रकाश/श्लोक–१३/पृ. ४२

13. मिथुन, कन्या, धनु और मीन के सूर्य में नवीन गृह का निर्माण न करें।

— ज्योतिषभास्कर

देव-प्रतिष्ठा विचार

उत्तरायण सूर्य में शुक्र, गुरु व चन्द्रमा के उदित रहने पर जलाशय, बाग-बगीचा या देवता की प्रतिष्ठा करनी चाहिए। प्रतिपदा रहित शुक्ल पक्ष सर्वत्र ग्राह्य है, लेकिन कृष्ण पक्ष में भी पंचमी तक प्रतिष्ठा हो सकती है।

लेकिन अपने मास, तिथि आदि में दक्षिणायन में भी प्रतिष्ठा का विधान है। जैसे—आश्विन मास के नवरात्र में दुर्गा की, चतुर्थी में गणेश की, भाद्रपद में श्री कृष्ण की, चतुर्दशी तिथि में सर्वदा शिवजी की स्थापना सुखद है। इसी प्रकार उग्र प्रकृति देवता, यथा—भैरव, मातृका, वराह, नृसिंह, वामन, महिषासुर मर्दिनी आदि की प्रतिष्ठा दक्षिणायन में भी होती है।

मातृभैरववाराह नारसिंहत्रि विक्रमाः।
महिषासुरहंत्री च स्थाप्या वै दक्षिणायने॥

—वैखानस संहिता

यद्यपि मलमास सर्वत्र प्रतिष्ठा में वर्जित है, लेकिन कुछ विद्वान पौष में भी प्रतिष्ठा सब देवताओं की शुभ मानते हैं।

श्रावणे स्थापयेल्लिगमाश्विने जगदम्बिकाम्।
मार्गशीर्ष हरिं चैव सर्वात्पौषेऽपि केचन॥

—मुहूर्तगणपति

आचार्य बृहस्पति पौष मास सब देवों की प्रतिष्ठा को राज्यप्रद मानते हैं।

सर्वेषां पौषमाघौ द्वौ विबुधस्थापने शुभौ।

—बृहस्पति

तिथियों के विषय में ज्ञातव्य है कि रिक्ता, अमा तथा शुक्ल प्रतिपदा को छोड़कर सब तिथियां विशेष शुभ हैं।

यद्दिनं यस्य देवस्य तद्दिने तस्य संस्थितिः।

—वसिष्ठ संहिता

मंगलवार को छोड़कर शेष वारों में यजमान को चंद्र व सूर्य बल शुद्ध होने पर प्रतिष्ठा, स्थिर या द्विस्वभाव लग्न में स्थिर नवांश में लग्न शुद्धि करके विहित प्रकार से विधानपूर्वक स्थापना करें। प्रतिष्ठा में थोड़ी अशुद्धि कष्टों को जन्म देती है।

श्रियं लक्षणहीना तु न प्रतिष्ठा समो रिपुः।

इस प्रकार मध्याह्न तक हस्त, चित्रा, स्वाति, अनुराधा, ज्येष्ठा, मूल, श्रवण, धनिष्ठा, शतभिषा, रेवती, अश्विनी, पुनर्वसु, पुष्य, तीनों उत्तरा, रोहिणी, मृगशिरा नक्षत्रों में बलवान् लग्न में अष्टम राशि लग्न को छोड़कर प्रतिष्ठा का मुहूर्त बताया जाता है।

देव-स्थापना के विशेष लग्न

स्थाप्यो हरिर्दिन करो मिथुने महेशो।
नारायणश्च युवतौ घटके विधाता॥
देव्यो द्विमूर्त्तंभवनेषु निवेशनीयाः
क्षुद्राश्चरे स्थिरगृहे निखिलाश्च देवाः।

मिथुन लग्न में विष्णु, महादेव तथा सूर्य की स्थापना करनी चाहिए। कन्या लग्न में कृष्ण की, कुम्भ लग्न में ब्रह्मा की, द्विस्वभाव लग्नों में देवियों की स्थापना करनी चाहिए। चर लग्नों में योगिनियों की और स्थिर लग्नों में सर्व देवताओं की स्थापना करना शुभ है।

महादेव की प्रतिष्ठा के मुहूर्त

लिंगस्थापन तु कर्तव्यं शिशिरादावृतुत्रये।
प्रावृषि स्थापित लिंग भवेद् वरयोगदम्॥
हेमन्ते ज्ञानदं चैव शिशिरे सर्वभूतिदम्।
लक्ष्मीप्रदं वसन्ते च ग्रीष्मे च जयशान्दिम्॥
यतीनां सर्वकाले च लिंगस्यारोपाणंमतम्।
श्रेष्ठोत्तरे प्रतिष्ठा स्यादयनेमुक्ति मिच्छताम।
दक्षिणे तु मुमुक्षूणां मलमासे न सा द्वयोः

—हेमाद्रि

माघ-फाल्गुन-वैशाख-ज्येष्ठाषाढेषु पंचसु।
प्रतिष्ठा शुभदाप्रोक्ता सर्वसिद्धिः प्रजापते।
श्रावणे च नभस्ये च लिंग स्थापनमुत्तमम्।
देव्याः माघाश्विने मासेऽप्युत्तमा सर्वकामदा॥

माघ महीना, फाल्गुन, वैशाख, ज्येष्ठ तथा आषाढ़ महीने में शिवजी की प्रतिष्ठा सब प्रकार से सिद्धि देनेवाली कही गई है। श्रावण महीना भी शुभ है। ऋतुओं की दृष्टि से हेमन्त ऋतु में शिवलिंग की स्थापना से यजमान व भक्तों को विशेष ज्ञान की प्राप्ति होती है। शिशिर धनदायक साबित होती है जबकि ग्रीष्म ऋतु में यह प्रतिष्ठा शान्ति, शीतलता व विजय प्रदाता कही गई है। इसं प्रकार भगवती जगदम्बा की प्रतिष्ठा माघ एवं आश्विन मास में सर्वश्रेष्ठ फल देनेवाली उत्तम कही गई है।

विष्णु-प्रतिष्ठा के मुहूर्त

चैत्रे वा फाल्गुने मासे ज्येष्ठे वा माधवे तथा।
माघे वा सर्वदेवानां प्रतिष्ठा शुभदा सिते।
रिक्तान्य तिथिषु स्यात्सावारे भौमान्यके तथा॥

—(६) हेमाद्रि के कथनानुसार

विष्णु प्रतिष्ठा माघे न भवति।
माघे कर्तुः विनाशः स्यात्
फाल्गुले शुभदा सिता॥

देवीप्रतिष्ठा मुहूर्त

सर्वदेवताओं की प्रतिष्ठा चैत्र, फाल्गुन, ज्येष्ठ, वैशाख और माघ मास में करना शुभ है।

श्राविणे स्थपायेल्लिंग, आश्विने जगदम्बिकाम्।
मार्गशीर्षे हरिं चैव, सर्वान् पौषेऽमि केचन्॥

—मुहूर्तगणपति

श्रावण में शंकर की स्थापना करना, अश्विन में जगदम्बा की स्थापना करना, मार्गशीर्ष में विष्णु की स्थापना करना और पौष मास में किसी भी देवता की स्थापना करना शुभ है।

हस्त, चित्रा, स्वाति, अनुराधा, ज्येष्ठा, मूल, श्रवण, धनिष्ठा, शतभिषा, रेवती, अश्विनी, पुनर्वसु, पुष्य, तीनों उत्तरा, रोहिणी एवं मृगशीर्ष में सभी देवताओं की, खासकर देवी की प्रतिष्ठा शुभ है।

यद्दिनं यस्य देवस्य तद्दिने तस्य संस्थितिः

—वसिष्ठ संहिता

जिस देव की जो तिथि हो, उस दिन उस देव की प्रतिष्ठा करनी चाहिए। शुक्ल पक्ष की तृतीया, पंचमी, चतुर्थी, षष्ठी, सप्तमी, नवमी, दसवीं, द्वादशी, त्रयोदशी एवं पूर्णिमा तथा कृष्ण पक्ष की अष्टमी एवं चतुर्दशी देवी कार्य के लिए सब मनोरथों को देनेवाली है। शुक्ल पक्ष में और कृष्ण पक्ष की दशमी तक प्रतिष्ठा शुभ रहती है। इसी प्रकार शनि, रवि, एवं मंगल को छोड़कर अन्य सभी वारों में यज्ञकार्य एवं देव–प्रतिष्ठा शुभ कही गयी है।

मूर्ति-प्रतिष्ठा के मुहूर्त के विषय में विचार

(१) **चैत्रे फाल्गुने वापि ज्येष्ठे वा माघवे तथा।**
माघे वापि सर्व देवानां प्रतिष्ठा शुभदा भवेत॥

—मत्स्य पुराण

(२) देवी की प्रतिमा–प्रतिष्ठा में—

देव्याः माघेऽऽश्विने मासे उत्तमा सर्वकामदः।
न तिथिर्न च नक्षत्रं नोपवासोऽऽकारणम्।
सर्वकालं प्रकर्तव्यं कृष्णपक्षे विशेषतः॥

—देवी पुराण

(३) धर्मसिन्धुकार के मत से—

देव्याः माघेऽऽश्विने मासे उत्तमा सर्वकामदः॥

जगदम्बा की प्रतिष्ठा केवल आश्विन एवं माघ मास में सर्वाधिक उत्तम रहती है।

शतचण्डी, सहस्रचण्डी व लक्षचण्डी के मुहूर्त

वैशाखाः फाल्गुणो माघः श्रावणो मार्ग एव च।
आश्विनः कार्तिको मासाः पूजायां तु शुभवहाः॥

नवचण्डी, शतचण्डी, सहस्रचण्डी एवं लक्षचण्डी जैसे अनुष्ठान कार्यों में वैशाख, फाल्गुन मास, श्रावण, मार्गशीर्ष, आश्विन तथा कार्तिक, ये सात महीने श्रेष्ठ हैं। यही महीने गायत्री-यज्ञ के लिए भी प्रशस्त कहे गये हैं।

प्रतिष्ठा विधान में ग्राह्य नक्षत्र

आषाढे द्वे तथा मुलमुत्तरत्रयमेव च।
ज्येष्ठा श्रवण रोहिण्यः पूर्वाभाद्रपद तथा॥
हस्तोऽश्विनी रेवती च पुष्यो मृगशिरस्तथा।
अनुराधा तथा स्वाति प्रतिष्ठासु प्रशस्यते॥
अत्र आषाढे द्वे इत्यनेन उत्तराषाढ़ा।
उत्तरा फाल्गुनी, उत्तराभाद्रपद त्रयाणां नक्षत्राणां कथनम्॥

नरसिंह का कथन है—

तथा महाश्विनो मास उत्तमः सर्वकामदः।
देवी तत्र सदा शक्रपांसुनापि प्रतिष्ठा॥
भवेन फलदा पुंसां कर्कस्थे च वृषस्थिते।
न तिथिर्नच नक्षत्रं नापिवारोऽथ कारणम्॥

अर्थात सब कामनाओं को देनेवाली श्रेष्ठ और आश्विन मास के नवरात्रि में भगवती जगदम्बा घर में पुरुषों को फल देनेवाली है। कर्क (श्रावण), वृष (ज्येष्ठ), के सूर्य में करना ठीक नहीं। वहां वार-नक्षत्र-तिथि आदि भी कारण नहीं होते।

माधवीये-मयूखे—

मातृभैरव वाराह-नारसिंह-त्रिविक्रमाः।
महिषासुर-हन्त्रयश्च स्थाप्या वै दक्षिणाये॥

जगदम्बा, भैरव, वराह, नृसिंह इत्यादि चौबीस अवतार भगवान विष्णु की स्थापना सदैव दक्षिणायन सूर्य में ही करनी चाहिए।

गृह-प्रवेश विचार

मकान, दूकान या फैक्ट्री बनने के बाद गृह-प्रवेश पर विचार किया जाता है। पलायमान शत्रु के जीतने पर, नवीन स्त्री के आने पर, विदेश से वापस लौटने पर विद्वान लोग गृह-प्रवेश पर विचार करते हैं। गृह-प्रवेश तीन प्रकार का होता है। अपूर्व, सपूर्व व द्वंद्व प्रवेश—ये तीन भेद हैं।

नये घर में प्रवेश करना अपूर्व प्रवेश होता है। यात्रादि के बाद घर में प्रवेश करना सपूर्व कहलाता है। जीर्णोद्धार किए गये मकान में प्रवेश का नाम द्वंद्व प्रवेश है।

इनमें मुख्यतः अपूर्व प्रवेश का विचार यहां विशेष अभीष्ट है। माघ, फाल्गुन, वैशाख, ज्येष्ठ मास में प्रवेश उत्तम व कार्तिक, मार्गशीर्ष में मध्यम होता है।

माघफाल्गुनवैशाखज्येष्ठमासेषु शोभनः।
प्रवेशो मध्यमो ज्ञेयः सौम्यकार्तिक मासयोः॥

—नारद

कृष्ण पक्ष में दशमी तिथि तक एवं शुक्ल पक्ष में चंद्रोदयांतर ही प्रवेश करना चाहिए। जीर्णोद्धार वाले प्रवेश में दक्षिणायन मास शुभ है। सामान्यतः गुरु शुक्रास्त का विचार जीर्णोद्धार या पुराने किराये के मकान को छोड़कर सर्वत्र करना चाहिए।

तीनों उत्तरा, अनुराधा, रोहिणी, मृगशिरा, चित्रा, रेवती, धनिष्ठा, शतभिषा, पुष्य, अश्विनी, हस्त में प्रवेश शुभ होता है।

तिथि व वार शुभ होने पर स्थित ग्रहों की लग्न-शुद्धि देखकर चंद्रमा व तारा की अनुकूलता रहने पर गृह-प्रवेश शुभ है।

पूर्व मुखवाले गृह में सूर्य आठवें से पांच स्थानों में रहने पर वाम रवि होता है, और दक्षिणमुख के गृह में पांचवें स्थान से पांच स्थान सूर्य में रहने से और पश्चिम द्वारवाले गृह में ग्याहरवें स्थान में सूर्य रहने से वाम रवि होते हैं, गृह-प्रवेश में वाम रवि होना अत्यावश्यक है। कुंभ-चक्र में सूर्य के नक्षत्र से पांच नक्षत्र पाप (अशुभ), आठ नक्षत्र शुभ फिर आठ नक्षत्र अशुभ, फिर 6 नक्षत्र शुभ हैं। सूर्य के नक्षत्र से छठें से 13 वें तक और 22 वें से 27 पर्यंत शुभ कुंभ चक्र में है।

पुराने गृह में या अग्नि से जल गया हो या अन्य किसी कारण से पुनः छाकर मिट्टी, चूने आदि से सुसज्जित करने पर कार्तिक, श्रावण, मार्गशीर्षमास में स्वाति, पुष्य, धनिष्ठा, शतभिषा नक्षत्र में प्रवेश करें। यहां अस्त आदि का दीर्घ विचार नहीं करना चाहिए।

प्रवेश के समय यजमान जल से पूर्ण घट, पुष्प, दीप, दूर्वादल, पल्लव से खास सुशोभित दोनों हाथों से लेकर कुमारी कन्या, पंडित, गौ की प्रदक्षिणा कर नमस्कार करके घर में प्रवेश करे। उस समय ब्राह्मण वेद का पाठ करें, शंख आदि की मंगल ध्वनि हो और रमणीगण मनोहर ध्वनि से मंगल की बूंद वर्षावें।

बिना तोड़-फोड़ के वास्तु-दोष निवारण

आवासीय भवन खरीदने के पहले और बाद में पड़ोस पर ज़रूर ध्यान रखें

यदि आपके घर के सामने कोई बहुत बड़ी मल्टीस्टोरी बिल्डिंग या बड़ा संस्थान हो तो चीनी मान्यता के अनुसार इस बड़ी बिल्डिंग की ऊंचाई, छाया एवं वैभव से छोटे आवासीय मकान की सम्पन्नता एवं उन्नति पर प्रतिकूल प्रभाव पड़ता है।

यदि यह बिल्डिंग स्कूल है तो बुरा प्रभाव कुछ कम होगा। यदि चर्च है और वहां मुर्दे दफनाये जाते हैं तो प्रभाव अत्यधिक बुरा होगा। दु:ख एवं मौत का सन्नाटा आवासीय भवन में रहनेवालों को अदृश्य दैविक विपदाओं में उलझा देगा। यदि चर्च में विवाह एवं आनन्द-प्रमोद के उत्सव मनाये जाते हैं तो अशुभ की आशंका कुछ कम हो जायेगी।

उपाय—

1. एक षट्कोणीय या गोलाकार दर्पण छोटे भवन के छत पर इस प्रकार लगावें की मल्टीस्टोरी बिल्डिंग की सम्पूर्ण छाया (छवि) उसमें दिखाई दे।
2. छोटे भवन की छत पर विदेशों में स्वीमिंग पूल या फव्वारे लगाये जाते हैं।
3. दोनों भवनों के मध्य बड़े वृक्ष लगाये जाते हैं ताकि बड़े भवन का दुष्प्रभाव छोटे भवन पर न पड़े।
4. द्वार पर वास्तुदोष नाशक तोरण लगाएं।

सड़क के उस पार बड़े भवन का छोटे भवन पर प्रभाव

2

यदि आपके आवासीय भवन के सामने सड़क (राजमार्ग) है तथा उस पर आपके भवन के ठीक सामने मल्टीस्टोरी बिल्डिंग, बड़ा चर्च या मन्दिर है तो पहले यह देखें कि मध्यवर्ती सड़क आपके भवन की ऊंचाई से तिगुनी या चौगुनी चौड़ाई या दूरी पर है तो बड़े भवन का कुप्रभाव आप पर नहीं पड़ेगा। यदि यह मार्ग चौड़ा राजमार्ग न होकर संकरी गली ही है तो ऐसे में बड़े भवन या चर्च का दुष्प्रभाव आपके आवासीय भवन पर ज़रूर पड़ेगा।

उपाय— चित्र नम्बर 1 में प्रदर्शित उपाय करें।

कोणवेध से बचाव का उपाय

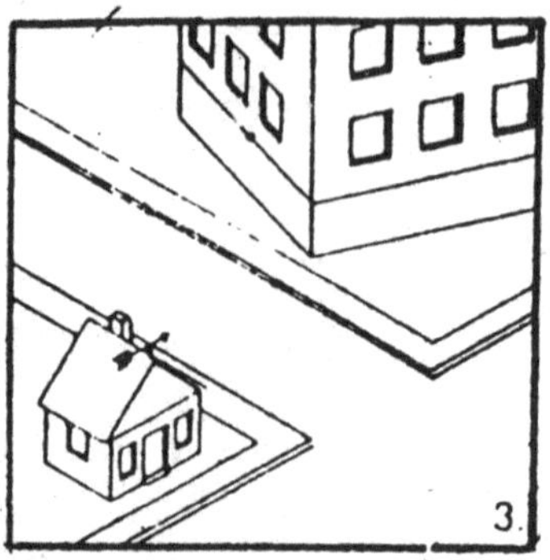

यदि आपका आवासीय मकान राजमार्ग या चौराहे के एक कोने में स्थित है तथा सामनेवाले मल्टीस्टोरी बिल्डिंग का कोना (Corner) आपके भवन के कोने को प्रभावित कर रहा है तो निश्चित ही यह आपके भाग्य एवं सुअवसरों में रुकावट डालने को कार्य कर रहा है। भारतीय वास्तुशास्त्री इसे कोणवेध कहते हैं।

उपाय—

1. आवासीय छत के बाहरी हिस्से पर दर्पण लगावें। यह दर्पण पर्दे में भी छिपाये जा सकते हैं।
2. आवासीय छत के ऊपर दिशासूचक यन्त्र लगावें, जिसका हिस्सा (तीर) मल्टीस्टोरी बिल्डिंग के कोने की ओर होना चाहिए।
3. द्वार पर सर्वमंगलकारी कौड़ी तोरण लगावें।

बड़े भवनों से बचाव का उपाय

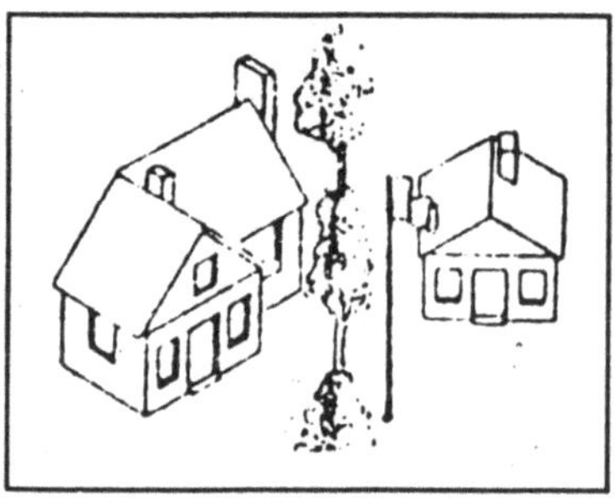

यदि आपके आवासीय मकान के पास (पड़ोस) में कुछ बड़े-बड़े भवन हों तथा आपके मकान के कोने को प्रभावित कर रहे हों तो ऐसे में छोटे मकानवाले को कुछ डिप्रेशन (Depression) रहेगा।

उपाय—

1. दोनों के बीच में बड़े-बड़े वृक्ष लगावें।
2. छोटे भवन की ओर स्पॉट लाइट (Spot-light) लगावें।
3. दोनों भवनों के मध्य बांस का फ्लैग (Flag) लगा दें।
4. दिशासूचक यन्त्र बीच में लगावें एवं उसका तीर बड़े भवन की ओर रखें।

कोन वेध का उपाय

यदि दो मकानों के कोने आमने-सामने एक-दूसरे से टकरा रहे हों तो ऐसे में दोनों पड़ोसी एक-दूसरे से

लड़ेंगे-झगड़ेंगे एवं कलह की स्थिति कोर्ट-केस में बदल जायेगी।

उपाय—

1. दोनों पड़ोसी आपसी सहमति से दोनों मकानों के बीच में एंक शेड (Shed) बना लें।
2. एक संयुक्त गैरेज (Garage) बना लें।

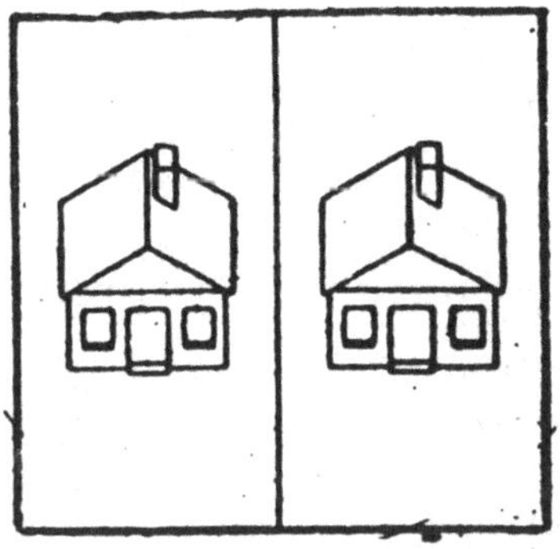

3. छत पर त्रिकोणात्मक शेड (Shed) कांच का बना लें तो दोनों पड़ोसी सुखी-सम्पन्न रहेंगे।

आवासीय भवन के सामने या पास में फैक्ट्री

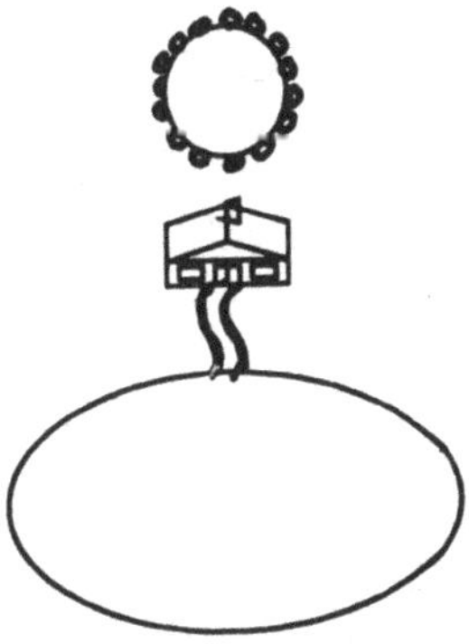

यदि आपके आवासीय भवन के पास बड़ी फैक्ट्री या उद्योग की स्थापना हो जाये तो यह आवासीय भवन में रहनेवाले के लिए शुभ संकेत नहीं है।

उपाय—

1. दोनों भवनों के मध्य बड़े वृक्ष लगावें।
2. लैम्पपोस्ट (lamp-post) लगावें।
3. भवन के किनारे फव्वारा (Fountain) लगावें।

तालाब एवं भवन की स्थिति

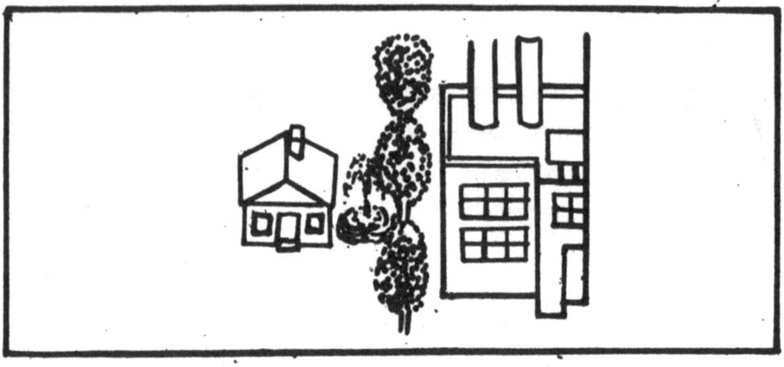

स्वीमिंग पूल (Swimming Pool) पर तालाबवाले नियम ही लागू होते हैं। तालाब या स्वीमिंग पूल छत के ज़्यादा नज़दीक नहीं होना चाहिए। ज़्यादा बड़ा भी नहीं होना चाहिए। स्वीमिंग पूल या तालाब (अण्डाकार) स्थिति में बनाया जाये तो उत्तम रहता है। तालाब या स्वीमिंग पूल यदि चौकोर हो तो ध्यान रहे कि उसका कोना छत के कोने या द्वार से वेध न करें। उसे कोणवेध कहते हैं।

उपाय—

यदि स्वीमिंग पूल या तालाब घर के ज़्यादा नज़दीक हो तो ठीक उसी दूरी पर विपरीत दिशा में पेड़ लगावें तो विपरीत परिस्थिति भी अनुकूल हो जायेगी।

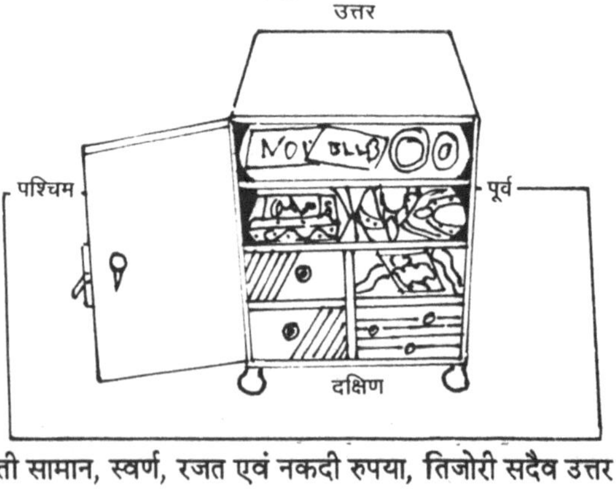

1. घर का कीमती सामान, स्वर्ण, रजत एवं नकदी रुपया, तिजोरी सदैव उत्तर दिशा में रखें क्योंकि उत्तर दिशा का स्वामी कुबेर है। कुबेर देवताओं का खजांची है। यह कभी भी कोष खाली नहीं होने देता।

2. तिजोरी (Safe) में विधिवत् पूजन किया हुआ कुबेर-यन्त्र की स्थापना करनी चाहिए। तथा धनतेरस के दिन इस कुबेर-यन्त्र का षोडशोपचार पूजन करना चाहिए। इससे धन का खज़ाना भरा रहता है।
3. जिन सज्जनों के पास अनेक उपाय करने पर भी रुपया एकत्रित न होता हो, उन्हें यह प्रयोग अवश्य करना चाहिए। प्राण-प्रतिष्ठित कुबेर-यन्त्र की प्राप्ति हेतु प्रबुद्ध पाठक लेखक से सीधा पत्र-व्यवहार करके यन्त्र प्राप्त कर सकते हैं।

बिना तोड़-फोड़ के वास्तु-मार्ग वेध

मार्ग-वेध का तात्पर्य घर में जानेवाले प्रकाश एवं वायु के मार्ग में रुकावट डालना है। सूर्य की किरणों के स्वच्छन्द उपयोग तथा वायु के संचार में जो बाधा आती है वही दोष भारतीय वास्तुशास्त्र में वेध के नाम से जाना जाता है। वेध के अनेक वर्गीकरण हैं। यहां केवल मार्ग-वेध पर चर्चा की जा रही है।

प्रवेश मार्ग प्रारम्भ में संकरा एवं घर के पास जाकर चौड़ा हो तो यह शुभ है। ऐसे घर में धन के अवसर आते रहेंगे। यदि मार्ग अत्यधिक संकरा एवं पगडंडी जैसा हो या अत्यधिक धूमिल हो तो ठीक नहीं। ऐसे में सबसे संकरा स्थल पर दीप स्तम्भ (Lamp post) का स्पाट लाईट लगावें जिसकी रोशनी मकान के द्वार या छत पर पड़नी चाहिए। यदि मार्ग का ढलान घर की तरफ हो तो छत के पीछे स्पॉट लाइट लगावें जो छत से भी ऊंची हो या ढलान ईंटें लगाकर सही कर दें।

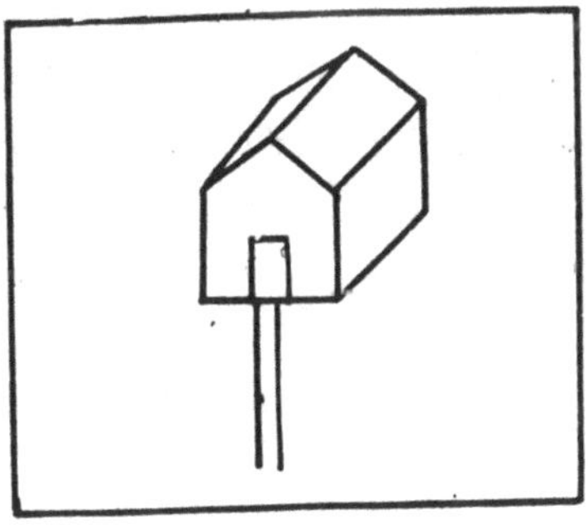

यदि घर का प्रवेश मार्ग द्वार से छोटा एवं संकरा हो तो यह अशुभ है। ऐसे घर में अनुकूल चुम्बकीय प्रवाह व लक्ष्मी का प्रवेश कठिनता से होगा, जिससे घरस्वामी का भाग्य अवरुद्ध हो जाएगा।

उपाय—
प्रवेश मार्ग को चौड़ा करें।

फेंगसुई के अनुसार घर का प्रवेश-मार्ग यदि गोलाकार घेरों में हो तो यह अच्छा शकुन है, बशर्ते उन घेरों के मध्य में हरी घास या पुष्प-गुच्छ हों तो ऐसे में धन-दौलत गृहस्वामी के कदम चूमेगी। चीन में गोल घेरे को रुपये की आकृति का प्रतिरूप माना जाता है। ये घेरे नौ या दस होने चाहिए क्योंकि ये घेरे चीन के उन दस

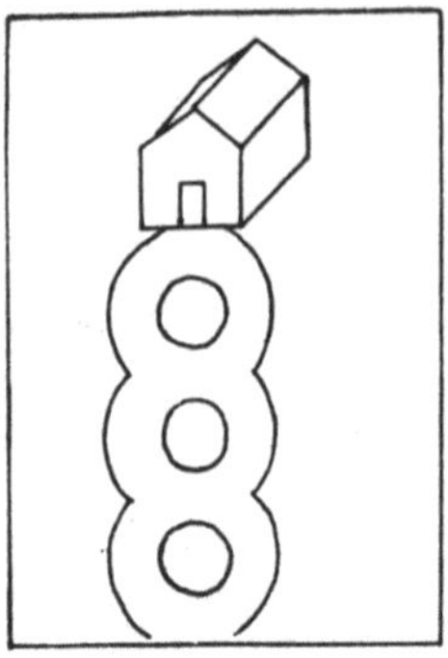

सम्राटों के द्योतक हैं जो कि बुरी नज़र से एवं काले जादू से घर को बचाते हैं।

आवासीय भवन के बाहर षट्कोणवाला मार्ग हो तो अशुभ प्रवेश कहलाता है। ऐसे घर में रहनेवाले प्राणियों के मध्य अच्छा रिश्ता नहीं रहता, वे परस्पर लड़ेंगे या ईर्ष्या करेंगे।

उपाय—
ऐसे षट्कोण के मध्य घेरा बनाकर फव्वारा लगावें, वृक्ष लगावें, पवनचक्की या लैम्पपोस्ट लगावें।

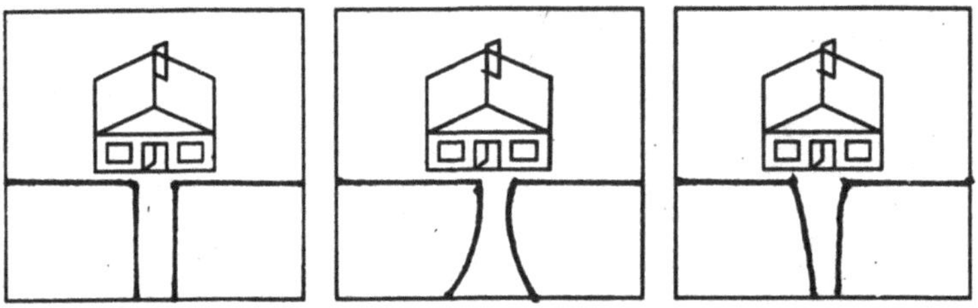

चित्र संख्या 1 व 2 की तरह खुला एवं प्रशस्त मार्ग न केवल भवन की भव्यता को बढ़ाता है अपितु भवन में अनुकूल व शुभ रश्मियों (Bio-electromagnetic energy) का प्रवेश भी कराता है। इसलिए प्रवेश मार्ग एकदम स्वच्छ, सीधा, सरल व सुन्दर होना चाहिए।

चित्र 3 में प्रदर्शित प्रारम्भ में संकरा पर आगे चलकर चौड़ा मार्ग भवन में रुक-रुक कर धनागमन करायेगा। ऐसे भवन में रहनेवाले प्राणियों के व्यक्तित्व का निर्माण तो ज़रूर सुन्दर व सफल होगा परन्तु ज़रा संघर्ष के साथ।

प्रवेश-द्वार पर सीढ़ियां

यदि मकान के प्रवेश-द्वार पर सीढ़ियां हों तो सीढ़ियां ज़्यादा गहरी व नीचांश में नहीं होनी चाहिए। दरवाज़ा खुलनेवाले स्थान पर बड़ा फ्लेटफॉर्म (दरवाज़े से दुगुना चौड़ा) होना चाहिए। (देखें चित्र 5) यदि सीढ़ियां (चित्र) की तरह निम्नगामी होंगी तो यह अशुभ प्रवेश है। मकान टेकरी पर उठाव लिये हुए (चिह्न) की तरह हो तो शुभ रहता है।

ऊंचाई पर स्थित मकान पर एक स्पॉट लाइट लगायी जाये जिसकी रोशनी मकान की छत पर पड़ती रहे तो घर में धनागमन होता रहेगा।

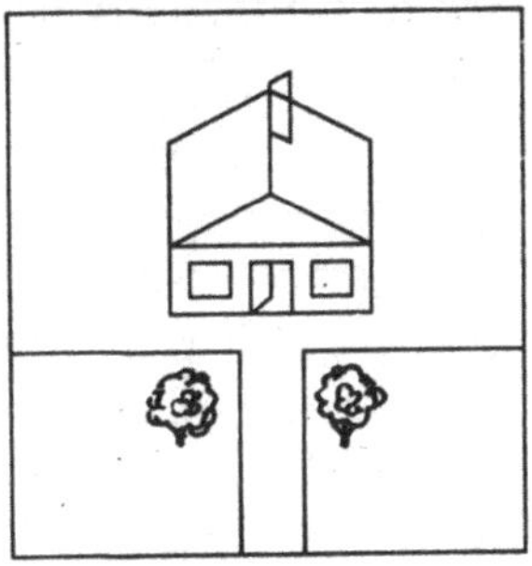

प्रवेश मार्ग के दोनों ओर झाड़ियों, छोटे पेड़ (वृक्ष) हों तो बहुत उत्तम रहता है। घर में उत्तम चुम्बकीय प्रवाह आता है एवं घर में रहनेवाले लोगों का स्वास्थ्य उत्तम रहता है। यदि झाड़ियां प्राकृतिक (जंगली) रूप से बढ़ जायें तो उन्हें काटकर सुन्दर बनावें। घर का प्रवेश निष्कलंक एवं स्वच्छ (साफ) होना चाहिए।

मकान के प्रवेश-द्वार के आगे छप्पर लगाकर खुला आंगन (Porche) बनाना तो शुभ रहता है पर खम्भे ज्यादा बड़े नहीं होने चाहिए एवं प्रवेश-द्वार के ज्यादा पास भी नहीं होने चाहिए। चौकोर खम्भों से गोल खम्भे ठीक रहते हैं। चौकोर खम्भे चोरी एवं धन की न्यूनता में सहायक होते हैं।

उपाय—

यदि खम्भे, बीम की स्थिति प्रतिकूल हो तो उस पर दर्पण इस तरीके से लगावें की आंखों को आसानी से दिखाई दे। अंग्रेजी में कहावत है—आकर्षण आशीर्वाद को खींचता है—Attraction receives blessing.

ऑफिस बीम (Beam) के नीचे नहीं होना चाहिए

पुराणों में हिरण्यकश्यप एवं प्रह्लाद की कथा तो सभी ने पढ़ी ही होगी। हिरण्यकश्यप को वरदान प्राप्त था कि उसकी मृत्यु न दिन में होगी न रात में, न नर से होगी न नारी से, न आकाश में न पाताल में, न पृथ्वी पर, न जल में, न घर में होगी न घर के बाहर। हिरण्यकश्यप को मारने के लिए भगवान श्री विष्णु को नृसिंह का अवतार लेना पड़ा। आप जानते हैं कि हिरण्यकश्यप की मृत्यु संध्याकाल में हुई। संध्याकाल की गणना न दिन में होती है न रात में और घर की दहलीज के बीच में हुई। घर की दहलीज की गणना न घर के अन्दर होती है

न घर के बाहर। अतः तब से पौराणिक काल लगभग ईसा से 2000 वर्ष पूर्व से पाट के नीचे, गाटर एवं बीम के नीचे नहीं बैठा जाता न ही संध्याकाल में किसी भवन का निर्माण होता है। बीम के नीचे बैठना मृत्यु को दावत देना, आयु को क्षीण करना एवं अशुभ को आमन्त्रित करना मना जाता है, हमारे अनुभव में भी यह आया की बीम के नीचे ऑफिस, कार्यालय, रिवाल्विंग चेयर, गद्दी या आसन का होना गलत है, यह प्रतिकूल परिस्थितियों को उत्पन्न करता है, एवं चलते कार्य में रुकावट डालता है।

कुछ समय पहले एक उद्योगपति मेरे पास आये। उन्होंने बताया कि अनेक सही प्रयत्न करने के बाद भी उसकी फैक्ट्री बराबर नहीं चल रही है। बाकी सब कुछ ठीक था पर उसे मज़दूर–समस्या बराबर बनी रहती थी। जबकि मज़दूरों को खुश करने की हर प्रकार की कोशिश की जाती थी। समस्या की गम्भीरता देखते हुए मैं स्वयं फैक्ट्री देखने गया। देखा कि फैक्ट्री के सेंट्रल हॉल में, जहां कर्मचारी बैठकर कार्य करते थे, वहां बीम थी—बीम या गाटर खुद तनाव में रहता था और अपने नीचे बैठनेवालों को भी तनावग्रस्त रखता था, ठीक से काम नहीं करने देता। कर्मचारियों का ऑफिस अन्यत्र करवा दिया। आश्चर्यजनक परिवर्तन हुआ। फैक्ट्री के कर्मचारी एवं मज़दूर ठीक समय पर आने लगे। तब से लेकर आज दिन तक उस फैक्ट्री में मज़दूरों की समस्या नहीं आई। एक छोटे–से परिवर्तन ने डूबते हुये उद्योग को बचा लिया। यह है बिना तोड़–फोड़ के वास्तुदोष–शमन की सार्थकता का प्रत्यक्ष उदाहरण।

बीम से अपने आपको बचावें

बीम के नीचे पलंग, खाने की टेबल नहीं रखनी चाहिए। ऑफिस में भी कुर्सी या मेज बीम के नीचे न रखें। क्योंकि बीम (गाटर) खुद भी तनाव में रहता है तथा अपने नीचे बैठने वाले को भी तनावग्रस्त कर देता है। यदि बीम (Beam) के नीचे बैठने के अलावा अन्य कोई विकल्प न हो तो निम्न उपाय करें।

उपाय (Remedy) —

1. बीम को सीलिंग टायल्स (Beam) से ढंक दें।
2. बीम के दोनों ओर बांस की बाँसुरी लगाने से इसका अशुभ प्रभाव नष्ट हो जाता है। यह उपाय चीन, जापान, हांगकांग व दक्षिण एशिया में किया जाता है।
3. बीम के दोनों ओर वास्तुदोष नाशक हरे रंग के गणपति लगावें।

नौ व्यावहारिक उपाय

बिना तोड़-फोड़ के वास्तुदोष-शमन

मां सरस्वती की अनुपम कृपा का कुछ ऐसा प्रसाद मिला कि वास्तुशास्त्र पर मेरी पांच पुस्तकें अब तक प्रकाशित हो चुकी हैं। जनता-जनार्दन, आम-खास पाठकों ने, जिज्ञासुओं ने इन पुस्तकों को बेहद सराहा। प्रकाशक खुद इन पुस्तकों की रिकॉर्ड तोड़ बिक्री पर हैरान हैं। थैला भरकर रोज़ डाक आती है। ज़्यादातर लोगों कि एक ही जिज्ञासा होती है कि बिना तोड़-फोड़ के वास्तुदोष का शमन कैसे सम्भव है ? कई वास्तुशास्त्र के तथाकथित विशेषज्ञों के फोन आते हैं कि अमुक फैक्ट्री-भवन में अमुक प्रकार का जबरदस्त दोष है, क्या बिना तोड़-फोड़ के इस दोष का निराकरण हो सकता है ? मेरा प्रत्युत्तर सदैव सकारात्मक रहता है। क्योंकि मैं जानता हूं कि भारतीय विद्वान अपनी प्राचीन विद्या को भुला बैठे हैं।

विदेशों में बिना तोड़-फोड़ के वास्तुदोष-शमन के नौ उपाय (Nine Basic Cure) सर्वाधिक प्रचलित हैं। प्रो० लिनयुन (Lin-yun) एवं वास्तुकार सराह रोस्बेच (Sarah Rossbach) ने इन उपायों पर बहुत विस्तार से प्रकाश डाला है। उनके द्वारा प्रदत्त वे '**नाइन बेसिक क्योर**' जिनके आकाश, वायु, जल, प्रकाश, अग्नि—इन पंचभूतों के तालमेल को सुधारा जा सकता है, वे इस प्रकार हैं—1. लाईट-दर्पण-क्रिस्टल बाल 2. ध्वनि-घंटी 3. वृक्ष-पौधे-झाड़ी, पुष्प 4. पवनचक्की, फव्वारा, दिशादर्शक यन्त्र, 5. मूर्तियाँ-पत्थर-चट्टानें, 6. विभिन्न विद्युत उपकरण, 7. बांस, 8. रंग-निदान 9. विभिन्न टोटके व यन्त्र।

मैं आपको एक बात स्पष्ट तौर पर बताना अपना परम कर्तव्य समझता हूं कि वास्तुदोष सम्बन्धी विदेशी ज्ञान, भारतीय वास्तु शास्त्रज्ञों के सामने बौना है। विदेशी लोगों को केवल चार दिशाएं ही पता थीं पूर्व-पश्चिम-उत्तर-दक्षिण, फिर भारतीय शास्त्रों की मदद से ईशान, अग्नि-नैर्ऋत्य, वायव्य इत्यादि चार दिशाओं का और पता चला—बस इनके आगे इनका ज्ञान नहीं है। इनकी उत्पत्ति कैसे हुई, इन दिशाओं के नामकरण के पीछे क्या रहस्य है, इसका ज्ञान उन्हें नहीं है। वस्तुस्थिति यह है कि भारतीय मनीषियों ने आज से हज़ारों वर्ष पूर्व मुंह देखने के काँच (दर्पण) का महत्त्व दर्शाया था। विदेशी वास्तु शास्त्रियों की दृष्टि में, बड़ा भारी महत्त्व है क्योंकि यह वास्तु-सम्बन्धी बाहरी दुष्प्रभाव को वापस लौटाने (Reflect) करने की शक्ति रखता है। काँच आन्तरिक सुन्दरता व सुरक्षा को बढ़ाता है। इसमें आकार का कोई विशेष महत्त्व नहीं है।

यदि राजमार्ग सीधा घर में प्रवेश कर रहा हो, द्वारवेध हो तो खिड़की के बाहरी भाग में कांच लगाकर द्वारवेध नष्ट करने की परिपाटी मध्य एशिया, हांगकांग, सिंगापुर एवं चीन तथा जापान में अधिकाधिक प्रचलित है।

घरों के अपेक्षाकृत ऑफिस या व्यापारिक कक्ष में काँच का बड़ा महत्त्व है। यह काँच कई अर्थों में ऑफिस की शोभा, श्री में वृद्धि करता है। अंग्रेजी में कहावत है "The bigger the mirror the better."

ऑफिस वगैरा में काँच इस तरह से लगना चाहिए कि उसमें आदमी का पूरा प्रतिबिम्ब दिखाई देना चाहिए। यदि काँच अधिक छोटा है तथा सिर नहीं दिखाई देता हो तो गृहस्वामी को सिरदर्द की स्थाई बीमारी रहेगी। यदि काँच ज़्यादा बड़ा हो तो गृहस्वामी अस्वस्थ रहेगा। अतः काँच ऑफिस में सही ढंग से सही स्थान पर लगाना चाहिए।

छोटे एवं संकरे कमरे काँच की मदद से दुगुने बड़े व सुन्दर दिखते हैं। ऑफिस में काँच अजनबी व्यक्ति के प्रवेश, प्रतिबिम्ब व उद्देश्य को प्रकट करने में सहायक होता है। (L Shape) मकान व कमरे भी काँच की मदद से शुभफलदायक हो जाते हैं। काँच यदि सही ढंग से लगे तो ऑफिस व घर में उन्नति एवं प्रगति में भारी सहायक होता है।

मैं हरियाणा के एक प्रसिद्ध होटल में 'वास्तुविजिट' पर गया। होटल का रेस्टोरेण्ट (भोजनशाला) ठीक नहीं चल रहा था। डाइनिंग हॉल अकसर ग्राहकों की इन्तज़ार में खाली पड़ा रहता था। मैंने देखा, भोजन-कक्ष में 32 खम्भे थे। काफी अँधेरा भी था। मैंने डाइनिंग हॉल में पर्याप्त रोशनी कराई। गोल खम्भों पर षट्कोणात्मक काँच (शीशा) लगा दिये। होटल चल पड़ी। यही हॉल बम्बई, चर्चगेट पर स्थित होटल सम्राट का है। वहां भोजन के लिए ग्राहक लम्बी क्यू में खड़े रहते हैं।

अपनी दिव्य शक्ति द्वारा भारतीय मनीषियों ने सोलह प्रकार की दिशा-विदिशा को खोज निकाला था। जिनके नाम इस प्रकार हैं—

1. पूर्व, 2. कुंडदक्षांस, 3. आग्नेय, 4. दक्षपार्श्व, 5. दक्षिण, 6. दक्षश्रेणि, 7. नैऋत्य, 8. पुच्छ, 9. पश्चिम, 10. वामश्रेणी, 11. वायव्य, 12. वामार्श्व, 13. उत्तर, 14. वामांस, 15. ईशान्य, 16. पद्ममुख।

पूर्व और कुंडदक्षांस के मध्य एक उपदिशा और है, इस प्रकार से कुल 32 दिशाएं होती हैं जिसका ज्ञान केवल भारतीय मनीषियों के अतिरिक्त न किसी को था, न है।

बिना तोड़-फोड़ के वास्तुदोष-शमन के सन्दर्भ में भी भारतीय ऋषियों का ज्ञान अनुपम था। इस विषय में हमने भी निरन्तर अनुसंधान किये जिसके सत्परिणाम से लोगों को राहत मिली। बिना तोड़-फोड़ के वास्तुदोष-शमन के निम्न अचूक उपाय प्रबुद्ध पाठकों के लाभार्थ पहली बार यहां प्रस्तुत किये जा रहे हैं।

1. दिशा-स्थिति (Correct Direction)

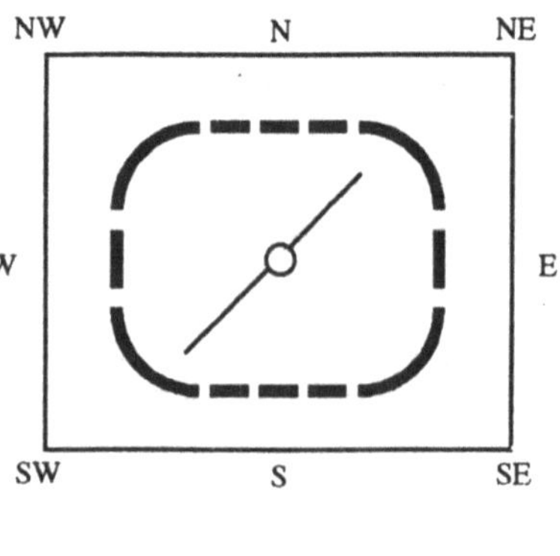

सभी वस्तुओं को अपनी सही स्थिति व दिशा में स्थापित करने से वास्तु-सम्बन्धी दोषों से राहत मिलती है। जैसे रसोईघर गलत बना है तो उसमें अग्निस्थान चूल्हा, स्टोव सही दिशा अग्निकोण में स्थापित करने से वास्तुदोष मिट जाता है। शयन-कक्ष गलत बना हो तो सोने की स्थिति दक्षिण-उत्तर करके शयन-कक्ष के वास्तुदोष को ठीक किया जा सकता है। इसी प्रकार मान लें पानी का बोरिंग

अग्निकोण (गलत दिशा) में कर दिया गया है तो वहां इलैक्ट्रिक मोटर लगा दें एवं पानी के प्रथम निकास (Direction) को ईशानकोण या पूर्व (सही) दिशा में स्थापित कर दें तो भवन का जल-दोष नष्ट हो जायेगा।

2. क़ाँच (Mirror)

काँच प्रकाश-किरण को परावर्तित करती है। क्रिस्टल बाल सकारात्मक शक्ति का प्रतीक मानी जाती है। क्रिस्टल बाल घर के आन्तरिक एवं बाह्य, दोनों प्रकार के वास्तुदोष को ठीक करती है। कोई भी क्रिस्टल बॉल सूर्य की किरणों को परावर्तित करती हुई इन्द्रधनुषी रंगों का सृजन करेगी। यह गृहस्वामी के भाग्य को इन्द्रधनुषी रंगों के माध्यम से चमकाती है।

क्रिस्टल बॉल का धार्मिक महत्त्व भी है। चीन, सिंगापुर, जापान में भगवान बुद्ध की मूर्ति के सामने यह लगाई जाये तो इस बॉल में विशेष शक्ति आ जाती है। क्रिस्टल बॉल के माध्यम से सूर्य का प्रकाश, आध्यात्मिक शक्ति में बदल जाता है। मन्त्रों की शब्द-शक्ति क्रिस्टल-बॉल से टकराकर अनन्तगुणित होकर कमरे में फैल जाती है। भारत में भी प्राचीन मन्दिरों की छतों पर रंग-बिरंगे काँच की बॉल लगाने की परिपाटी अति प्राचीन है। काँच एवं क्रिस्टल बॉल का उद्‌देश्य तो एक ही है। काँच दिशा विशेष के डायरेक्शन को प्रभावित करता है, जबकि क्रिस्टल बॉल चारों ओर अपना प्रभाव बिखेरता है।

3. तेज रोशनी के बल्ब (Flood light Bulb)

तेज रोशनी (Flood light) वास्तुदोष-सुधार की शृंखला में सबसे महत्त्वपूर्ण कड़ी है जो पर्यावरण को सुधार देती है तथा L-Shape मकान को चौकोर (Square) में बदल देती हैं। पर्वत के छोटे ढलान पर बने मकान के सामने रोशनी फेंकने पर, उस मकान से बहती हुई लक्ष्मी का रेला रुक जाता है। तेज प्रकाश सूर्य की रोशनी का प्रतिनिधित्व करता है, जो भवन के आन्तरिक एवं बाहरी स्वरूप को चमका देता है।

अँधेरे में भूत-प्रेत, बुरी आत्मा का भय रहता है। वस्तुतः अन्धकार दुर्भाग्य, दुःख व उदासी का प्रतीक है जबकि प्रकाश सौभाग्य, सुख एवं प्रसन्नता का प्रतीक है। कहावत है– Bright the lamp better the fate.

वास्तु नियमों के अनुसार जिस घर के पूर्व या ईशान्य में रोशनी स्थाई रूप से लगी रहती है उस घर में दैविक शक्ति प्रतिपल जागृत रहती है।

4. मधुर स्वरलहरी या घंटी (Wind Chirres)

भवन या ऑफिस में मधुर स्वरलहरी, मीठी आवाज में बजनेवाली आधुनिक घंटियां घर में सकारात्मक वायु प्रवाह को उत्पादित करने के कारण शुभ शकुन के रूप में वास्तुदोष का हरण करती हैं।

इस संसाधन को लोग प्रवेश-द्वार के पास लगाते हैं ताकि अजनबी के प्रवेश करते ही स्वचालित घंटियाँ अपने आप बजने लगती हैं। इसका एक विचित्र प्रयोग भी हुआ।

सन् 1970 के मार्च महीने में अमेरिका में कैलीफोर्निया बैंक दिन-दहाड़े लूट लिया गया। तब एक वास्तुशास्त्री को बुलाया गया। उसकी सलाह पर, दरवाजे पर पहली बार तेज़ आवाज़ की घंटी लगायी गई। केस-दरवाजे के हर बार खुलने व बन्द होने पर घंटी बजती। सुरक्षा सिस्टम की इस व्यवस्था के बाद बैंक आज दिन तक सुरक्षित रहा और इसके बाद प्रत्येक बैंकों में ऐसी ही घंटियाँ लगने लगीं और यह सिस्टम भारत की प्रत्येक बैंक में भी प्रचलित हो गया, जो वस्तुतः एक वास्तुशास्त्री की देन है।

5. वृक्ष और पुष्पगुच्छ (Plants and Flowers)

वृक्ष, पौधे और पुष्पगुच्छ जीवन्त शक्ति से भरपूर प्रकृति व सौन्दर्य के वे अनुपम उपहार हैं जो कि मानव-सभ्यता को ऑक्सीजन प्राणवायु तो देते ही हैं साथ ही घर की सुन्दरता में भी चार-चाँद लगा देते हैं। वास्तुदोष परिहार में, बीमारियों को ठीक करने में, उत्तम स्वास्थ्य संरक्षण में, वृक्ष-वनस्पतियों का महत्त्व सर्वाधिक महत्त्वपूर्ण है। घर, होटल या रेस्टोरेंट के प्रवेश-द्वार पर सुगन्धित या आकर्षित पुष्पोंवाले पौधे न केवल ग्राहकों को अपनी ओर खींचते हैं अपितु घर, होटल व रेस्टोरेंट के ऐश्वर्य को ऐश्वर्यलक्ष्मी से मालोमाल भी कर देते हैं।

बारहमासी पौधे एवं विभिन्न प्रकार के पुष्प-वनस्पतियां भवन की आन्तरिक साज-सज्जा के साथ-साथ दूषित वायुमण्डल को शुद्ध कर स्वच्छ पर्यावरण सुरक्षा प्रदान करते हैं। पेड़-पौधे उद्भव, विकास एवं जीवन्त-शक्ति के साथ-साथ गृहस्वामी की उन्नति के द्योतक होते हैं।

इतना ही नहीं प्लास्टिक एवं अन्य संसाधनों से निर्मित नकली पौधे भी अच्छे फल देते हैं क्योंकि ये दिखने में नेत्रों को प्रिय लगते हैं। इनकी पत्तियां कभी मुरझातीं नहीं, पीली नहीं पड़तीं। ये पौधे कभी बीमार नहीं पड़ते, इनकी पत्तियां झड़ती नहीं तथा ये कीड़े-मकोड़े एवं कचरा भी उत्पन्न नहीं करते। नकली पुष्पगुच्छों व पत्तियों को नित्य खाद या देखभाल की जरूरत नहीं पड़ती तथा ये जीवन-मरण की व्याधियों से मुक्त होते हैं, इसलिए कई विदेशी विद्वान् नकली पेड़-पौधों, पुष्प-गुच्छों को ड्राइंग रूम की आन्तरिक सजावट (Interior Decoration) में ज्यादा-से-ज्यादा काम में लेते हैं।

6. क्रिस्टल बाल (Crystal Ball)

क्रिस्टल बॉल का प्रयोग भविष्यवक्ता केवल भविष्य देखने हेतु करते हों, ऐसा नहीं है। विदेशों में क्रिस्टल बॉल को भवन, होटल, ऑफिस के आन्तरिक या बाह्य संरचना (वास्तुदोष) को सुधारने का महत्त्वपूर्ण माध्यम माना जाता है। इसके लगाने के उद्देश्य काँच (Mirror) की तरह स्पष्ट हैं। जिसे आप पहले पढ़ चुके हैं।

इसे बड़े-बड़े होटल के डाइनिंग हॉल व (रिसेप्सन) स्वागत-कक्ष पर लगाया जाता है।

7. मछलीघर (Fish-Bowles)

पेड़-पौधे एवं वनस्पतियों की तरह मछलीघर भी जीवन-शक्ति, प्राणवायु एवं प्राकृतिक सौन्दर्य का प्रतीक है। जब घर में जल तत्त्व की कमी प्रतीत होती है, घर या ऑफिस में फव्वारे नहीं लगाये जा सकते तब मछलीघर को घर या ऑफिस में वास्तुदोष के शमन हेतु लगाया जाता है। मछली-केकड़े को चीन में (Sea Food or Fruit of the Sea) समुद्र देवता का प्रसाद मान बढ़े चाव से खाते हैं। जैसे भारत में हम चावल व गेहूँ को अन्नदेवता कहते हैं। अन्न को हम पवित्र वस्तु मानते हैं वैसे ही मछली घरों को विदेशों में पवित्र एवं शुभ शकुन मानकर घरों में स्थापित किया जाता है। ऑफिस व दूकानों में दुर्भाग्य एवं दुर्घटना से बचने के लिए मछलीघर लगाया जाता है। जैसे ही कोई मछली मरती है, उसे तुरन्त बदल देते हैं। मछलीघर में उठनेवाले पानी के बुदबुदे जीवन-शक्ति एवं फव्वारों से जलप्रवाह का संकेत देते हैं, जो लक्ष्मी की आवागमन हेतु शुभता का प्रतीक हैं।

8. जलाशय एवं फव्वारे (Aquariums of Fountains)

बड़े भवन, होटल, मल्टीस्टोरी बिल्डिंग, कॉमर्शियल कॉम्पलेक्स में जल-सम्बन्धी दोष को दूर करने एवं कम करने के लिए जलाशय एवं फव्वारों को व्यवस्थित करके लगाया जाता है। जल भी जीवन का प्रतीक है। नेत्रों को प्रिय लगता है एवं मन को प्रफुल्लित करता है, बाहरी हवा में गर्मी को दूर कर, नमी पैदा करता है तथा मनुष्य के मन की भीतरी उद्विग्नता को दूर कर उसको ठंडक व मानसिक शीतलता प्रदान करता है।

चीनी भाषा में वास्तुशास्त्र को फेंगसुई (Feng-Shui) कहा गया है जो दो शब्दों का सम्मिश्रण (wind-water) है जिसका शाब्दिक अर्थ जल एवं वायु है।

जल को मध्य एशिया में धन का प्रतीक माना गया है एवं वायु को प्राण का प्रतीक। फेंगसुई (Feng-Shui) का भावात्मक अर्थ है—जल तत्त्व एवं वायु तत्त्व के द्वारा भवन में धन-संग्रह को बढ़ाना (Blowing away money through wind & water) इसलिए मध्य एशिया के ऊंचे भवनों, मल्टीस्टोरी बिल्डिंग, पंचतारा होटल व रेस्टोरेंट में धनागमन के प्रतीक फव्वारों एवं जलाशयों को बड़ी सूझ-बूझ के साथ बनाया जाता है। जल निष्कासन, प्राकृतिक पानी के बहाव (ढलान) पर विशेष ध्यान दिया जाता है क्योंकि यदि पानी का निकास गलत ढंग से हो गया तो घर, होटल, रेस्टोरेंट का सारा रुपया गलत ढंग से चला जायेगा।

9. पवनचक्की व दिशादर्शक यन्त्र (Windmills, whirlings & weather wanes)

हवा से चलनेवाले संयन्त्र पवनचक्की, दिशासूचक यन्त्र व अन्य तेज गति से फड़फड़ानेवाले वायुप्रवाह सूचक यन्त्र, घरों के उपर व बाहर इस तरीके से लगाये जाते हैं कि पड़ोस के बड़े भवन अथवा राजमार्गवेध का दुष्प्रभाव गृहस्वामी पर न पड़े।

10. भारी पत्थर एवं मूर्तियां (Stones-statues & heavy objects)

कई बार घर-फैक्ट्री की विशेष दिशा व कोण को भारी करने के लिए भारी पत्थर,

चट्टानों एवं मूर्तियों का सहारा लिया जाता है। इनको सही ढंग से वास्तु नियमों के अनुसार लगाने से गृहस्वामी के धंधे व रोजगार में स्थाइत्व आ जाता है। कई बार तो पति-पत्नियों के अलगाव, निरन्तर यात्राएं एवं अस्थायित्व की भावना वांछित दिशाकोन को भारी करने पर अदृश्य ढंग से स्वत: ही समाप्त हो जाती है।

11. भारी विद्युतीय संयन्त्र (Electrical-Power)

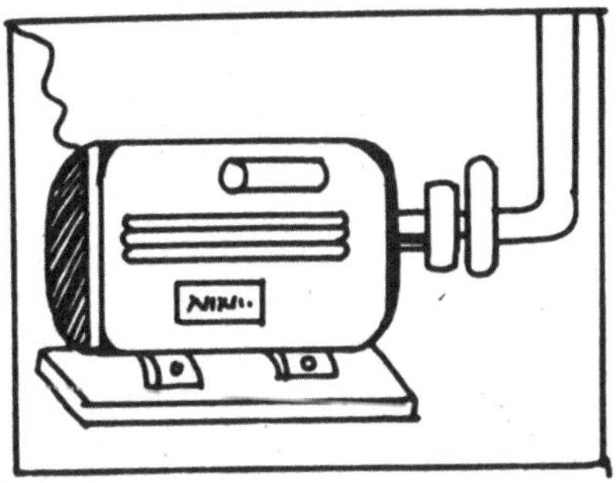

उद्योग, फैक्ट्री व दूकानों में भारी विद्युत-संयन्त्रों को ठीक ढ़ंग व सही दिशा में स्थापित करने से अनेक समस्याओं का स्वत: ही समाधान हो जाता है। फैक्ट्री में जेनरेटर-बायलर फर्नेस- भट्ठियों को सही ढंग से लगाने पर विद्युत-शक्ति बराबर रहती है, पॉवर फेलियर नहीं होता है। इसी प्रकार घरों में भी बिजली का मोटर, वाशिंग मशीन, फ्रिज, टेलीविजन इत्यादि विद्युत उपकरणों को सही ढंग से लगाने पर घर के सदस्यों की पाचन-शक्ति एवं ऊर्जा बराबर सही स्थिति में बनी रहती है।

12. बांस व बांसुरी (Bamboo & Flutes)

चीन एवं मध्य एशिया में बाँस (Bamboo) का बड़ा भारी धार्मिक महत्त्व है। बाँस की बनी बाँसुरी शान्ति, शुभ समाचार, स्थायित्व व स्थिरता का प्रतीक मानी जाती है। इसलिए घर-ऑफिस एवं व्यापार-कक्ष में इसे स्थापित किया जाता है। ऐसी मान्यता है कि बाँसुरी में एक के ऊपर एक शृंखलाबद्ध बने हुए छेद, भवन को मंजिल-दर-मंजिल सुरक्षित रखते हैं।

भवन में बीम (Beam) से बचाव के लिए यदि दो बाँसुरियाँ लाल कपड़े में लपेटकर त्रिकोणाकृति में बीच के दोनों ओर लटका दिया जाय तो बीम के दोष का शमन हो जाता है पर ध्यान रहे, बाँसुरी का मुँह नीचे की ओर होना चाहिए। बाँसुरी (Flute) उन्नति, प्रगति एवं सकारात्मक सद्गुणों की परिवृद्धि की सूचना देती है। जापान, मलेशिया, हांगकांग, ताईवान व चीन के आवासीय घरों में इसे तलवार की तरह लटकाया व सजाया-सँवारा जाता है। ताकि बुरी आत्माएं चोर-डाकू एवं बुरे लोगों से घर सुरक्षित रहे। बाँसुरी की धार्मिक मान्यताओं के अनुसार बुरी आत्माएं जब उसे हाथ में लेकर हिलाया जाता है तो बुरी आत्माएं भाग जाती हैं और जब इसे बजाया जाता है तो ऐसी मान्यता है कि घरों में शुभ चुम्बकीय प्रवाह (Microcosmos sound waves) का प्रवेश होता है।

भगवान कृष्ण की सहचरी इस बाँसुरी की जितनी मान्यता भारत में नहीं है, उससे कहीं हजार गुना अधिक मान्यता चीनी प्रदेशों में है जहाँ बाँसुरी वास्तुदोष प्रशमन का मुख्य माध्यम है।

13. आन्तरिक साज-सज्जा एवं रंग (Interior decoration & colours)

आन्तरिक साज-सज्जा एवं रंगों के बड़े भारी प्रभाव को भारत एवं सभी विदेशी संस्कृतियों ने एकमत से स्वीकार किया है। दीवारों के रंग आंखों के माध्यम से, दिल में उतरते हुए मन की गहराई को छू जाते हैं तथा अपने अनुकूल व प्रतिकूल रश्मि-स्पन्दों से मानव मन-मस्तिष्क को विलक्षण ढंग से प्रभावित करते हैं। जेम थेरेपी (Gem therapy), कलर थेरेपी (Colour therapy), कलर बाथ (Colour bath) चिकित्सा के अस्तित्व व उपचार को जहाँ वैज्ञानिकों ने स्वीकार किया है, वहीं घर की आन्तरिक साज-सज्जा व रंगों की योजना से ग्रह-नक्षत्र जन्य बाधा एवं वास्तुदोष दूर होते हैं, इस बात की सम्भावना से इनकार नहीं किया जा सकता।

भारतीय ज्योतिषशास्त्र एवं वास्तुशास्त्र रंगों की इस अवधारणा को अकाट्य तर्कों के साथ परिपुष्टित करता है। उनका मानना है कि यदि व्यक्ति सूर्य ग्रह से प्रभावित है, सिंह राशि, सिंह लग्न का है, जन्मकुण्डली में सूर्य ग्रह उच्च का, स्वगृही या अनुकूल स्थिति में है, तो घर, होटल, दूकान की दीवारों का रंग गोल्डेन येलो (Golden yellow) सुनहरे बॉर्डरवाला हलका गुलाबी (Ruby) या पीला होना चाहिए। इससे व्यक्ति की सूर्य-सम्बन्धी तत्त्व एवं शक्तियाँ बढेंगी।

यदि व्यक्ति चन्द्रतत्त्व प्रधान है, कर्क राशि, कर्क लग्न का जातक है, चन्द्रमा स्वगृही या उच्च का है तो उसके घर की दीवारें दूधिया सफेद रंग की मोतिया रंग की (Pearl white-Milky white) रंग की होनी चाहिए। चांदी जैसा रंग, (White-Metal) की सजावटी सामग्री घर में अधिक होनी चाहिए।

यदि व्यक्ति मंगल तत्त्व प्रधान है, मेष, वृश्चिक राशि या लग्नवाला जातक है, जन्मकुण्डली में मंगल मेष, वृश्चिक या मकर राशि का है तो ऐसे अनुकूल मंगल ग्रह को

और अधिक अनुकूल करने के लिए ऐसे जातक को अपने बैठक के कमरे (Orange-red, Crimson red, Cora-red) की करानी चाहिए। दरवाजों व खिडकियों के पर्दे में इसी प्रकार के रंग की प्रचुरता होनी चाहिए।

यदि व्यक्ति बुध ग्रह से प्रभावित है, व्यक्ति की राशि मिथुन अथवा कन्या है या मिथुन कन्या लग्न में बुध ग्रह की स्थिति अनुकूल है अथवा बुध वृष या सिंह का होकर स्वगृहाभिलाषी है, तो ऐसे बुध को और अधिक अनुकूल बनाने के लिए जातक (व्यक्ति) अपने घर की दीवारों का रंग, खासकर निर्णयात्मक कक्ष (Consulting room) की दीवारें हरे रंग की (Green) होनी चाहिए। हरे रंग की शेड (Shed) हलकी भारी, तोता-रंग, मूगिया-रंग, इत्यादि किसी भी प्रकार की हो सकती है।

यदि व्यक्ति गुरु तत्त्व प्रधान है, धनु-मीन राशि या लग्नवाला है, बृहस्पति की चेष्टाएं बलवान हैं तो ऐसे सज्जन को अपने घर की दीवारों का रंग हलका पीले रंग, क्रीम कलर (Topaz-colour, light yellow), गोल्डेन यलो (Golden-yellow) का कराना चाहिए।

यदि व्यक्ति शुक्र तत्त्व प्रधान है, वृष या तुला लग्न एवं राशि का जातक है, शुक्र चेष्टाबली है तो उसे और अधिक अनुकूल बनाने के लिए घर की दीवारों का रंग चमकीला श्वेत (Diamond-White), क्रीम, कराना चाहिए। घर की आन्तरिक साज-सज्जा में ऐश्वर्यशाली वस्तुएं, सुन्दर सौन्दर्यप्रधान एवं कलात्मक वस्तुएं काम में लेनी चाहिए। घर में कांच (Mirror) और सजावटी काँच (Glass) के प्रयोग की बाहुल्यता होनी चाहिए। घर में स्वच्छता व रोशनी पर विशेष ध्यान देने पर जातक का शुक्र हर्षित एवं बली रहेगा तथा जातक की उन्नति-भाग्योदय में सहायक होगा।

यदि व्यक्ति शनितत्त्व प्रधान है, मकर-कुम्भ राशि का या मकर-कुम्भ लग्न का जातक है, शनि स्वगृही, उच्च का अथवा उच्चाभिलाषी (कन्याराशि का) है, तो जातक को

अपने घर की दीवारों, पर्दों का रंग आसमानी (Blue) रंग का अपनाना चाहिए। काले रंग या कोई अति गहरे रंग का प्रतिनिधि ग्रह शनि है। चीन में काले रंग की दीवारों वाले होटल या रेस्तरां मिल जाएंगे क्योंकि वहाँ काला रंग जलतत्त्व का प्रतीक माना गया। भारत में काला रंग अन्धकार, उदासी, मृत्यु एवं गम का प्रतीक माना गया है। अत: इस रंग की दीवारें कोई नहीं पुतवाता। यहाँ तक की भारत में काले वस्त्रोंवाली स्त्री के दर्शन को अपशकुन मानते हैं।

यदि व्यक्ति राहुतत्त्व प्रधान है तो उसे धुआं रंग (Smoky colour) अनुकूल रहेगा। चितकबरा रंग (Multi-colour) भी राहु को प्रिय लगते हैं। केतु ग्रह का रंग भूरा है। स्लेटिया, हलका या गहरा भूरा (Brown) केतु तत्त्व प्रधान वाले व्यक्ति के लिए अनुकूल रहता है।

फेंगसुई के अनुसार कालारंग यद्यपि जलतत्त्व प्रधान होने से धनागमन का सूचक है तथापि अन्धकारमय होने के कारण इसे कम ही काम में लिया जाता है। लाल रंग उदासीनता का माना गया है। चीन में किसी की मृत्यु होने पर सफेद वस्त्र एवं उसकी पट्टी दु:ख प्रकट एवं संवेदना के रूप में पहनते हैं। अत: यह रंग त्याज्य है।

चन्द्रमा से प्रभावित दूधिया रंग को नजर न लगे, इसीलिए फर्श पर कुछ काली टाइल्स का नमूना।

मारुतियन्त्र

यह मारुतिनन्दन श्री हनुमानजी का यन्त्र है। इस यन्त्र के कई उपयोग हैं, जिनमें से एक उपयोग वास्तु के सम्बन्ध में बहुत प्रचलित है। जिसकी जमीन नहीं बिक रही हो या जिसकी जमीन विवाद में पड़ी हो तो वह व्यक्ति मंगलवार के दिन दोपहर 12 बजे इस यन्त्र को ले जाकर सम्बन्धित भूमि में पूर्वाभिमुख होकर गाड़ दे। मारुति यन्त्र पूर्व या ईशान्य दिशा में गृहस्वामी स्वयं सवा हाथ खड्डा खोदकर गाड़ दे एवं ऊपर दूध व गंगाजल की धारा दे दे। सम्बन्धित भूमि का विवाद तीन माह के भीतर-भीतर सुलझ जायेगा अथवा भूमि अच्छे दामों में बिक जायेगी। यह अनुभूत है, मारुति यन्त्र दोहरी शक्ति (Double-Action) से युक्त है। यह वाहन सुरक्षा के लिए भी लाभकारी है। जिसका पूरा कक्ष इस प्रकार है—

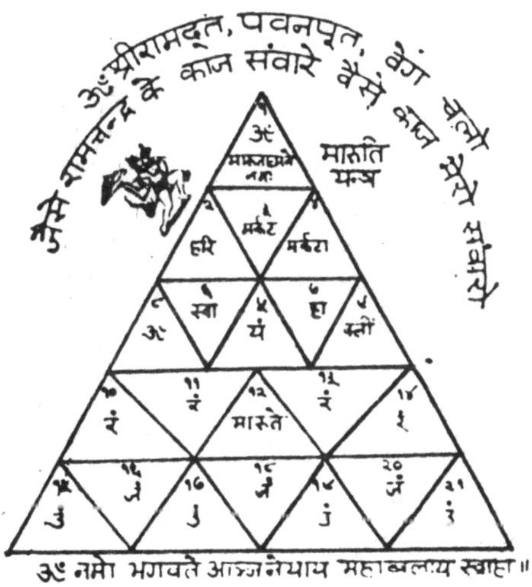

चित्र-परिचय—केतु+चन्द्र की लग्न में युति के कारण एक सज्जन ने दूधिया फर्श एवं केतु के लिए कतई रंग की टाइल्स व वाशवेशिन का काँच इस ढंग में लगाया।

वाहन दुर्घटना नाशक मारुतियन्त्र

यह कथा तो सर्व प्रसिद्ध है कि महाभारत युद्ध के समय वीरवर अर्जुन के रथ के अग्रभाग पर मारुति ध्वज व मारुति यन्त्र लगा हुआ था जिसके प्रभाव से सम्पूर्ण युद्ध के दौरान हजारों लाखों प्रकार के आग्नेय अस्त्र-शस्त्रों का प्रहार होने के बावजूद अर्जुन का रथ जरा-सा भी क्षत-विक्षत नहीं हुआ। भगवान श्री कृष्ण इस रहस्य को जानते थे कि जिस रथ, वाहन की रक्षा स्वयं मारुति-नन्दन करते हों, वह दुर्घटनाग्रस्त कैसे हो सकता है! उसका तो वाहन द्रुतगति से, वायुवेग से, निर्बाध गति से अपने लक्ष्य पर विजय-पताका फहराता हुआ पहुंचेगा। अनेक विद्वानों, शोध-छात्रों ने इस मारुति यन्त्र का पता लगाने हेतु अथक प्रयत्न किये, अन्ततोगत्वा मई, 1983 के आस-पास 'अज्ञातदर्शन' के सम्पादक पं. भोजराज द्विवेदी ने इस यन्त्र का पता लगा लिया तथा भोजपत्र पर इस यन्त्र को बनवाकर, इसके सार्वजनिक प्रयोग प्रारम्भ किये।

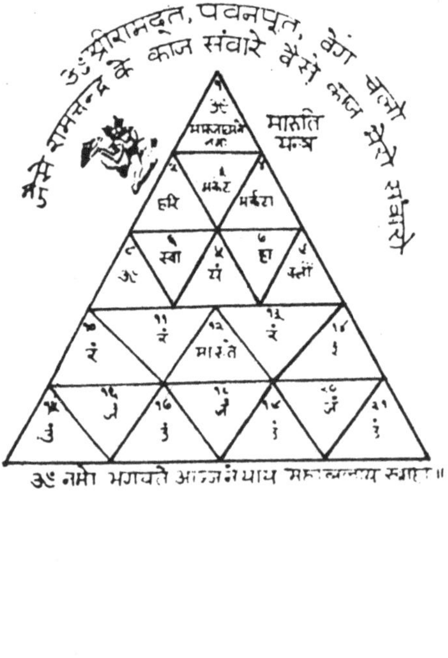

लोगों ने दुर्घटना-नाशक इस यन्त्र को अपने स्कूटर, कार, बस, टैक्सी, मेटाडोर व ट्रकों के अगले हिस्सों पर लगाया। आज दिन तक वे वाहन न तो दुर्घटनाग्रस्त हुए न ही उनको किसी प्रकार से कोई खरोंच तक आई है। लोगों ने इस मारुति यन्त्र की भूरि-भूरि प्रशंसा की है। हिमाचल प्रदेश से एक भाई का पत्र आया कि पिछले वर्ष बरसात के कारण पहाड़ी के हर मोड़ पर, ऐसा लगता था कि मेरी ट्रक अब गड्ढे में गिरनेवाली है परन्तु तत्काल ही ऐसा बोध हुआ कि कोई दिव्य शक्ति मेरी निरन्तर रक्षा कर रही है, मैं सुरक्षित गन्तव्य स्थान पर पहुंच गया। निश्चय ही मारुति यन्त्र का प्रभाव मेरे लिए जीवनदायक साबित हुआ। सैकड़ों की संख्या में पत्र आये हैं कि मारुति यन्त्र चाहिए। अतः पाठकों के अत्यधिक आग्रह के कारण दो वर्ष के बाद 28 अप्रैल, 85, रविपुष्य सर्वार्थ सिद्ध योग को पुनः मारुति यन्त्र का सामूहिक निर्माण कर प्राण प्रतिष्ठित किये जाएंगे। इच्छुक व्यक्ति कार्यालय से सम्पर्क साधकर यन्त्र प्राप्त कर सकते हैं। जो स्वयं अपने घर पर बनाना चाहें तो विधि इस प्रकार है—

यन्त्र बनाने की विधि–

किसी भी मंगलवार या शुभ मुहूर्त में हनुमान मन्दिर या हनुमानजी की मूर्ति के सामने, धूप-दीप लगाकर भोजपत्र पर अष्टगन्ध से या ताम्रपत्र पर इस यन्त्र को बनावें। इस यन्त्र के मूल मन्त्र का 1008 जाप करें। गुड़ या नैवेद्य का भोग श्री हनुमानजी को लगावें। सिन्दूर, लाल पुष्प, यन्त्र पर चढ़ावें तत्पश्चात् श्रेष्ठ चौघड़िये (समय) में यन्त्र को अपने वाहन पर लगावें एवं इसका चमत्कार देखें।

मूल मन्त्र यह है—"ॐ मारुतात्मने नमः हरि मर्कट, मर्कटाय स्वाहा, ॐ क्लीं रं रं मारुते रं रं उं जं उं जं उं जं उं।" उपर्युक्त मन्त्र से पूरित किया हुआ यन्त्र वाहन के लिए कवच का काम करता है। फिर यन्त्र पर लिखा हुआ दोहा 108 बार पढ़ने से वाहन पूर्ण रूप से अभिमन्त्रित होकर अनुकूल व शुभ लाभ देनेवाला हो जाता है।

—महेश अवस्थी

16. भौमयन्त्र

चौरी संजायते भूयश्चाऽग्निदाहोऽथवा भवेत्।
स्थाप्य तत् वास्तुवित्-सिद्धं भौमयन्त्रं विधानतः॥

यदि दूकान, कार्यालय आदि में चोरी होती हो अर्थात् नौकरों द्वारा वस्तु अथवा धन की वंचना हो या ग्राहकों द्वारा बिना मूल्य दिये वस्तुएं जा रही हों या चोरों द्वारा हरण की स्थिति हो तो, वास्तुविद् से स्थान का परामर्श करके भौमयन्त्र की विधिविधान से स्थापना करनी चाहिए। यदि अग्नि की आंशका हो तो भी भूमि में भौम यन्त्र स्थापित करें। यह यन्त्र पूर्वोत्तर कोण अथवा पूर्व दिशा में स्थापित करें। फर्श से नीचे दो फीट गहरा गड्ढा खोदकर विधिवत् स्थापित करें।

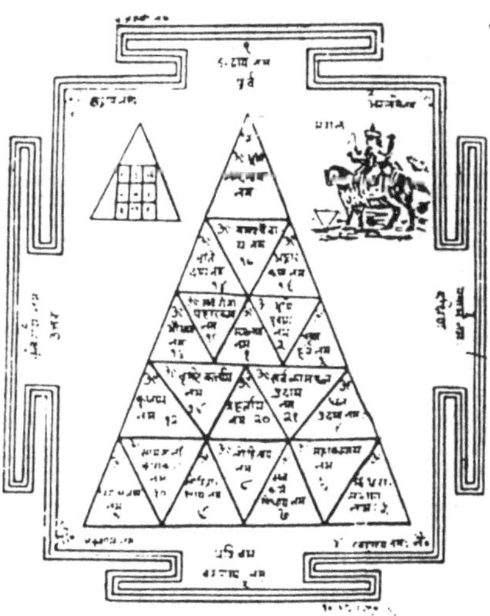

मंगल प्रार्थना–

ऋणहर्त्रे नमस्तेऽस्तु दुःखदारिद्र्यानाशक।
सुखसौभाग्यधनदो भव में धरणी सुत॥

ग्रहराज नमस्तेऽस्तु सर्वकल्याणकारकः।
प्रसादात्तव देवेश सदा कल्याणभाजनः॥

देवदानवगन्धर्वयक्षसपन्नगाः।
प्राप्नुवन्ति शिवं सर्वे सदा पूर्णमनोरथाः॥

प्रसादं कुरु मे भौम सौभाग्यं मंगलप्रदः।
बालः कुमारको यस्तु स भौमः प्रार्थितो मया॥

उज्जयिन्यां समुत्पन्न, नमो भौम चतुर्भुज।
भरद्वाजकुले जात शूलशक्तिगदाधरः॥

मंगल प्रार्थना–

हे दुःख और दरिद्रता के नाश करनेवाले, तुझ ऋणनाशक के लिए नमस्कार है। हे धरणी के पुत्र! मुझे सुख और सौभाग्य का देनेवाला बन जा, हे सबके कल्याण के करने वाले! तुझ ग्रहराज के लिए नमस्कार है। हे देवेश! आपकी कृपा से सदा कल्याण हो, क्योंकि आप सदा ही कल्याण के भाजन हैं। देव, दानव, गन्धर्व, यक्ष, राक्षस, पन्नग ये सब सदा ही पूर्ण मनोरथ होकर कल्याण को पाते हैं। हे भौम! मुझ पर कृपा करिए, हे मंगल के देनेवाले! सौभाग्य दे। जो चतुर्भुज बालकुमार उज्ज्यनी में उत्पन्न हुआ है उसी से प्रार्थना कर रहा हूं। उसी के लिए मेरी ये नमस्कारें भी हैं। जो भरद्वाज के कुल में पैदा हुआ है, शक्ति शूल और गदा धारण करनेवाला है। यह प्रार्थना करके फिर स्तोत्र पढ़ना चाहिए।

इससे दूकान या ऑफिस में चोरी व अग्नि का भय मिट जाता है।

17. सूर्ययन्त्र

राजकीया विपत्तिश्चेत् कदाचिद् विपणौ पतेत्।
सूर्ययन्त्रं तु संस्थाप्यं सर्वविघ्न-निवारकम्॥

यदि दूकान, कार्यालय अथवा गद्दी आदि पर सूर्य की क्रान्ति से वेध हो रहा हो अर्थात् स्थापना के समय नीच का सूर्य हो तो वह दूकान क्लेश प्रदान करनेवाली है। जबकि व्यवसायी की जन्मकुण्डली भी नीच राशि के सूर्य से प्रभावित हो तो ऐसी स्थिति में व्यापारिक लाभ होने पर भी कष्ट बना रहता है तथा आत्मिक क्लेश से जातक पीड़ित होता है। उसे अपनी गद्दी पर 'सूर्य यन्त्र' स्थापित करना चाहिए।

यदि सरकारी तन्त्र द्वारा बार-बार संत्रस्त किया जा रहा हो अथवा अन्य किसी प्रकार से राजकीय विपत्ति संक्रान्त हो तो ऐसी स्थिति में सर्वविघ्न निवारक सूर्ययन्त्र की स्थापना करनी चाहिए।

यंत्र

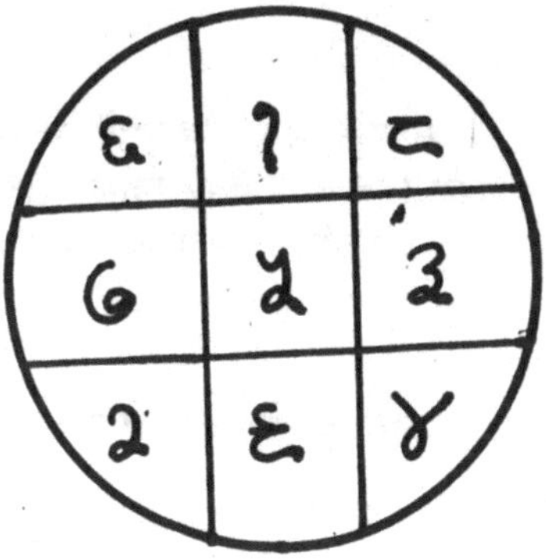

मंत्र

बीज मंत्र

ॐ ह्राँ ह्रीं ह्रौं सः सूर्याय नमः

जप सं. ७००० का जप इस यन्त्र पर करें

तंत्र

१. माणिक्य नग
२. धातु—ताँबा या सोना
रवि पुष्ययोग में सिद्ध करके लगावें।

कालीयन्त्र

यह महाकाली का यन्त्र है। यह फैक्ट्री-उद्योग की भट्ठी, बायलर, ट्रांसफार्मर व जेनरेटर पर स्थापित किया जाता है ताकि उद्योग में अग्नि का संचालन सही रहे। पॉवर फेलर (Power Failer) न हो।

मध्य में बिन्दु पांच उलटे त्रिकोण तीन वृत्त, अष्टदल, वृत्त एवं भूपूर से आवृत्त करके महाकाली का यन्त्र तैयार किया जाता है। स्तम्भन, आकर्षण, उच्चाटन, विद्वेषण व मारण प्रयोगों में काली-उपासना का सर्वाधिक महत्त्व है। महाकाली यन्त्र अग्नि की दाहक शक्ति को जागृत रखता है।

19. व्यापारवृद्धि इन्द्राणी यन्त्र

व्यापारे संभवेद् हानि: कृते यत्ने निरन्तरम्।
इन्द्राणी यन्त्रमास्थाप्यं विधिवद् वास्तुविद्-धृतम्॥

यदि व्यावसायिक दृष्टिकोण के सम्यक् रहने पर तथा नानाविध यत्न के बाद भी हानि रहती है तो व्यवसायी को चाहिए कि वास्तुविद् से परामर्श लेकर, इन्द्राणी यंत्र की प्रतिष्ठा कर स्थापित कराना चाहिए। जिससे निरन्तर हानि से बचा जा सके। यह यन्त्र पूर्ण रूप से चमत्कारी है। विभिन्न उद्योगों में यह यन्त्र प्रभावशाली है।

20. दिक्दोषनाशक यन्त्र

यह वास्तुदोष शमन का सबसे प्रमुख यन्त्र है जिसमें सभी दिशाओं एवं दिक्पालों का पूजन किया जाता है। वास्तु पुरुष का पूजन करके यह प्रार्थना की जाती है कि हे वास्तुपुरुष! आप सकल विश्व को धारण करते हैं। हमारी वास्तु-सम्बन्धी त्रुटियों का शमन करो। गणपति आदि लोकपाल और देवता दिक्पाल ये सब आयुध (शस्त्र-अस्त्र) और गणों सहित होकर मेरे घर को समस्त दोषों से मुक्त करके शुद्ध करो।

इस यन्त्र का बड़ा चमत्कार है। यदि कोई वस्तु गलत दिशा में बन गई है और अब उसे सुधारना बड़ा कठिन है। उदाहरणार्थ बम्बई में एक घरेलू निजी मन्दिर में हमने देखा, ईशान में प्रवेश-द्वार है। प्रवेश-द्वार पर ही टॉयलेट व लैट्रिन शामिल है। वो वहां से किसी सूरत में हट नहीं सकती है। अन्य कोई विकल्प नहीं है मन्दिर बनाया तब इस बात का ज्ञान नहीं था। ऐसे में व्यक्ति क्या करे? ऐसे में यह यन्त्र रामबाण औषध का कार्य करता है। इस यन्त्र को प्रवेश-द्वार पर स्थापित कर दें। कोई भी वस्तु घर-दूकान, होटल या कॉम्पलेक्स के अन्दर गलत दिशा में बनी है। वहां इसको शुभमुहूर्त में स्थापित करे दें। प्रभु-कृपा से सभी प्रकार के दिक्-दोष मिट जायेंगे। यथा—सीढ़ियां गलत दिशा में बन गईं या रसोई गलत दिशा में बन गई तो अग्नि बिन्दु (Firc-point) को सही करके इस यन्त्र को रसोई के द्वार या सम्बन्धित सीढ़ी पर स्थापित कर दें। यह यन्त्र दिशा-सम्बन्धी सभी दोषों का शमन करके, अशुभ नहीं होने देगा। क्योंकि इसमें सभी दिशाएं दिक्पालों सहित पूजित होती हैं।

चित्र दिक्दोष नाशक यन्त्र

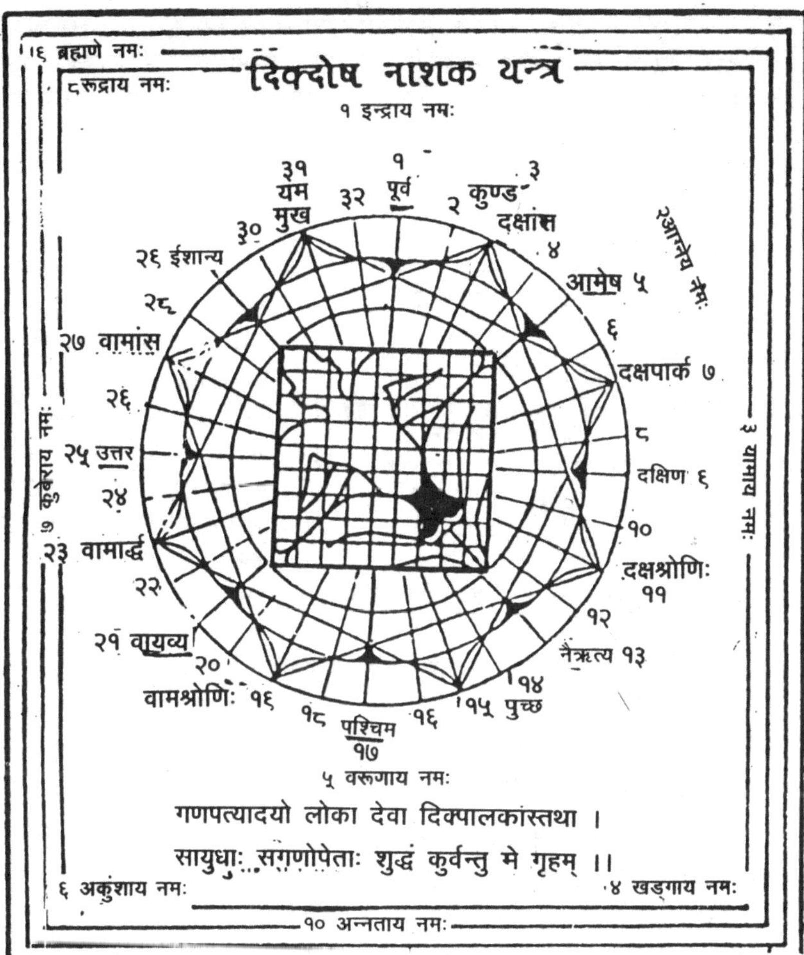

21. वरुणयन्त्र

वरुण यन्त्र वरुण का प्रधान यन्त्र है जो जल-सम्बन्धी समस्त दोषों को दूर करता है। यदि जलस्थान, नलकूप, पानी की टंकी (Underground watertank) अग्निकोण या गलत दिशा में बन गया है तो इस वरुण यन्त्र को उस स्थल पर स्थापित करके पूजन करने पर जल-सम्बन्धी सभी दोष नष्ट हो जाते हैं।

एक शहर के 'फार्महाउस' पर वास्तुविजिट पर गया। उस फार्महाउस के स्वामी को सन्तान नहीं थी एवं अनेक प्रकार के झूठे मुकद्दमों में वह फंसा हुआ था। देखा तो उस फार्म हाउस पर दो कुएं थे। एक वायव्य दिशा में एवं एक अग्निकोण में। गृहस्वामी नया कुआं बनाने की स्थिति में न था। ऐसे प्राणप्रतिष्ठित वरुणयन्त्र की स्थापना ही उसके जीवन का सहारा बनी।

22. सिद्ध बीसा यन्त्र

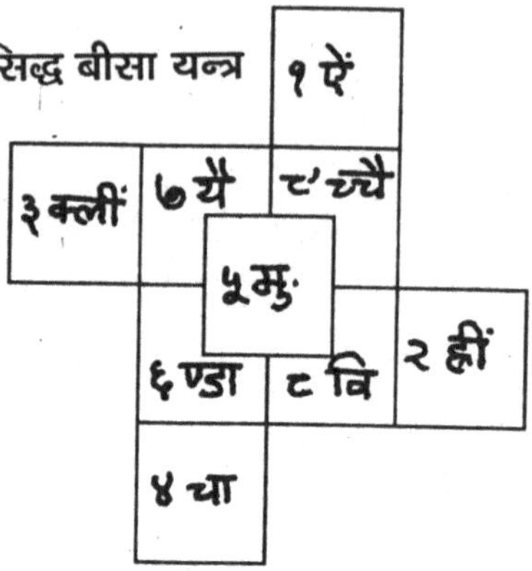

यह पनरियें की शक्ति से युक्त सिद्ध बीसायन्त्र है जिसमें जगदम्बा के निर्वाणयन्त्र की शक्ति भी शामिल है। इसको दूकान की चौखट या देहली के ऊपर लगाने से नज़र-टोक नहीं लगती। किसी का शाप, दुराशीष या बद्दुआ भी इस पर असर नहीं करती। इसका मूल मन्त्र जो कि प्रत्येक कोष्टक में स्थापित है, इस प्रकार है—

ॐ	ऐं	ह्रीं	क्लीं	चामुण्डा	यै	विच्चै:।
	1	2	3	4 5 6	7	8 9

यह एक प्रकार से दूकान का रक्षा कवच है। इसे शुद्ध धातु में प्राणप्रतिष्ठा करके दूकान में रखें।

23. शुद्ध चांदी का श्रीयन्त्र

ऐश्वर्य एवं धनलक्ष्मी की वृद्धि हेतु श्रीयन्त्र का प्रयोग अमोघ है। वैसे तो हमारे यहां पन्द्रह-बीस प्रकार के श्रीयन्त्र बनते हैं पर दूकान, व्यापारिक प्रतिष्ठान, ऑफिस, होटल की बरकत हेतु सिक्के के आकारवाला यह तन्त्र स्पेशल है।

यदि दूकान में मन नहीं लगता हो, गल्ले में बरकत न हो, रुपया-पैसा तो बराबर आ रहा है पर बचत नहीं होती हो तो दूकान की देहली अथवा मुख्यद्वार की चौखट के ऊपर आगे-पीछे गणपति की मूर्ति लगानी चाहिए। गणपति की दृष्टि में अमृत होता है पर पीठ से दरिद्रता। कई दूकानदारों के यहां केवल घर के बाहर की ओर ही गणपति लगे होते हैं। यह मूर्ति आगन्तुक व्यक्ति (ग्राहक) का शुभ एवं कल्याण करती है, गृहस्वामी का नहीं क्योंकि घर के अन्दर तो गणपति की दृष्टि नहीं पड़ती। अत: यह हमारा विशेष अनुभव है कि गणपति दोनों ओर लगावें। चाहे घर हो, चाहे दूकान और इसका चमत्कार देखें।

यदि श्वेत गणपति के साथ चांदी का श्रीयन्त्र (सिक्के की साइजवाला) भी उसी चौखट पर स्थापित कर दिया या दीवार में गाड़ दिया जाये तो शुभफल त्वरित गति से मिलता है। उस घर या दूकान में लक्ष्मी व गणेश दोनों की कृपा-दृष्टि रहती है। प्रबुद्ध पाठकों को यन्त्रादि प्राप्त करने में किसी प्रकार की सुविधा हो तो सीधा लेखक से सम्पर्क कर सकते हैं।

24. सर्व मंगल वास्तुयन्त्र

सर्व मंगल वास्तुयन्त्र वास्तु-सम्बन्धी सभी प्रकार के दोष-निवारण करने के साथ-साथ सब प्रकार की मंगल कामना हेतु अचूक वरदायक है जिसे प्रबुद्ध पाठक पहली बार इस पुस्तक के माध्यम से देख पायेंगे।

इसमें सभी दिक्पालों सहित वास्तुशास्त्र के आदिप्रवर्तक भगवान विश्वकर्मा के साथ वास्तुपुरुष से प्रार्थना की गई है—"हे वास्तुपुरुष! हे भूशय्या पर रमण करनेवाले प्रभो! आपको मैं भक्तिपूर्वक नमस्कार करता हूं। हे वास्तुपुरुष! हे विश्वकर्मा! मेरे घर (भवन) को धन-धान्य आदि से समृद्ध (परिपूर्ण) सब काल में करो। यह यन्त्र सभी प्रकार से मंगल व शुभफलकारी है। इसे पूजन-कक्ष में फ्रेम करके स्थापित करने से लाभ होता देखा गया है। घर-दूकान व फैक्ट्री-उद्योग के अनेक दोषों को यह यन्त्र नष्ट करके उन्हें मंगलकारी बना देता है क्योंकि इस यन्त्र के माध्यम से वास्तुपुरुष प्रतिपल पूजित होता रहता है।

25. कृत्यानाशक वास्तुयंत्र

प्रबुद्ध पाठक इस यन्त्र की महिमा Doom-House वाले अध्याय के अन्तर्गत पढ़ चुके हैं। यदि किसी दुश्मन ने आपके मकान, कार्यालय (office) को बांध रखा है, आप पर कोई अभिचार कर्म किया है तो यह यन्त्र उस अभिचार कर्म (कृत्या) को नाश करके वापस लौटा देता है। यह सर्वाधिक महिमामण्डित यन्त्र है। इस यन्त्र की सिद्धि बहुत श्रमसाध्य है। पर असम्भव कुछ भी नहीं है। इस यन्त्र को सिद्ध करने में दस-पन्द्रह दिन का समय लगता है। अतः बिना एडवांस ऑर्डर के यह मन्त्र तैयार नहीं होता।

26. द्वार-दोषनाशक तोरण

यह एक विशिष्ठ प्रकार का तोरण है जो द्वार दोष-संबंधी दोषों का हरण करता है तथा घर को बाहरी विपदाओं से बचाता है।

27. सर्वमंगलकारी कौड़ी तोरण

यह कौड़ी-शंख-सीप एवं समुद्र से उत्पन्न तान्त्रिक-वस्तुओं की सहायता से बनाया जाता है। इसमें मन्त्रपूत रक्षासूत्र भी पिरोया गया है जो घर को बाहरी विपदाओं से बचाता है। यह द्वार-दोष-सम्बन्धी दोष तो नष्ट करता ही है, साथ में मार्गवेध, कोणवेध, वृक्षवेध, छायावेध इत्यादि दोषों से भी मुक्ति पा लेता है।

वास्तु के सन्दर्भ में विभिन्न गणपतियों पर अचूक प्रयोग

हिन्दू धर्म के उपास्य देवताओं में भगवान श्रीगणेश का असाधारण महत्त्व है। गणेश शिव परिवार में बुद्धि के अधिदेवता और मंगलकारी माने जाते हैं। विघ्नों को दूर करने के लिए गणेश की पूजा सर्वमांगलिक कार्यों के आरम्भ में की जाती है। गोस्वामी तुलसीदास ने इन्हें "बुद्धिरासि सुभ गुण सदन" एवं मंगलकर्ता मानते हुए ही रामचरितमानस की रचना की है।

'गणेश' शब्द का अर्थ है—गणों का स्वामी। हमारे शरीर में पांच ज्ञानेन्द्रियां, पांच कर्मेन्द्रियां तथा चार अन्त:करण हैं, इनके पीछे जो शक्तियां हैं, उन्हीं को चौदह देवता कहते हैं। इन देवताओं के मूल प्रेरक भगवान गणेश को ही माना गया है। इनकी संज्ञा विनायक भी है क्योंकि ये समस्त देवगणों में अग्रणी हैं। इन्हें रुद्र से अभिन्न भी कहा गया है। भिन्न-भिन्न कोशों में गणेश का स्वरूप प्रकट होता है। गणेश का जो स्वरूप प्रचलित है, उसमें इनका मस्तक हाथी का दिखाया गया है। हाथ में फरसा और शङ्ख, पेट तुंदिल, नागयज्ञोपवीत धारण किये हुए तथा वक्र सुंड से लड्डू या मोदक का भोग लगाते हुए गणेशजी की असंख्यों मूर्तियाँ उपलब्ध हैं। मोदक प्रिय होने के कारण इनको ढुंढिराज भी कहा गया है। सिद्धि और बुद्धि इनकी दो पत्नियां मानी गई हैं। कहीं-कहीं पुष्टि को भी इनकी पत्नी माना गया है। वामांग में सिद्धि और दक्षिण भाग में बुद्धि के स्थान की कल्पना की गई है। इनकी चूहे की सवारी मानी गई है।

देवताओं के प्रथम पूज्य गणेश का स्वरूप क्या है? इनका महत्त्व क्या है? उत्पत्ति का इतिहास क्या है? इत्यादि प्रश्नों पर अनेक ग्रंथों में अनेक कथाएं, जनश्रुतियां मिलती हैं, जिनमें घोर मतभेद है किन्तु सभी ने गणेशजी को 'प्रथम वन्दे गणपति:' मानते हुये सर्वप्रथम पूज्य स्वीकारने में एकमत व्यक्त किया है। सभी धर्मावलम्बी हिन्दू, श्वेताम्बर जैन, बौद्ध आदि गणेश को मानते हैं। यहां तक कुछ मुसलमान कवियों ने भी गणेश की स्तुति की है।

बाबू सम्पूर्णानन्द की पुस्तक 'गणेश' के नवें अध्याय में पं. कैलाशचन्द्र शास्त्री की सूचना के अनुसार उल्लेख किया गया है कि जैन धर्म में जिनेन्द्र भगवान को ही 'गणेश' और 'विनायक' कहा गया है। श्वेताम्बर जैन सम्प्रदाय में गणेश के समान गजमुखवाले पार्श्वयक्ष की कई प्रतिमाएं जैन मन्दिरों में प्रतिष्ठित हैं। सोलहवीं से अठाहरवीं सदी के श्वेताम्बर जैन कवियों के हिन्दी एवं राजस्थानी भाषा के ग्रंथों में गणेश का स्मरण किया गया है।

बौद्धों ने जिस प्रकार अपने धर्म का प्रचार किया, उसमें उन्होंने गणेश सहित सभी हिन्दू देवी-देवताओं को ज्यों-का-त्यों मान लिया और हिन्दुओं के साथ टकराव की एक बड़ी आशंका को टाल दिया। इसका उल्लेख नेपाली बौद्ध साहित्य के एक प्रमुख ग्रंथ **'गणपति-हृदय'** में मिलता है। भगवान बुद्ध राजगृह में विहार करते हुए आनन्द से कहते हैं—हे आनन्द! जो गणपति हृदय को श्रद्धा से पढ़ता है वह शीघ्र अपनी मनोकामना पूर्ण करता है। इस ग्रंथ का प्रत्येक मंत्र ॐ **नमोस्तुऽते गणपते स्वाहा,** ॐ **गणपतये स्वाहा** से प्रारम्भ होता है।

गणेश-जन्म के बारे में भारतीय धर्म-पद्धति क्या कहती है? भारतीय धर्म-पद्धति और धर्मतत्त्व स्थूल के साथ सूक्ष्म को लेकर अर्थात् बाह्य रूप और अध्यात्म अर्थ दोनों के मिलने से बनता है। इस दृष्टि से गणपति तत्त्व पर विचार करें, तो कई तथ्य सामने आते हैं और गणेश के बाह्य रूप की व्याख्या भी हो जाती है। गणेश को शिव-पार्वती का पुत्र माना गया है। वस्तुतः शिव और पार्वती अर्द्धनारीश्वर देवता माने गए हैं, दक्षिणांग नर और वामांग नारी। यही नर-नारी रूप शिव-पार्वती सोम के रूप हैं। अग्नि और सोम के संयोग से सृष्टि आरम्भ होती है। अग्नि में सोम के प्रतिनिधि गणेश हैं। कई स्तोत्रों में गणेश को ब्राह्मणस्पति और ज्येष्ठराज कहा गया है।

गणेश को शिव-पार्वती का पुत्र माना गया है, किन्तु पुराणों में इस सम्बन्ध में काफी मतभेद हैं। ब्रह्मवैवर्त, स्कन्द और लिंग पुराण के अनुसार गणेश का जन्म अयोनिज है। एक अनुश्रुति के अनुसार गणेश का जन्म शिव से हुआ है। उन्होंने तप सामर्थ्य से एक तेजस्वी बालक का निर्माण किया और पार्वती ने उसका पालन-पोषण किया। बाद में उस बालक के प्रति द्वेष होने पर शिव ने उसे शाप देकर कुरूप बना दिया। एक अन्य अनुश्रुति के अनुसार एक दिन पार्वती ने अपने शरीर से जो पसीना भूमि पर गिराया, वही बालक बनकर प्रकट हो गया। उस बालक को द्वार पर बैठाकर पार्वती स्नान करने चली गईं। कुछ समय पश्चात् शिव वहां आए। शिव को बालक गणेश ने भीतर जाने से रोका, तो शिव ने कुपित होकर गणेश को मस्तकविहीन कर दिया। पार्वती के विलाप करने पर शिव ने इन्द्र के हाथी का मस्तक काटकर बालक के धड़ पर रख दिया। तभी से वे गजानन हो गए। ब्रह्मवैवर्त पुराण के

अनुसार शनि की कुदृष्टि से गणेश का सिर गल गया। तब शोकाकुल माता पार्वती सृष्टि के रचयिता ब्रह्माजी के पास पहुंचीं। ब्रह्मा ने कहा, तुम्हें जो प्रथम प्राणी दिखे उसका सिर लाओ। मैं उसे गणेश के धड़ पर लगाकर सजीव बना दूंगा। पार्वती को सर्वप्रथम गज मस्तक ही मिला। उसी को ब्रह्माजी ने धड़ से जोड़ दिया। पद्मपुराण और शिव-पुराण में भी गणेश के अयोनिज जन्म की कथा मिलती है। गणेश के योनिज जन्म की कथा भी मिलती है। उन्हें शिव-पार्वती का पुत्र माना जाता है।

गणेश के गजमुख की लौकिक मीमांसा का प्रयास वेदमर्मज्ञ सातवलेकर ने किया है। उन्होंने अपनी मीमांसा में दो-चार कल्पनाएं की हैं। उनकी धारणा है कि शिव अति प्राचीनकाल में भूतान (वर्तमान में भूटान देश) के शासक थे। इस कल्पना का आधार शिव को भूतपति, भूतनाथ कहा-जाना-माना गया है। सातवलेकर के अनुसार भूतान (भूटान) वह प्रदेश है, जहां भूतों का वास हो। भूतान की राजधानी कैलास थी। ये भूत लोग हाथी के मुखौटे का प्रयोग करते थे, उसी से गणेश को गजमुख प्राप्त हुआ है। एक अन्य कल्पना के अनुसार शिव-पार्वती दोनों गजचर्म धारण करते हैं। रुद्र और उनके विनायक इत्यादि जिस अरण्य (वन) में निवास करते थे, वह हाथियों के लिए विख्यात रहा होगा। इसी कारण गणेश ने गजानन नाम प्राप्त किया होगा। गणेश की वन्दना 'नमो वातपतये' को लेकर एक कल्पना और भी की गई है। जब आर्य संस्कृति में आर्येतर संस्कृति का प्रवेश होने लगा, उस समय आर्यों ने व्रात्य नामक आर्येतर लोगों को अपने समाज में ग्रहण किया तभी उनके देवता व्रातपति (गणेश) का प्रवेश आर्य संस्कृति में हुआ। गृत्समद नामक एक वैदिक ऋषि सर्वश्रेष्ठ गणेश भक्त माने गए हैं। रुद्राध्याय में गृस्त, व्रातगण शब्दों का उल्लेख है और वे अपने साथ गणेश के नैकट्य का बोध कराते हैं।

यद्यपि गणेश के आर्येतर समाज में प्रवेश की बात नाना प्रकार से अनेक विद्वानों ने प्रतिपादित की है फिर भी कुछ विद्वान उन्हें विशुद्ध आर्य देवता मानते हैं और प्रमाण भी देते हैं।

इन विद्वानों की राय है कि शिव और गणेश मूलत: एक ही हैं। जो शिव हैं, वही गणेश हैं तथा जो गणेश हैं वही शिव हैं। इसके प्रमाण में वे भालचन्द्र, तृतीय नेत्र और नागभूषण की ओर ध्यान आकर्षित करते हैं। ये तीनों शिव से तो सम्बद्ध हैं ही, गणेश से भी उनका सम्बन्ध है। भालचन्द्र तो गणेश का नाम है ही। गणेश के ध्यान-सम्बन्धी **'गजवदनम् चिन्त्यम्'** स्तोत्र में त्रिनेत्र का उल्लेख है और गणेश की कमर में नागबन्ध का उल्लेख भी है। एक अनुश्रुति के अनुसार शंकर ने हलाहल (विष) पान करने के पश्चात् उसके दाह को शान्त करने के लिए सर्पभूषण और मस्तक पर चन्द्रमा धारण किया। यही कथा गणेश पुराण में भी मिलती है। अनलासुर ने जब अग्नि के रूप में जग को जलाना चाहा तो गणेश ने उसका भक्षण कर लिया। उसके दाह को शान्त करने के लिए देवताओं ने गणेश के सर्प, चन्द्र आदि शीतोपचार किए।

सम्पूर्णानन्द ने शिव और गणेश की अभिन्नता की चर्चा करते हुए तैत्तिरीय आरण्यक में रुद्रगायत्री तथा गणेश-गायत्री-सम्बन्धी एक मंत्र के साम्य की ओर ध्यान आकृष्ट किया है। यह मंत्र है **'तत्पुरुषाय विद्महे वक्रतुंडाय धीमहि। तन्नो दंतिः प्रचोदयात्।'** इस मन्त्र में तत्पुरुष नाम रुद्र का है तो वक्रतुंड और दंती ये नाम गणेश के हैं। रुद्र और गणेश की अभिन्नता की धारणा के प्रसंग में तैत्तिरीय संहिता में एक मन्त्र की ओर ध्यान जाता है, जिसमें कहा गया है कि हे रुद्र, मूषक तुम्हारा पशु है (1/8/6) जबकि यह सर्वज्ञात है कि

मूषक गणेश का वाहन है। पुराणों में शिव और गणेश की अभिन्नता को त्रिपुरांतक कहा गया है, तो वायु पुराण में शिव, लम्बोदर और गजकर्ण हैं। सौर पुराण के अनुसार गणेश ही वास्तविक शिव हैं।

गणेश चुतुर्थी, भाद्रपद शुक्ल चतुर्थी को देश-विदेश में मनाई जाती है। चाहे शैव मतावलम्बी रहे हों, चाहे वैष्णव या तंत्रोपासक, सभी मतावलम्बी गणेश की आराधना के प्रश्न पर एकमत हैं। हां, तंत्रोक्त गणेश प्रतिमाओं में गणेश को त्रिनेत्र माना गया है। यह त्यौहार महाराष्ट्र में सबसे ज़्यादा धूमधाम और बड़े पैमाने पर मनाया जाता है।

महाराष्ट्र में 18 वीं सदी में पेशवाओं के राजमहल में भाद्रपद, शुक्ल चतुर्थी से दशमी तक गणेशोत्सव मनाया जाता था। इन समारोहों में गणेश-प्रतिमा विसर्जन के दिन पेशवा स्वयं मौजूद रहते थे। सन् 1818 में पेशवाओं का शासन समाप्त होते ही इसका राजकीय स्वरूप जाता रहा किन्तु 1895 में बाल गंगाधर तिलक ने इसे घरेलू व व्यक्तिगत समारोह से सामाजिक समारोह का स्वरूप प्रदान किया। आजकल महाराष्ट्र में गणेशोत्सव मनाने के लिए प्रत्येक कालोनी-मुहल्ले में मंडलियां स्थापित होती हैं तथा गणेश चतुर्थी को प्रारम्भ होकर अनन्त चुतुर्दशी को समुद्र या नदियों में गणेश प्रतिमाओं के विसर्जन के साथ गणेशोत्सव सम्पन्न होता है।

देशभर में इक्कीस प्रधान गणपति क्षेत्र माने गए हैं, इनमें से 14 क्षेत्र महाराष्ट्र में स्थित हैं। ये 21 स्थान हैं— (1) मारेश्वर (महाराष्ट्र), (2) प्रयाग (उत्तर प्रदेश), (3) काशी (उत्तर प्रदेश), (4) कलम्ब (महाराष्ट्र), (5) अदोष (महाराष्ट्र), (6) पाली (राजस्थान), (7) चारिनेर (गुजरात), (8) गंगा-मसले (महाराष्ट्र), (9) राक्षस भुवन (महाराष्ट्र), (10) थेऊर (महाराष्ट्र), (11) सिद्देटेक (महाराष्ट्र), (12) राजनगांव (महाराष्ट्र), (13) विजयपुर (तमिलनाडु), (14) कश्यपाश्रम, (15) जलेशपुर, (16) लेह्नाद्रि (महाराष्ट्र), (17) बेरोल (महाराष्ट्र), (18) पद्मालय (महाराष्ट्र), (19) नामलगांव (महाराष्ट्र), (20) राजूर (महाराष्ट्र), तथा (21) कुम्भकोणम् (महाराष्ट्र)।

वास्तुशास्त्र में गणपति की मूर्ति एक, दो, तीन, चार और पांच सिरवाली पाई जाती हैं। इसी प्रकार उनके एक से तीन दांत पाये जाते हैं। सामान्यत: दो आंखें पायी जाती हैं किन्तु तंत्रमार्ग-सम्बन्धी मूर्तियों में तीसरा नेत्र भी पाया जाता है। गणेश की मूर्तियां दो, चार, आठ और सोलह भुजाओंवाली भी पायीं जाती हैं। तीन मुंहवाली त्रिमुख मूर्तियां जापान में, चतुर्मुख मूर्तियां कम्बोडिया में मिलती हैं।

राजस्थान में अनेक प्रसिद्ध गणेश मंदिर हैं जिनमें जोधपुर के रामेश्वर मन्दिर तथा सनावड़ा गणेश मूर्ति, लिलाड़ा का गजानन मंदिर, घटियाला (जोधपुर) का सन् 862 में निर्मित चार मूर्तियोंवाला पाषाण गणेश स्तुति स्तम्भ, पाली का चमत्कारी गणेश मंदिर, जयपुर के मोती डूंगरी, गढ़ गणेश, लाल डूंगरी तथा सिद्धि विनायक मंदिर, केशवराय पाटन का गणेश मंदिर, उदयपुर का घाटेश्वर मंदिर, चित्तौड़गढ़ का गणेशपोल मंदिर, उदयपुर का एकलिंगजी मंदिर, गोगुन्दा का गणेश मंदिर, सोहागपुर का गणपति मंदिर, शंकरगढ़ का षड्भुजी गणेश मंदिर, नागौर का दुर्ग गणेश मंदिर, भीलवाड़ा का श्री सिद्ध गणेश मंदिर। इनके अलावा अलवर, कोटा, सिरोही, बाँसवाड़ा, बीकानेर, अजमेर, पुष्कर सहित लगभग सभी शहरों में गणेश के मंदिर हैं। यहां प्रत्येक बुधवार के अलावा गणेश चतुर्थी को मेला लगता है।

प्रत्येक माह की कृष्णपक्ष की चतुर्थी को महिलाएं व्रत रखकर रात्रि में गणेश पूजा एवं गणेश-कथा के पश्चात् चन्द्रमा के दर्शन कर व्रत का समापन कर अपने सौभाग्य एवं पुत्र प्राप्ति की कामना करती हैं। भाद्रपद मास की कृष्ण पक्ष की चतुर्थी को गणेश की उत्पत्ति माना गया है तथा इस तिथि को गणेश चतुर्थी, करवा चौथ तथा उत्तर प्रदेश में बहुरा चौथ माना गया है। गणेश चतुर्थी को चन्द्रमा के दर्शन हो जाएं तो अपने ही घर पर ईंट-पत्थर फेंककर एवं अपशब्द कहकर भावी अनिष्ट की आशंका को टालने की परम्परा भी महाराष्ट्र सहित अनेक स्थानों पर मिलती है। हमारे द्वारा स्थापित वास्तु विनायक कार्यशाला में इन दिनों गणपति की विभिन्न मन्त्रपूरित मूर्तियों का निर्माण हो रहा है। जिसकी वास्तुशास्त्र के सन्दर्भ में अचूक उपादेयता जन-जन के हृदयाकाश को आन्दोलित कर रही है। इन मूर्तियों का निर्माण रविपुष्य एवं गुरुपुष्य के शुभ मुहूर्त में विभिन्न प्रकार के राशि रंगों को ध्यान में रखते हुए एक साथ अनेक वास्तुशिल्प मर्मज्ञ कारीगरों द्वारा होता है। इसमें मन्त्रों की प्राणप्रतिष्ठा का कार्यक्रम भारत प्रसिद्ध वास्तुकलाविद् दैवज्ञ शिरोमणि डॉ० भोजराज द्विवेदी द्वारा अनुप्राणित किया जाता है। फिलहाल सोलह प्रकार की महाविद्याओं के आधार पर चौदह प्रकार की गणपति प्रतिमाओं के निर्माण से वास्तु जगत में तहलका मच गया है।

1. सन्तान गणपति

जिनके घर में सन्तान नहीं हो रही है वे लोग सन्तान गणपति की विशिष्ट प्रतिमा अपने द्वार पर लगावें। पूर्ण भक्ति एवं श्रद्धा के साथ गणपति का पूजन शुभ मुहूर्त में करके उन्हें घर में स्थापित करने पर व्यक्ति के घर में एक वर्ष के भीतर सन्तान हो जाती है। गणपति के एक हज़ार आठ नामों में से सन्तान गणपति के मन्त्रपूरित प्रतिमा पर (अ) **सन्तान गणपतये नमः** (ब) **गर्भदोषघ्नायो नमः** (स) **पुत्र पौत्रायाम नमः** आदि मन्त्र भी अंकित होंगे। इस प्रतिमा के आगे सन्तान गणपति स्तोत्र के पाठ भी पति-पत्नी दोनों कर सकते हैं। जिसका प्रतिफल सकारात्मक रूप से शीघ्र ही प्रकट हो जाता है। ऐसा करने से व्यक्ति अनेक प्रकार के क्लिष्ट एवं खर्चीले धार्मिक अनुष्ठानों से भी बच जाता है।

2. विघ्नहर्ता गणपति

जिन घरों में निरन्तर कलह, विघ्न एवं क्लेश, मानसिक संताप होता रहता है, उन्हें '**विघ्नहर्ता गणपति**' कह मूर्ति अपने प्रवेश द्वार पर लगाकर चमत्कार देखना चाहिए। इस प्रतिमा में (अ) **निर्हन्याय नमः** (ब) **अविघ्नाय नमः** जैसे मन्त्रों का सम्पुट लगता है।

3. विद्याप्रदायक गणपति

जिन घरों में बच्चे उद्दण्ड हो जाते हैं विद्याध्ययन में रुचि नहीं रखते। पढ़ते बहुत हैं पर कुछ याद नहीं रहता। उन गृहस्वामियों को अपने प्रवेश-द्वार पर विद्याप्रदायक गणपति की मूर्ति शुभ मुहूर्त में स्थापित करनी चाहिए। इस मूर्ति में प्राणप्रतिष्ठा के साथ (अ) **ज्ञानरूपाय नमः** (ब) **विद्यानिहार्य नमः** (स) **विद्याधनाय नमः** (द) **ज्ञानमुद्रावते नमः** जैसे मन्त्रों का सम्पुट लगता है।

4. विवाह विनायक गणपति

कई घरों में लड़के-लड़कियां बड़े हो जाते हैं पर उनका सम्बन्ध नहीं बैठता। कई बार इसमें मांगलिक कुण्डलियां भी बाधक होती हैं। कन्या के विवाह योग्य हो जाने पर मनोवांछित वर की प्राप्ति न होने पर कितनी पीड़ा होती है, यह तो भुक्तभोगी पिता ही जानते हैं। इस समस्या के निवारण हेतु गृहद्वार पर विवाह विनायक गणपति की स्थापना करनी चाहिए। इस प्रतिमा पर (अ) **कामनीकान्तकांश्रये नमः** (ब) **सकलकामप्रदायक नमः** (स) **कामदायः नमः** मन्त्रों का सम्पुट लगा होगा।

5. धनदायक गणपति

आज का युग आर्थिक युग हैं। अर्थ बिना सब व्यर्थ है। जिन घरों में धन का अभाव है, परिश्रम को पूरा लाभ नहीं मिलता, रुपया आता है व चला जाता है, धन की बरकत नहीं होती है, उन्हें अपने घरों में धनदायक गणपति की स्थापना करनी चाहिए। धनदायक गणपति में (अ) **श्रीपतये नमः** (ब) **रत्नसिंहासनाय नमः** (स) **मणिकुण्डलमंडिताय नमः** (द) **महालक्ष्मीप्रीयताम नमः** (य) **सिद्ध लक्ष्मी मनोहरप्राय नमः** (र) **लक्षाधीश प्रियाय नमः** (क) **कोटिधीश्वराय नमः** इत्यादि मन्त्रों का सम्पुट लगाना चाहिए।

6. चिन्तानाशक गणपति

जिन सज्जनों को निरन्तर कोई-न-कोई चिन्ता बनी रहती है, लगातार मानसिक तनाव व हायपरटेंशन से ग्रसित लोगों को चिन्तानाशक गणपति की प्रतिमा लगानी चाहिए। जिस पर (अ) **चिन्तामणि चर्वणलालसाय नमः** का मन्त्र लगेगा।

7. सिद्धिदायक गणपति

प्रत्येक कार्य व साधना के सफलता में लिए सिद्धिदायक गणपति की मूर्ति (अ) **सिद्ध वेदाय नमः** (ब)**सिद्धिविनायकाय नमः** (स) **रिद्धि-सिद्धि प्रदायकाय नमः** के मन्त्रों से प्राणपूरति करके लगानी चाहिए।

8. आनन्दायक गणपति

घर में आनन्द व प्रेम की वर्षा के लिए आनन्दायक गणपति की प्रतिमा (अ) **आनन्दाय नमः** (ब) **सुमंगलाय नमः** के मंत्र से लगानी चाहिए।

9. विजयसिद्ध गणपति

कोर्ट-केस, मुकद्दमें में विजय हेतु शत्रु को परास्त करने के लिए विजयसिद्ध गणपति की मूर्ति (अ) **विजय स्थिराय नमः** मन्त्र से पूरित करके बनानी चाहिए।

10. ऋणमोचन गणपति

कर्ज से मुक्ति न मिल रही हो तो ऋणमोचन गणपति की प्रतिमा (अ) **ऋणत्रय विमोचनाय नमः** मन्त्र के जाप से पूरित करके पुष्य नक्षत्र को बनानी चाहिए।

11. रोगनाशक गणपति

विभिन्न प्रकार के रोगों के नाश हेतु, जो रोग दवाई लेने पर भी ठीक न होते हों, तो उनके लिए रोगनाशक गणपति की प्रतिमा (अ) **मृत्युंजयाय नमः** मन्त्र से सम्पुटित करके बनानी चाहिए।

12. नेतृत्व शक्ति विकासक गणपति

नेता, अभिनेता, मिनिस्टर, एम०पी०, एम०एल०ए० तथा राजनीति में उच्च पद-प्रतिष्ठा की प्राप्ति हेतु नेतृत्वशक्ति विकासक गणपति की अर्चना करनी चाहिए इस प्रतिमा में (अ) **गणाध्यक्षाय नमः** (ब) **गणनायकाय नमः** (स) **प्रथम पूजिताय नमः** इत्यादि मन्त्रों का जाप व लेखन होना चाहिए।

13. सोपारी गणपति

इस प्रकार उच्छिष्ठ गणपति एवं सोपरी गणपति का निर्माण तो मध्य प्रदेश के प्रत्येक घर-घर तक पहुंच चुका है। श्री रमेशचन्द्र ओझा, श्री बृजेश ओझा एवं श्री गोपाल ओझा द्वारा निर्मित सोपारी गणपति की मनमोहक आकृति वास्तुकला की अनुपम छटा को बिखेरती है। इन प्रयोगों से जहां एक ओर भारतीय शिल्प कला मुखरित होती है, वहीं इसके यान्त्रिक प्रयोगों से भारतीय अध्यात्म विद्या को विशेष सम्बल मिला है। धार्मिक प्रक्रियाओं को वैज्ञानिक प्रारूप देनेवाला यह प्रयोग अपने-आपमें सुखद अनुभूति है। वेद-शास्त्र एवं पुराणों में छिपी गुप्त रहस्यमय विद्याओं को जन तक अति सुन्दर रूप से प्रस्तुत करने का श्रेय इन ओझा बन्धुओं को जाता है। ये मूर्तियां लेखक के पते से भी सीधी प्राप्त की जा सकती हैं।

14. शत्रुहन्ता गणपति

शत्रुहन्ता गणपति की मूर्ति क्रोधमुद्रा में बनाई जाती है—जैसा कि सुंदासुर वध में गणपति का प्रारूप दिखलाया गया है। इस मूर्तिनिर्माण के समय '**ॐ गणपतये शत्रुहन्ताय नमः**' का मन्त्र-जाप किया जाता है। गणपति के इस रूप के दर्शन से शत्रुओं का शीघ्र नाश होता देखा गया है क्योंकि गणपति के कोप से साक्षात् रुद्र जैसा बलवान देवता भी भयभीत व आशंकित होता देखा गया है।

15. कृष्ण गणपति

काले मारबल से बने ये गणपति भी प्रवेश-द्वार पर लगाये जाते हैं ताकि घर बुरी नज़र व शत्रुओं के अभिचार-कर्म से बचा रहे। जिन घरों में स्त्रियां व बच्चे अधिक सुन्दर हों, उनको नज़र शीघ्र लगती हो, उन घरों में यह गणपति अवश्य लगाने चाहिए।

16. श्रृंगार गणपति

श्रृंगार गणपति रंगीन (रंग वाले) गणपति होते हैं। ये शयन-कक्ष (Bed Room) के बाहर लगते हैं ताकि गृहस्वामी सुख पूर्वक रोग व चिन्तामुक्त होकर सो सके। अभी मुझे दो-तीन ऐसे गृहस्वामी मिले जिन्हें रात को नींद अनेक प्रयत्न करने पर भी नहीं आती। कम्पोज की गोलियां भी बेअसर हैं। दिन सुखपूर्वक बीत जाता है पर रात बड़ी बेचैनी से गुज़रती है। ऐसे में श्रृंगार गणपति बेडरूम के दरवाज़े के अन्दर-बाहर दोनों ओर लगाने चाहिए। शयन के पूर्व हाथ-पैर धोकर सोना चाहिए। बुरा साहित्य व बुरे विचार, शराब इत्यादि अन्य गन्दी वस्तुएं गणपति स्थापित करने के बाद वहां नहीं रहनी चाहिए तो नींद अच्छी आयेगी।

विभिन्न टोटके

इन सबके अतिरिक्त वास्तुदोष-शमन हेतु भिन्न-भिन्न मानव संस्कृति व सभ्यताओं में अनेक प्रकार के टोटके प्रचलित हैं ये टोटके भी अपनी जगह अक्षुण्ण हैं एवं विचित्र तरीके से काम करते हैं। इसमें खर्च कुछ भी नहीं होता पर व्यक्ति को राहत मिलती है।

1. रीढ़ का दर्द कम करने का टोटका

चीनी मान्यता है कि यदि शयन-कक्ष की पलंग की दरी के नीचे लिखनेवाली चाक का टुकड़ा रख दिया जाये तो रीढ़ की हड्डी का दर्द, कमर का दर्द मिट जायेगा एवं नींद आराम से आयेगी।

2. ऐश्वर्य-वृद्धि का टोटका

(अ मध्य एशिया, सिंगापुर, बैंकाक, हांगकांग में प्रचलन है कि लाल रंग की रिबन यदि मुख्य प्रवेश द्वार पर लटकाई जाये तो घर म ऐश्वर्य की वृद्धि होती है।

(ब) भारत में मान्यता है कि आम, कणेर, पीपल, अश्वत्थ एवं अशोक वृक्ष के पत्तों का तोरण लगाकर मुख्य द्वार पर लटकाया जाये तो घर में ऐश्वर्य के साथ-साथ, सुख-शान्ति की प्राप्ति होती है।

3.नज़र उतारने को टोटका

दृष्टिदोषनिवारणार्थं विपणेद्वारस्तम्भयोः।
जम्बीरं स्थापयेत् सम्यक् मरीचीद्वयसंयुतम्॥

यदा-कदा व्यापारिक प्रगति आकस्मिक रूप से होती है तथा समृद्धि बढ़ती ही जाती है। यह विकास आम आदमी को सहन नहीं होता है। प्रतिस्पर्धा एवं ईर्ष्या की भावना रखने वाला कुण्ठित हो जाता है, यदा-कदा दृष्टि-दोष से व्यापार की गति में जड़ता आ जाती है, इसी रुकावट को नज़र लगना भी कहा जाता है। अतः प्रत्येक व्यवसायी को चाहिए कि शनिवार के दिन अपनी दूकान, कार्यालय अथवा प्रतिष्ठान के बाहरी स्तम्भों पर नींबू व सात हरी मिर्च बांध देना चाहिए। नींबू मिर्च ऐसी जगह लगावें, जहां पर सबकी नज़र पड़े।

4. दूकान पर इष्ट्देवता की अर्चना करें

अपनी दूकान, गद्दी व कार्यालय आदि में कुलदेवता व इष्टदेवता आदि की स्थापना

करनी चाहिए तथा प्रेरणा देनेवाले अपने प्रेरक गुरु का चित्र अवश्य लगाना चाहिए। व्यवसायी को चाहिए कि प्रतिदिन दूकान खोलते समय प्रात:काल अपने इष्ट देवता और कुलदेवताओं को श्रद्धा सहित प्रणाम करे। दूकान में प्रतिष्ठापित देवी-देवताओं की पुष्पमाला, धूप एवं दीपादि से अर्चना करनी चाहिए।

अर्चना के समय व्यापारी को मनसा-वाचा-कर्मणा श्रद्धा प्रकट करनी चाहिए, आत्मा में विशुद्ध भाव हो, इससे व्यापार में वृद्धि होती है तथा मानस में दृढ़ संकल्प-शक्ति का प्रसार होता है।

5. सबसे मृदु व्यवहार रखें, यही वशीकरण मन्त्र है

व्यवहार ही व्यवसाय का मूल मन्त्र है। व्यवहार से ही लक्ष्मी बढ़ती है और कीर्ति का विस्तार होता है, जिससे अभीष्ट सुख की प्राप्ति होती है। व्यवहार ही जगत का सुख है, व्यवहार ही व्यापार का मूल है। अत: व्यवसायी का मृदुल एवं स्नेहिल व्यवहार होना चाहिए। व्यवसायी ग्राहकों को प्रतिदिन आकर्षित कर सके, ऐसे व्यवहार करना चाहिए।

व्यवसायी समाज का प्रमुख अंग है, लक्ष्मीवान है, सम्पन्न है। सभी वर्ग के व्यक्ति इससे आशा रखते हैं, अपेक्षा करते हैं। याचक भी व्यवसायी के पास अपनी आशा लेकर जाते हैं। अत: व्यापारी को चाहिए कि याचक के साथ विनम्र व्यवहार ही करें, दुत्कारना नहीं चाहिए। यद्यपि याचकवृति मानव समाज के लिए कलंक है, अभिशाप है, इसे दूर करना चाहिए। फिर भी याचक के साथ विनम्र व्यवहार करें, प्रताड़ना नहीं। कभी-कभी दुराशीष भी निर्बल समय में कुपित ग्रहों के साथ हो जाता है।

6. कमाई का कुछ हिस्सा धर्मार्थ व सेवा-कार्य में खर्च करें

अपने व्यापार से विशुद्ध लाभ का छठा हिस्सा अथवा दशमांश धर्मकार्य में लगाना चाहिए, जिससे लाभ में अभिवृद्धि होती रहेगी और व्यावसायिक उन्नति भी होगी। धर्मकार्य से यहां साम्प्रदाायिक नहीं है, अपितु प्राणी-मात्र के कल्याण की ओर संकेत है। यह जीवन स्वयं के लिए ही नहीं, अपितु समस्त जगत व चराचर के लिए अर्पित है। किसी भी सार्वजनिक कार्य अथवा मानव-सेवा के लिए अपने लाभ का अंश अर्पित करते रहना चाहिए, ऐसा करने से आत्मसुख, जनकल्याण, यश-वृद्धि होती है और व्यापार में ऋद्धि-सिद्धि बनी रहती है।

7. मुख्य द्वार पर घुड़नाल का प्रयोग

वास्तु-संबंधी दोष की निवृत्ति हेतु एवं घर में सुख-शान्ति के लिए मुख्यद्वार पर घुड़नाल (Horse-Shoe) लगाने का प्रयोग भी बहुतायत से देखा जाता है। लोहे में शनि का वास है एवं काले घोड़े के पैर से अपने-आप घिसकर गिरी हुई घुड़नाल का बड़ा भारी महत्त्व है। इससे शनि ग्रह-सम्बन्धी दोष की शान्ति होती है तथा व्यक्ति को मानसिक तनाव से राहत मिलती है। उसे सुख-शांति का अनुभव होता है।

एक बार नॉबेल पुरस्कार विजेता सुप्रसिद्ध फिजीशियन डॉ० नेल्सबोर्न के घर घोड़े की

नाल लगी हुई देखकर उनके वैज्ञानिक मित्र चौंके और बोले— "मि० नेल्सबोर्न! क्या आप भी ऐसे अन्धविश्वास और टोटकों में रुचि रखते हैं?"

नेल्सबोर्न ने विनम्रता पूर्वक प्रत्युत्तर दिया—मैं टोटकों में विश्वास रखता हूं या नहीं? इससे कोई फ़र्क नहीं पड़ता पर जब से यह घुड़नाल यहां लगी है, मैं सुख-शांति व राहत का अनुभव कर रहा हूं। उनके इस जवाब से वैज्ञानिक मित्र निरुत्तरित हो गये। कुछ अदृश्य शक्तियां अपने ढंग से काम करती हैं। ये शक्तियां समझ के बाहर की बात हैं। इसीलिए विद्वानों ने कहा है—"विज्ञान की सीमाएं जहां समाप्त होती हैं ठीक वहीं से अध्यात्म की सीमाएं प्रारम्भ होती हैं"।

8. ज़मीन में चांदी का सर्प डालें

नये मकान-फैक्ट्री व उद्योग को प्रारम्भ करने के पूर्व भूमि-पूजन करके नींव का मूहूर्त अवश्य करना चाहिए। इस मुहूर्त में चांदी का सर्प बनाकर नींव (ज़मीन) में अवश्य डालना चाहिए। भारतीय मान्यता के अनुसार जिस प्रकार शेषनाग के सिर पर पूरी पृथ्वी का भार है, ठीक उसी प्रकार से इस भवन का भार तथाकथित रजत सर्प पर अभिमन्त्रित करके रखा जाता है। इससे मकान की नींव सुदृढ़ रहती है। मकान में कभी दरार नहीं पड़ती। मकान प्राकृतिक प्रकोप से बचा रहता है। यह प्रयोग सैकड़ों-हज़ारों बार परीक्षित व अनुभूत है।

9. आवासीय मकानों के बाहर नित्यप्रति स्वस्तिकमांडणे एवं कुंकुम के पैर (पगलिए) बनाना

दक्षिण भारत, गुजरात व महाराष्ट्र, कई जगह यह देखने में आता है कि गृहणियां नित्यप्रति अपने घरों के बाहर प्रवेश-मार्ग पर विभिन्न प्रकार के मांडणे-रंगोलियां एवं पगलिए बनाती हैं। ऐसी मान्यता है कि प्रातःकाल सूर्योदय की पहली किरण के साथ या कुछ पूर्व देवता सूक्ष्मरूप से या अतिथि के रूप से घरों में प्रवेश करते हैं। उनके स्वागत के रूप में यह रंगोलियां सद्गृहस्थ लोग बनाते हैं। दीपावली एवं अन्य उत्सव के दिनों में कुंकुम के पैर (पगलिए) प्रत्येक सद्गृहस्थ के मुख्य द्वार पर अवश्य मिलेंगे ही क्योंकि यह मान्यता प्रबल पुष्ट है कि कुंकुम के इन पगलिया के माध्यम से लक्ष्मी घर में प्रवेश कराने के इच्छुक सज्जनों को ऐसी रंगोलियां अवश्य बनानी चाहिए ताकि घर बुरी आत्मा, बुरी नज़रवालों से बचा रहे।

10. मुख्य द्वार पर केला का वृक्ष और तुलसी लगावें

मुख्य द्वार पर केले का वृक्ष और तुलसी लगाने से शीघ्र उन्नति होती है। बड़ौदा विश्व विद्यालय के कुलपति श्रीमति पद्मारामचन्द्रन ने भी इस बात की पुष्टि करते हुये 23 फरवरी, 96 को विश्वविद्यालय के प्रांगण में बताया कि दिल्ली में जब वे संस्कृत विभाग की अध्यक्ष थीं तब एक वास्तुशास्त्री के कहने पर मुख्यद्वार पर केले का वृक्ष एवं तुलसी का पौधा लगाया। कुछ ही महीने के निरन्तर सींचने व सेवा से उन्हें कुलपति का पद प्राप्त हुआ।

11. खाली ज़मीन पर पहले दाड़िम (अनार) का पौधा लगावें

यदि आपने बड़ा भूखण्ड खरीद लिया है और उसको बनाने के लिए आपके पास पर्याप्त धन नहीं है तो सबसे पहले किसी भी माह के शुक्ल पक्ष में हस्तनक्षत्र के दिन दाड़िम (अनार) के पौधे को अपने भूखण्ड में लगावें। उस पौधे की नियमित देखभाल करें, आपके पास मकान, उद्योग व फैक्ट्री लगाने के लिए शीघ्र ही पर्याप्त धन का जुगाड़ हो जायेगा। यह प्रयोग प्रत्यक्ष अनुभूत है। मैंने स्वयं कई मुसीबत ग्रस्त लोगों के भूखण्ड पर यह पौधा मन्त्रयुक्त करके लगाया और देखते-देखते जहां कमरा बनाने के पैसे नहीं था, वहां बड़े-बड़े उद्योग चल रहे हैं। दाड़िम के पौधे में लक्ष्मी का वास है। उसे श्रीसूक्त के पाठ से जागृत कर दिया जाये तो साक्षात् लक्ष्मी वहां आकर बस जाती हैं। यह तन्त्रोक्त टोटका है।

Varun-Yantram [An emulet relating to varun (the Lord of Water)]

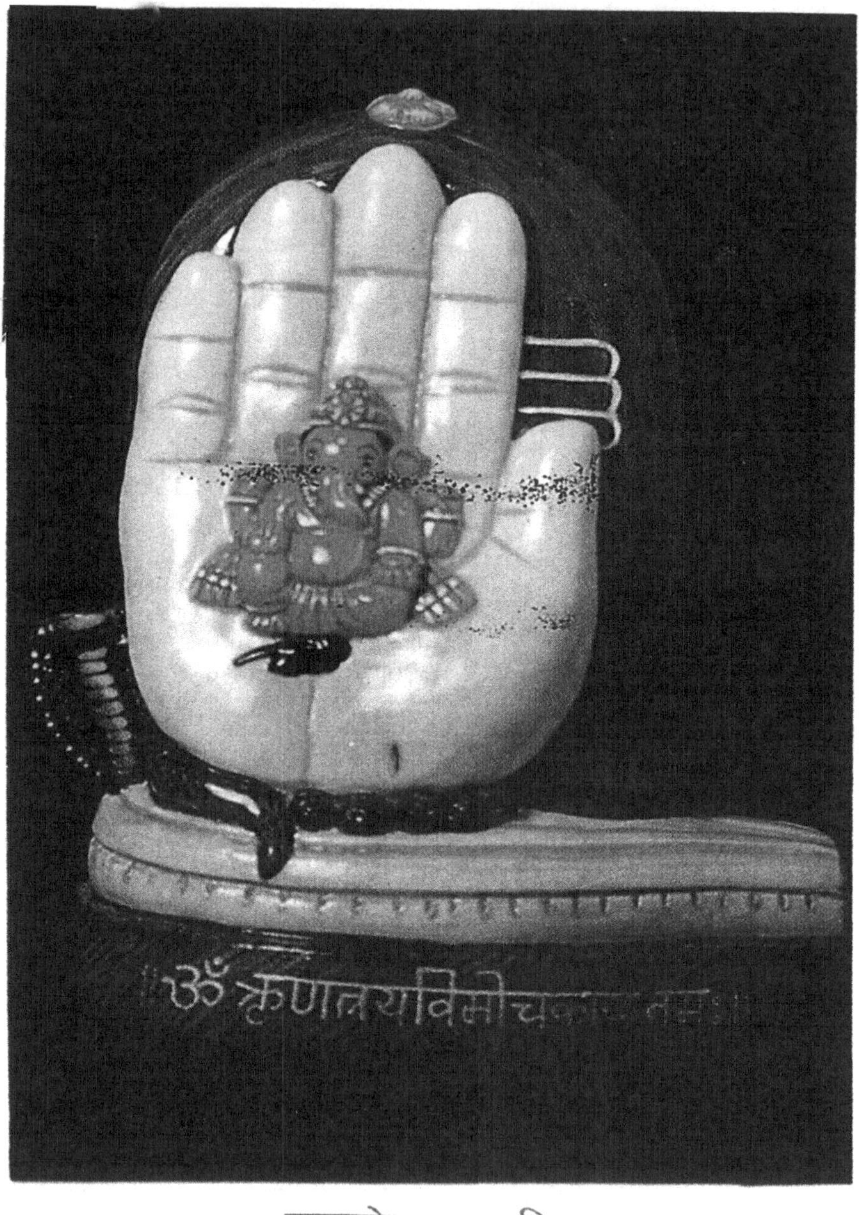

ऋणमोचन गणपति

Rinmochan Ganpati (Ganpati—who affords freedom from debt-burden)

विद्याप्रदायक गणपति

Vidyapradayak Ganpati (Ganpati—the donor of knowledge)

विवाह विनायक गणपति

सन्तान गणपति

Santan Ganpati (Ganpati—Bestower of Children)

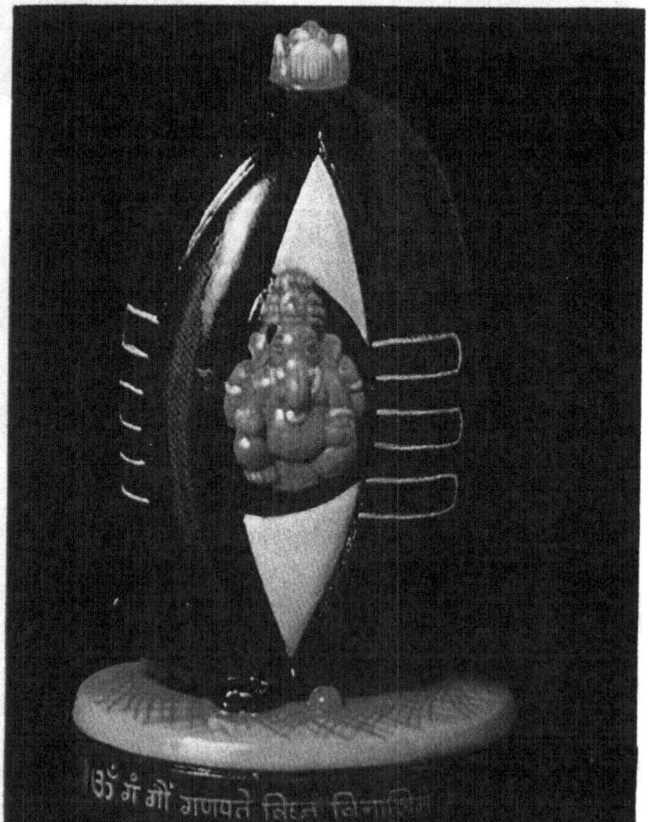

विघ्नहर्ता गणपति

Vighnaharta Ganpati (Ganpati—the Remover of hurdles)

सिद्धिदायक गणपति

Riddhi-Siddhidayak Ganpati (Ganpati—the bestower of wealth, prosperity)

आनन्दायक गणपति

धनदायक गणपति

Dhandayak Ganpati (Ganpati—the donor of wealth)

चिन्तानाशक गणपति

Chintanashak Ganpati (Ganpati—the destroyer of worries)

विजयसिद्ध गणपति

Vijay Siddha Ganpati (Ganpati—the donor of success and prosperity)

रोगनाशक गणपति

नेतृत्व शक्ति विकासक गणपति

Netrittava Shakti Vikasak Ganpati (Ganpati—the bestower of leadership faculties)

सोपारी गणपति

Sopari Ganpati (Betel-nut shaped Ganpati)